KB242924

반병현 지음

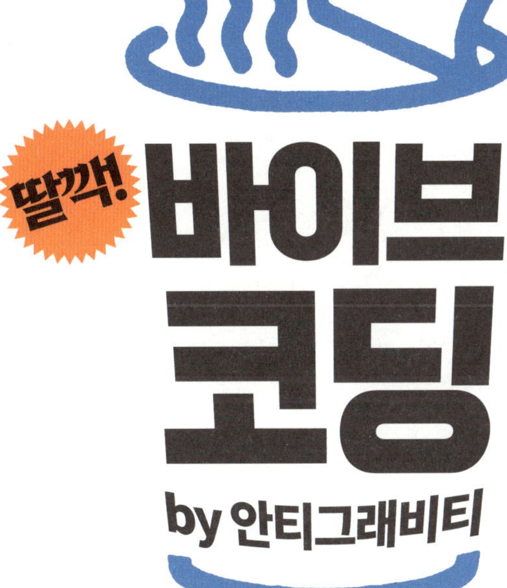

딸깍! 바이브 코딩

by 안티그래비티

5분 만에
만드는
업무용 웹
애플리케이션!

45가지
속성
레시피

생능북스

5분 만에 만드는
업무용 웹 애플리케이션!
45가지 속성 레시피

딸깍!
바이브 코딩 by 안티그래비티

초판 1쇄 인쇄 2026년 4월 15일
초판 1쇄 발행 2026년 4월 20일

지은이 | 반병현
펴낸이 | 김승기, 김민수
펴낸곳 | ㈜생능출판사 / **주소** | 경기도 파주시 광인사길 143
브랜드 | 생능북스
출판사 등록일 | 2005년 1월 21일 / **신고번호** | 제406-2005-000002호
대표전화 | (031) 955-0761 / **팩스** | (031) 955-0768
홈페이지 | www.booksr.co.kr

책임편집 | 최동진
편집 | 신성민, 이종무
교정·교열 | 최동진
디자인 | 김윤미(본문), 이대범(표지)
영업 | 최복락, 심수경, 차종필, 송성환, 최태웅, 김민정
마케팅 | 백수정, 명하나

ISBN 979-11-94630-69-2 (13000)
값 25,000원

우리는 지금, 인류 역사상 가장 **빠른** 속도로 세상이 바뀌는 과정을 경험하고 있습니다.

The world is powered by software.

불과 몇 년 전만 해도 코딩을 배우는 것만으로도 취업이 가능했습니다. 코딩 학원에서 6개월을 공부한 비전 공자가 카카오에 취업을 성공한 사례도 있었습니다. 소프트웨어가 지배하는 세상에서, 소프트웨어를 제작하고 보수할 수 있는 능력은 곧 세상을 바꿀 수 있는 능력이나 다름없었습니다.

Now software is powered by AI.

하지만 AI 기술의 눈부신 발달로 이 또한 옛말이 되어버렸습니다. 과거에는 여러 전문가가 협력해야 했던 일을 이제 AI가 혼자서, 그것도 훨씬 더 빠른 속도로 처리합니다. 결국 IT 분야의 취업시장이 급격히 얼어붙은 이유도 여기에 있습니다.

일론 머스크는 한술 더 떠 AI를 활용하면 모든 SW기업을 대체해 버릴 수 있다고 주장하고 있습니다. MicroSoft를 AI로 대체하여 폐업시켜 버리겠다는 취지로 MacroHard라는 소프트웨어 회사를 설립했죠. 매크로하드는 AI로만 구성된 SW회사이며, 관료제를 도입하여 중추 역할을 하는 AI부터 실무 역할을 하는 AI까지 철저하게 세분화했습니다. 인류 최대의 성과로 일컬어지던 <정보 혁명>을 역사의 한 페이지로 박제해 버릴 기술인 <바이브 코딩>.

Anyway, the world is still powered by software.

이 책은 누구나 손쉽게, 별다른 노력 없이 '바이브 코딩'을 체험해 볼 기회를 제공하기 위하여 치밀하게 설계되었습니다. 마치 마트에서 밀키트를 구매하고 포장지의 레시피를 따라 요리하듯, 이 책의 레시피를 천천히 따라 해 보기만 하셔도 다음 세대의 산업혁명을 체험해 볼 수 있습니다.

한때 세상을 바꿀 수 있는, 소수의 전문가만 보유하던 능력이 만민에게 허락된 세상은 어떤 모습일지 상상하며

2026년 봄

작가 **반 병 현** 드림

CONTENTS

Chapter *06*

바로 만들어 쓰는 1분 레시피 모음

Chapter *07*

내가 만든 SW, 스마트폰 앱으로 가공하기

Chapter *08*

전문가의 손맛을 눌러 담은 고급 스킬 레시피

Chapter *09*

개발자의 컨닝페이퍼

<부록> 대기업 임직원들의 바이브 코딩 레시피

에필로그

바이브 코딩

코딩, 이제는 전공자만의 영역이 아니라
AI를 사용할 줄 아는 모든 사람의 것이 되어 버렸다.

2024.02.	NVIDIA CEO, "이제 프로그래밍 언어에 시간을 쓰지 말라."
2024.10.	Google CEO, "구글 소프트웨어의 25% 가량은 AI 작품"
2025.03.	Anthropic CEO, "내년쯤이면 모든 코드를 AI가 작성할 것."
2025.04.	MS CEO, "우리 소프트웨어 30% 정도는 AI 작품."
	Meta CEO, "우리도 비슷하다."
	Intel, 한 달 동안 직원 21,000명 해고
2025.07.	MS, 16,000명 이상 해고
2025.08.	미국 컴퓨터공학 전공자 실업률 역대 최고,
	생물학/미술사 전공자의 2배 초과

01 바이브 코딩의 세계로!

사람보다 AI가 코딩을 더 잘 하는 세상

여러분은 코딩을 할 줄 아시나요?

작업의 순서를 설계하고, 어떤 식으로 일을 처리할지 고민하는 것은 누구나 할 수 있는 일입니다. 하지만 컴퓨터가 알아들을 수 있는 형태로 명령을 전달하는 코딩이라는 작업은 교육을 받은 사람만 할 수 있는 업무입니다. 작업의 난도 문제도 있겠지만, 컴퓨터와 소통하기 위해 마련된 일종의 규칙을 이해하고 암기해야 하거든요.

즉, 코딩은 일종의 전문 지식이 필요한 작업입니다. 능숙하게 수행하려면 특별한 교육을 받아야 하지요. 대학교, 마이스터고등학교, 하다못해 6개월 부트캠프 코스라도 수료해야 자유자재로 내게 필요한 소프트웨어를 어려움 없이 뚝딱 만들어낼 수 있습니다.

그런데 이제는 세상이 달라졌습니다. 인공지능이 사람보다 코딩을 더 잘 해낼 수 있는 세상이 왔거든요.

2024년 2월, NVIDIA의 젠슨 황 CEO는 "앞으로 프로그래밍 공부에 시간을 쏟을 필요가 없다.[1]"고 발언했습니다. 당시 정말 많은 전문가들이 젠슨 황의 발언을 비난했습니다. GPU를 판매하기 위해 터무니없는 주장을 벌인다, AI는 전문가의 수학적 사고를 따라잡는 것이 불가능하다는 주장이 많은 공감을 받았습니다.

그런데 몇 개월이 지나자 실리콘밸리의 분위기가 요상하게 흘러가기 시작했습니다. 구글[2]은 "사실 우리 SW 중 30% 가량은 AI가 코딩한 것이었다."라는 충격적인 고백을 했습니다. 세계 최고의 IT 기업에서 AI에게 코딩을 적극적으로 시키고 있다는 사실은 개발자들의 역린을 건드렸습니다. 레딧 등 글로벌 IT 커뮤니티에서 뜨거운 토론이 벌어졌습니다.

"AI가 사람의 코딩을 흉내 낼 수는 있지만, 성능이 매우 떨어진다!"

"하지만 빨랐죠?"

온라인에서의 여론만 두고 보면, 사람 대신 AI에게 코딩을 시키는 일은 무척이나 무모하고 어리석은 일인 것처럼 결론이 났던 것 같습니다. 필자 역시 당시 여러 커뮤니티에서 벌어진 키배[3]를 구경하거나, 살며시 한 마디씩 첨언을 얹었던 기억이 있습니다.

그런데 몇 달 지나지 않아 이해하기 어려운 일이 일어났습니다. 메타의 개발자 회의 라마콘[4]에서 사티아 나델라[5]와 마크 저커버그[6]가 입을 모아 이렇게 이야기한 것입니다.

"우리 회사 소프트웨어, 사실 30% 정도는 AI가 만들었죠."

필자를 비롯한 개발자들은 순식간에 꿀먹은 벙어리가 되어버렸습니다. 심지어는 "AI를 코딩에 활용해야 한다."라고 주장하던 분들마저도 크게 당황했습니다. 이 정도로 AI가 이미 널리 사용되고 있었을 것이라고는 생각하지 못했던 것입니다. 그런데 얼마 뒤, MS와 메타는 새로운 논란에 휩싸입니다.

"AI 활용 비율이 저것보다 훨씬 높은 데, 축소 발표했다."

"우우, 거짓말쟁이."

---

1 한국 언론에는 "더 이상 코딩 공부를 하지 말라"는 워딩으로 번역되어 들어옴
2 2024.10. 순디르 피차이 CEO
3 "키보드 배틀"의 약자. 댓글로 맹렬히 싸우는 것을 의미함
4 LLaMa Con, 2025.04.29
5 마이크로소프트 CEO
6 메타 CEO

코드의 질에 대한 평가는 아직 전문가들 사이에서 논란이 있지만 적어도 코드를 생산하는 속도를 지적하거나, 본인이 더 빨리 코딩할 수 있다고 주장하는 전문가는 없는 것 같습니다.

물론 전문가에 비해 복잡한 시스템의 구조를 파악하거나, 큰 프로젝트의 설계를 한눈에 파악하거나, 기존 직원들이 쉽게 유지보수할 수 있도록 친절한 안내문을 작성하는 등의 기능은 아직 부족한 것이 사실입니다. 그런데 문제는 말이죠. 대부분의 인간 개발자들에게도 그 정도의 능력은 없어요.

요리로 비유하자면 AI가 파인다이닝 셰프만큼 맛있는 요리를 해내지는 못하지만, 동네 프랜차이즈 중국집의 알바생보다는 맛있는 요리를 해낼 수 있는 수준까지 왔다고 볼 수 있겠습니다. 혹은 매우 맛있는 밀키트를 순식간에 찍어내는 능력이 있다고 해도 좋을 것 같네요.

이렇게까지 AI가 똑똑하다는 사실이 증명이 된 마당에 AI를 사용하지 않는 것도 어리석은 일입니다. 상황이 이쯤 되니 전문가들도 AI를 적극적으로 활용하기 시작했습니다. 이에 챗GPT를 비롯한 다양한 생성형 AI를 코딩에 활용하는 방법이 연구되었고, 커서(Cursor)나 클로드 코드(Claude Code)와 같이 코딩을 도와주는 AI 시스템들도 경쟁적으로 출시되었습니다.

AI와 함께 코딩을 해 본 개발자들은 신기한 감각을 느꼈습니다.

바이브 코딩

전통적인 개발: 개발자가 모든 것을 꼼꼼하게 설계함　　　바이브 코딩: 느낌과 아이디어만 던지면 AI가 설계를 고민함

"원래는 내가 모든 수학적 설계를 꼼꼼하게 했어야 할텐데."

"아이디어나 느낌만 던져 주면 알아서 설계를 해 주네?"

　원래 개발은 수학적인 작업이지만, AI의 높은 성능이 이를 마치 느낌(Vibe) 가는 대로 주고받는 대화의 영역처럼 느껴지도록 만들었습니다. 이에 AI와 함께 코딩하는 것을 '바이브 코딩(Vibe Coding)'이라 부르게 되었습니다. 학술적으로 정립된 용어는 아니고, 개발자들이 SNS나 커뮤니티에서 부르던 용어인데 순식간에 유명해지며 일종의 공식 용어처럼 자리잡은 단어입니다.

02

제가 이걸 왜 배워야 할까요?

IT 관련 직무에 종사하고 계시거나, 관련 산업으로의 진로를 고민하는 분들은 바이브 코딩을 반드시 배워야 합니다. 마치 요리사가 오븐 사용법을 알아야 하듯, 택시 기사가 운전 방법을 알아야 하듯 이는 당연한 흐름입니다. 도구의 사용법을 알아야 일을 할 수 있으니까요.

그런데 여러분들 중 대다수는 개발자는커녕 IT 산업과는 전혀 관련 없는 분야로의 진로를 고민하고 계시거나, 이미 종사하고 계실 것입니다.

"저는 개발자 안 할 건데, 바이브 코딩을 왜 배워야 하나요?"

좋은 질문입니다. 정말 드리고 싶은 답변이 많네요. 업무를 더 잘할 수 있다, 역량의 저변이 넓어진다, 모든 직무의 필수 역량이 될 것이다. 한 시간이고 두 시간이고 바이브 코딩의 효능과 효험을 설파할 자신도 있습니다. 그런데 만약 제게 딱 한 마디 문장만 허락된다면 이렇게 말씀드리고 싶습니다.

"바이브 코딩을 배우면 삶의 질이 높아집니다."

요리에 빗대어 생각해 볼까요? 요리사가 될 생각이 없는 사람도 요리를 배워 두면 삶이 풍요로워집니다. 매 끼니를 모두 사 먹는 것보다 돈을 절약할 수 있으며, 먹고 싶은 음식을 직접 만들어 먹는 것 역시 무척이나 즐거운 일이지요. 물론 요리사만큼 혹독한 수련 과정을 거칠 필요도 없습니다. 간단히 내가 만족할 만큼만 익히면 충분한 스킬(Skill)입니다.

바이브 코딩 역시 비슷한 부분이 있습니다. 바이브 코딩의 가장 큰 장점은 별다른 노력 없이, 내게 필요한 소프트웨어를, 지금 당장 뚝딱 만들어 사용할 수 있다는 점입니다. 의외로 우리가 일상에서 자주 사용하는 SW에, 우리에게 꼭 필요한 기능이 탑재되어 있지 않은 경우가 많습니다. 새로운 소프트웨어를 검색하거나, 설치하고, 실행했는데에도 무언가 잘 풀리지 않아 짜증을 내며 삭제한 경험. 모두들 한 번씩은 있을 것입니다.

내게 필요한 프로그램은 대체 어디에?

바이브 코딩을 활용하면 이같은 불쾌한 경험을 피할 수 있습니다. 지금 내게 필요한 것이 무엇인지 AI에게 이야기하면, AI가 알아서 모든 것을 만들어오니까요!

게다가 요리보다 진입장벽도 낮습니다. 요리는 나의 숙련도에 따라 결과물이 달라지지만, 바이브 코딩은 여러분의 노력보다는 AI의 실력에 더욱 많은 영향을 받으니까요. 우리는 최고의 도구를 선택해, 영리하게 접근하는 것으로 충분합니다.

게다가 AI의 전문성이 일반인이 사용하기에는 과분할 정도로 뛰어나다는 점 또한 주목할 부분입니다. 요리로 치자면 냉동 밀키트를 사 와서 데웠을 뿐인데 레스토랑 수준의 음식이 뚝딱 만들어지는 수준입니다. 약간의 테크닉만 익힌다면 여러분이 5분 만에 만든 소프트웨어를 웹 애플리케이션으로 가공하는 것도 가능하고, 지인들에게 링크 하나로 공유할 수도 있으며, 앱스토어에 출시해 수익을 창출하는 것도 가능합니다.

노력은 거의 필요하지 않은데, 내가 해 본 적 없는 새로운 영역에서 뛰어난 산출물을 순식간에 만들어낼 수 있다. 심지어 대부분의 개발자들보다 수십 배 빠른 속도로. 이걸 참을 수 있나요?

03

바이브 코딩, 어떻게 하는 걸까요?

　바이브 코딩은 요리와 비슷한 부분이 많습니다. 부디 여러분께서도 요리를 처음 배울 때의 감각을 떠올리며 바이브 코딩에 입문해 보시기 바랍니다. 아울러 이 책 또한 IT 전문 서적이 아니라 레시피북이라 생각해 주시기 바랍니다

항목	요리	바이브 코딩
최고의 전문가가 되기는 힘든가?	Yes	Yes
누구나 기본 정도는 해낼 수 있는가?	Yes	Yes
기본기가 필요한가?	Yes 칼질 등	Yes SW 지식
응용 능력이 중요한가?	Yes	Yes
전문적인 교육을 받아야만 할 수 있는가?	No	No
진행 과정을 전부 이해해야 하는가?	No	No

요리로 전문가의 영역에 도달하려면 많은 기본기와 지식을 습득해야 합니다. 아주 고르고 일정한 칼질, 조리 과정에서 일어나는 분자들의 변성 과정에 대한 이해, 각각 맛 분자들의 적정 가열 시간 등등, 아주 공부할 것이 많습니다. 셰프가 되기까지 갖추어야 할 역량이 무척이나 많습니다. 따라서 요리 전문 교육기관은 체계적인 커리큘럼을 갖추고 학생들을 교육합니다.

하지만 가정집에서의 요리는 그렇지 않습니다. 칼질을 마스터하고 요리를 시작한다? 아니지요. 일단 계란이라도 프라이해 보고, 양파라도 썰어 보며 조금씩 칼 쥐는 방법을 손에 익혀나갔습니다. 가정에서의 요리는 기술적인 숙련도가 완성되는 것보다, 일단 무언가를 만들어 보는 것이 우선입니다. 그게 반복되고, 경험이 되어 조금씩 쌓이다 보면 효율적인 몸의 움직임이 습관으로 자리잡게 되는 것입니다. 바이브 코딩 역시 마찬가지입니다.

API, SSL, MCP, DB, DNS

바이브 코딩

이런 용어를 들으면 어떤 생각이 드시나요? 개발자들은 숨 쉬듯 사용하는 단어들이지만 일반인에게는 어렵고 난해한 전문용어입니다. 물론 이와 같은 개념들을 이해한 채로 바이브 코딩을 시작할 수 있으면 좋기는 합니다. 그런데 일상에서의 경험을 확장하고, 새로운 영역을 체험하는 것이 목적인 사람에게는 어쩌면 필요하지 않은 공부일 수도 있습니다.

그래서 이 책에서는 과감하게 <레시피> 부분과 <지식> 부분을 분리하여 전달해 드리려고 합니다. 바이브 코딩 테크닉은 앞에서부터 차례로 소개해 드리지만, 각각의 레시피에서 꼭 알아야 할 컴퓨터공학 지식은 별도의 파트에 수록하여 두었습니다.

요리 레시피를 따라하기 전에 냉장고에 있는 재료인가 고민해 보듯, 바이브 코딩 레시피 맨 앞의 안내사항을 살펴보시고 예제를 따라하기 위해 내가 어떤 지식을 숙지하면 좋을지 확인하시기 바랍니다.

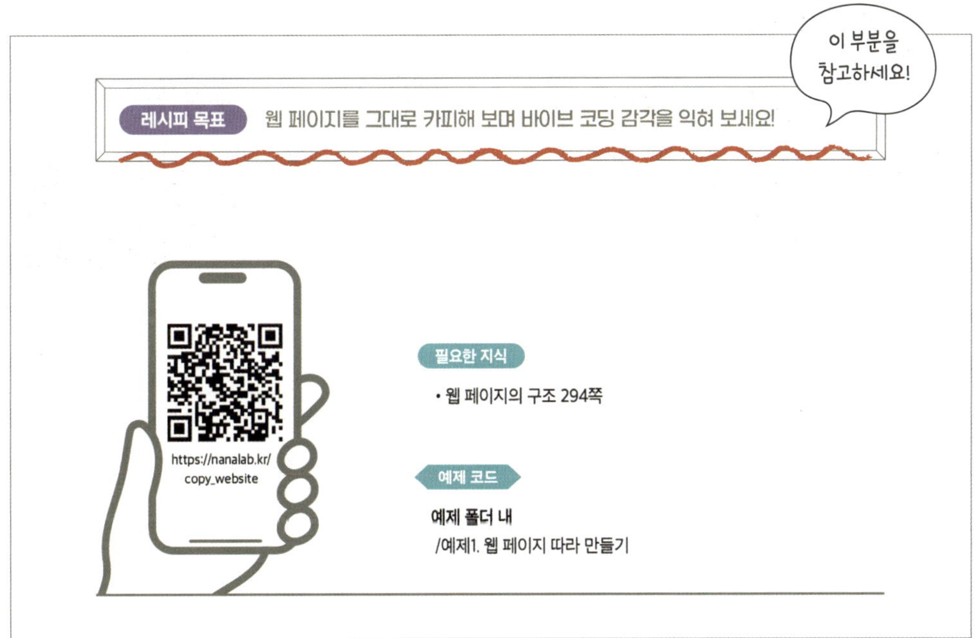

지능이 아니라 도구가 전부다

일류 해커나 세계적인 개발자가 되려면 압도적인 재능이 필요합니다. 뭐, 따지고 보면 인간의 역량으로 경쟁하는 모든 분야가 그렇습니다. 하지만 재능으로도 극복할 수 없는 것이 있으니, 바로 절대적인 도구의 성능 차이입니다.

자동차를 탄 필자가, 마라톤 세계 챔피언과 경주를 한다면 누가 이길까요? 마라톤 챔피언이 기능성 운동화를 신고 아무리 열심히 달리더라도 자동차보다 빠를 수는 없을 것입니다. 운동화라는 도구 역시 과학기술의 집약체지만, 태생적으로 자동차보다 빠르게 멀리 사람을 이동시키는 것은 불가능합니다.

바이브 코딩 역시 마찬가지입니다. 개발자가 한 글자씩 정성스레 타이핑하는 것보다, 압도적인 수준의 AI를 활용하는 게 훨씬 빠르고 편리합니다. 코딩은 재능의 영역일 수 있지만, 바이브 코딩은 도구빨이 무척이나 중요합니다.

도구	장점	단점	평가
ChatGPT	친숙한 도구	복잡한 SW 구조를 잘 이해하지 못함	중고등학생의 체험용으로 적절
Gemini	ChatGPT보다 속도가 빠름	가끔 최신 규격을 몰라 버그를 만듦	급할 때 한 번씩 쓰는 용도로 적절
GitHub Copilot	안정적인 자동완성	사용자 머릿속에 설계도가 있어야 함	전문가에게는 최고, 일반인에겐 부적절
Claude Code	대형 프로젝트를 잘 이해함	초기 설계보다는 성능 개선에 유리	
Cursor	압도적인 사용성	운영사의 신뢰도 낮음	못 믿겠음

그러면 어떤 도구를 선택해야 할까요? 한때 Cursor가 일반인에게는 최고의 옵션이었지만 요금제 러그풀 사건[7] 이후로는 많은 사용자들이 외면하고 있습니다. ChatGPT나 Gemini도 똑똑하긴 한데, 완성된 코드를 실행하고 가공하는 과정은 사용자가 수동으로 실시해야 해서 불편한 점이 많습니다.

그런데 2025년 연말, 구글 딥마인드(Google DeepMind)에서 갑작스레 바이브 코딩을 위한 AI 소프트웨어를 발표합니다. 이름하여 안티그래비티[8]! 알파고를 만들었고, 알파폴드로 노벨상까지 수상한 팀이 발표한 AI니 뭔가 달라도 다른 점이 있겠지요?

---

7 Pro 플랜을 사용량 무제한으로 출시하였으나, 이후 사용량을 갑자기 제한함

8 Antigravity, 반중력

Google DeepMind의 자신작, 안티그래비티

기존 AI   안티그래비티

안티그래비티는 다른 도구들과 달리 매우 강력한 에이전트(Agent) 기능을 탑재했습니다. 에이전트는 기존의 언어 모델 인공지능(LLM)과는 달리, 질문에 대한 대답뿐 아니라 직접 다양한 작업을 수행하는 역량까지 갖춘 인공지능을 의미합니다. 쉽게 말해 AI가 사람처럼 능동적으로 업무를 수행하는 능력을 갖춘 것이지요.

"내일 우산을 챙겨야 되는지 알려주는 SW를 만들어 줘."

이같은 프롬프트를 입력받으면 ChatGPT와 같은 인공지능은 코드를 만들어 주기는 하는데, 완성된 코드를 우리가 직접 복사해서 테스트하고 컴파일[9]해야 합니다. 반면 안티그래비티에 탑재된 에이전트는 자기가 스스로 코드를 작성하고, 디자인도 다듬어 주고, 잘 작동하는지 테스트까지 수행해 줍니다. 우리는 그냥 엔터키만 누르고 기다리면 되죠.

정말이지, 안티그래비티는 지나칠 정도로 유능합니다. 그런데도 무료 요금제로 사용할 수 있지요. 경쟁 제품들이 매달 수십 달러에서 수백 달러 결제를 요구하는 것에 비해 장점이 압도적입니다. 그래서 우리는 안티그래비티를 활용해 바이브 코딩을 배워 보겠습니다.

물론 완전무결한 도구는 아닙니다. 안티그래비티 출시 첫날, 다양한 프롬프트 인젝션[10] 시도들 끝에 다양한 악용 사례가 등장하기도 했습니다. 예를 들면 안티그래비티가 만들어 준 웹 사이트에서 특정 버튼을 누르면 사용자의 개인정보가 해커에게 유출되는 사이트를 만들어 달라고 한 사례가 있습니다. 원래는 이같은 악의적 코딩 요청은 거부하도록 세팅이 되어 있는데, 프롬프트를 잘 설계해 보안을 우회한 사례입니다.

물론 여러분께서 구글의 프롬프트 엔지니어보다도 뛰어난 창의성을 발휘하며 의도적으로 안티그래비티에 프롬프트 인젝션 시도를 하실 것이 아니라면 안전하게 사용할 수 있으니 걱정하지 않으셔도 괜찮습니다.

개발자를 위한 한마디

안티그래비티는 MS의 VS Code 프로젝트를 포크하여 에이전트 기능과 다양한 AI 모델을 붙여 출시한 시스템입니다. VS Code의 기능이 대부분 지원되므로, 평소 사용하시던 IDE를 대체하는 용도로 활용해도 좋습니다.

---

9 코드를 컴퓨터가 실행할 수 있는 형태로 가공하는 것
10 악의적 프롬프트를 삽입해 AI를 악용하는 일종의 해킹

02 안티그래비티 설치 및 환경설정

02 안티그래비티 설치 및 환경설정

안티그래비티 설치하기

이번 장에서는 안티그래비티를 설치하고, 사용하기 편리하도록 환경을 세팅하는 방법을 다룹니다. 이번 장의 내용만 잘 소화하신다면, 다음 장부터 바로 신기한 소프트웨어를 제작해 볼 수 있습니다.

① https://antigravity.google로 접속합니다. 그런 다음 화면 중앙의 [Download for Windows] 버튼을 클릭합니다.

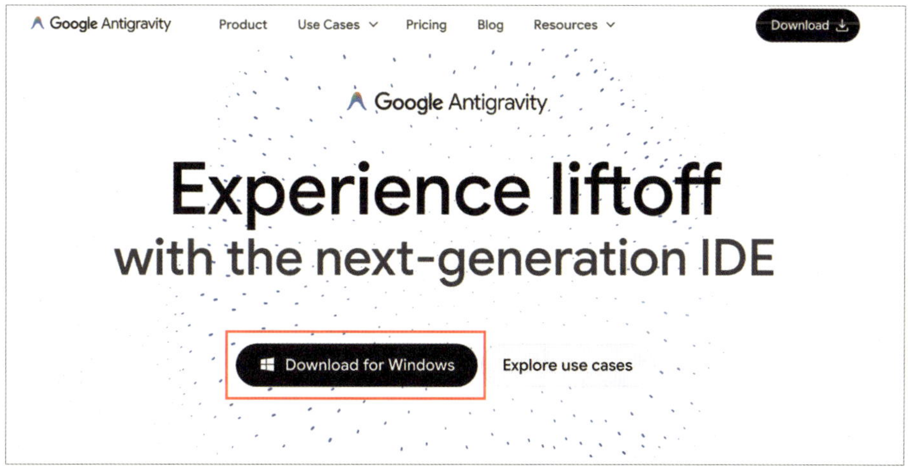

② 컴퓨터의 시스템에 맞는 버전을 다운로드합니다. 일반적인 윈도우 사용자는 [Download for x64] 버튼을 클릭합니다.

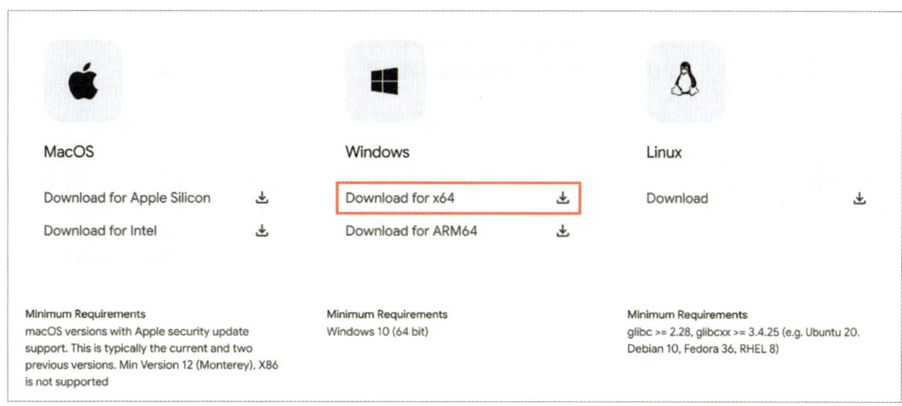

③ 다운로드가 완료되면 'Antigravity.exe'를 실행합니다.

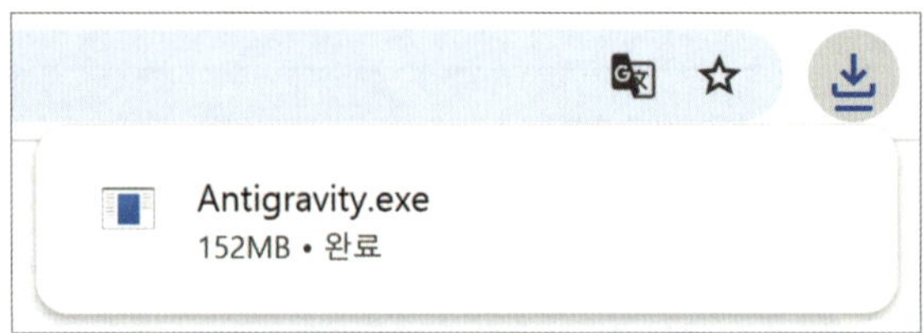

④ <동의합니다(A)> 항목에 체크하고 [다음(N)] 버튼을 클릭합니다.

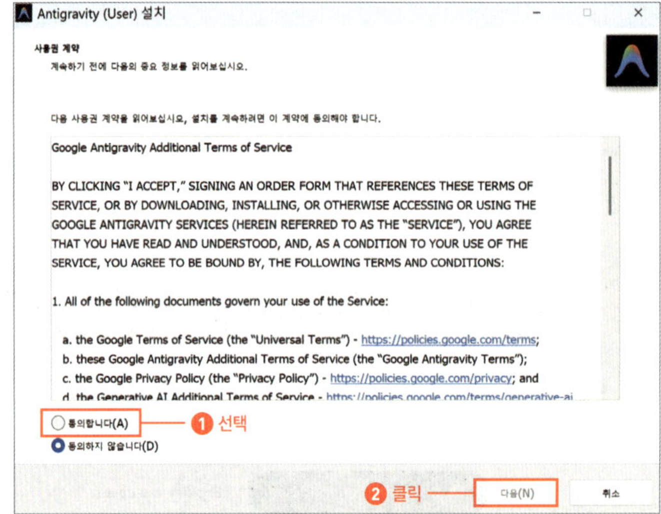

⑤ 설치 경로를 확인하고 [다음(N)] 버튼을 클릭합니다.

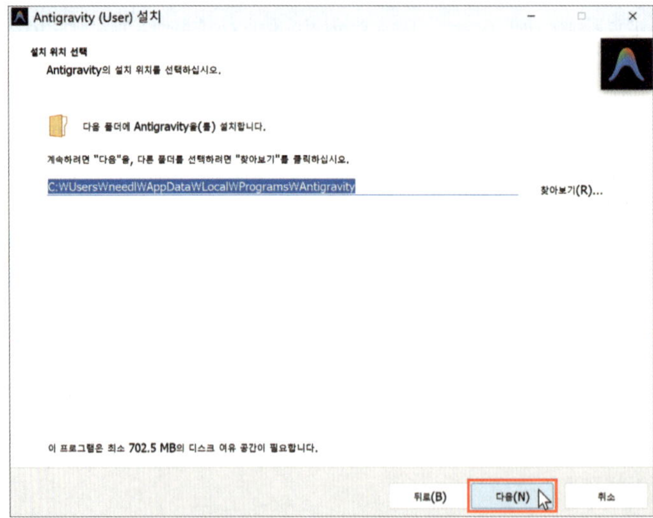

바이브 코딩

⑥ [다음(N)] 버튼을 클릭합니다.

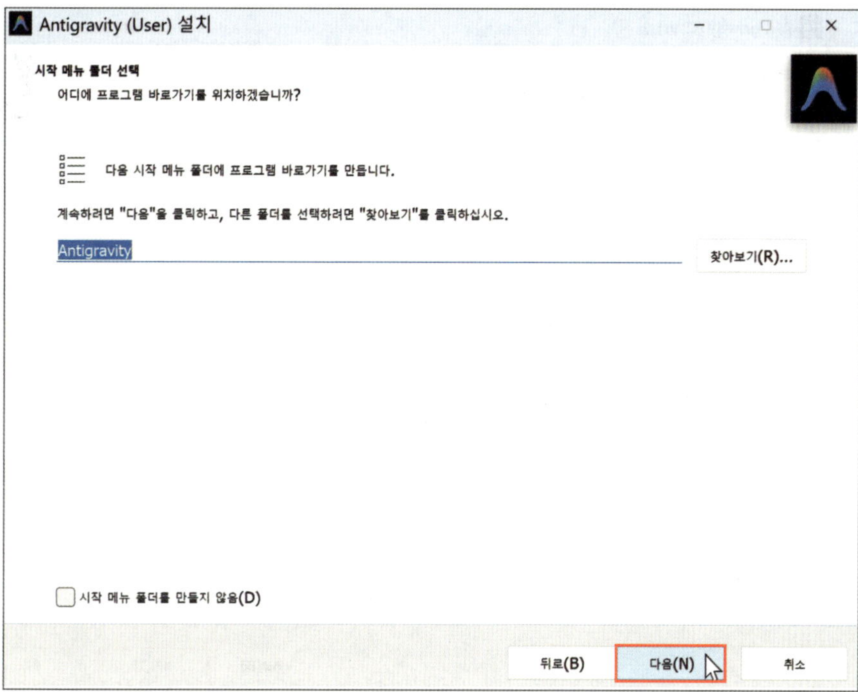

⑦ 아래 세 개의 항목에 모두 체크한 후 [다음(N)] 버튼을 클릭합니다.

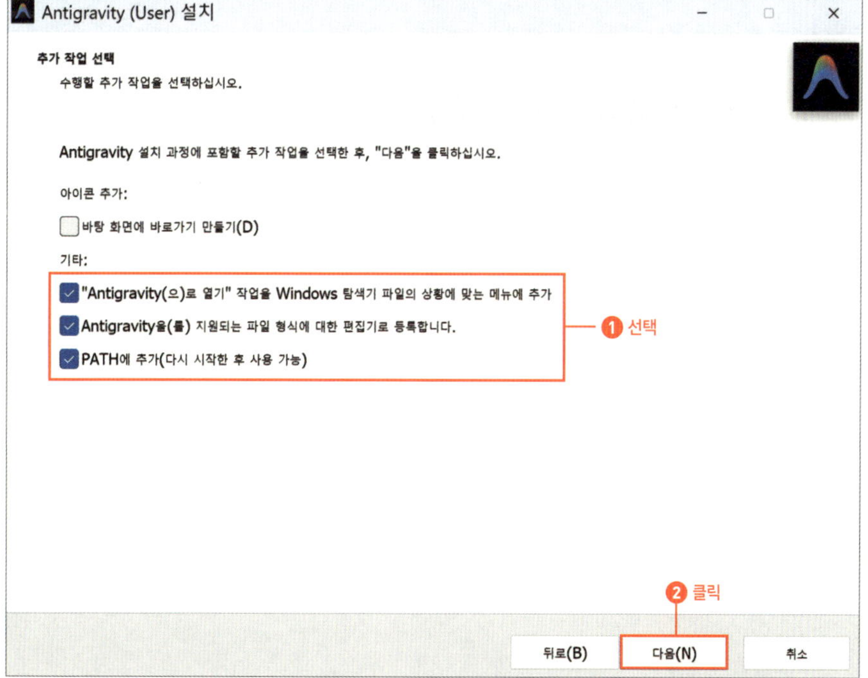

8 [설치(I)] 버튼을 클릭하고 기다립니다.

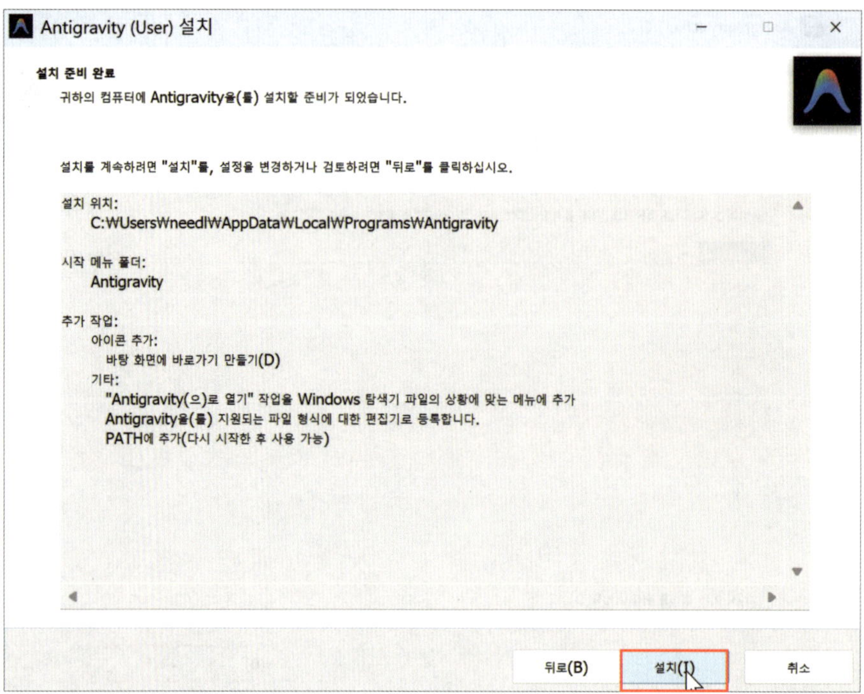

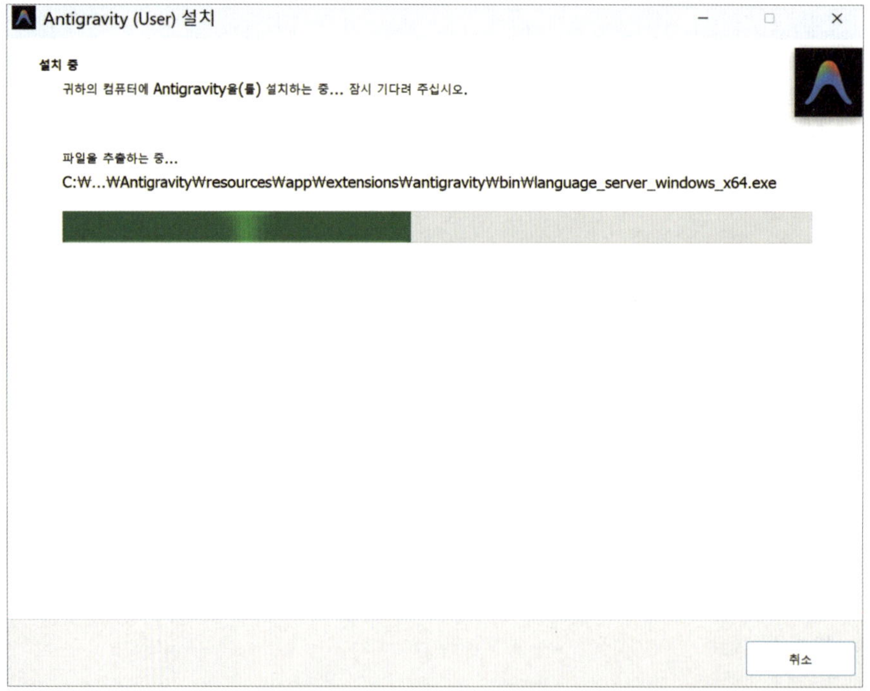

⑨ 설치가 완료되면 'Antigravity 실행'에 체크하고 [종료(F)] 버튼을 클릭합니다.

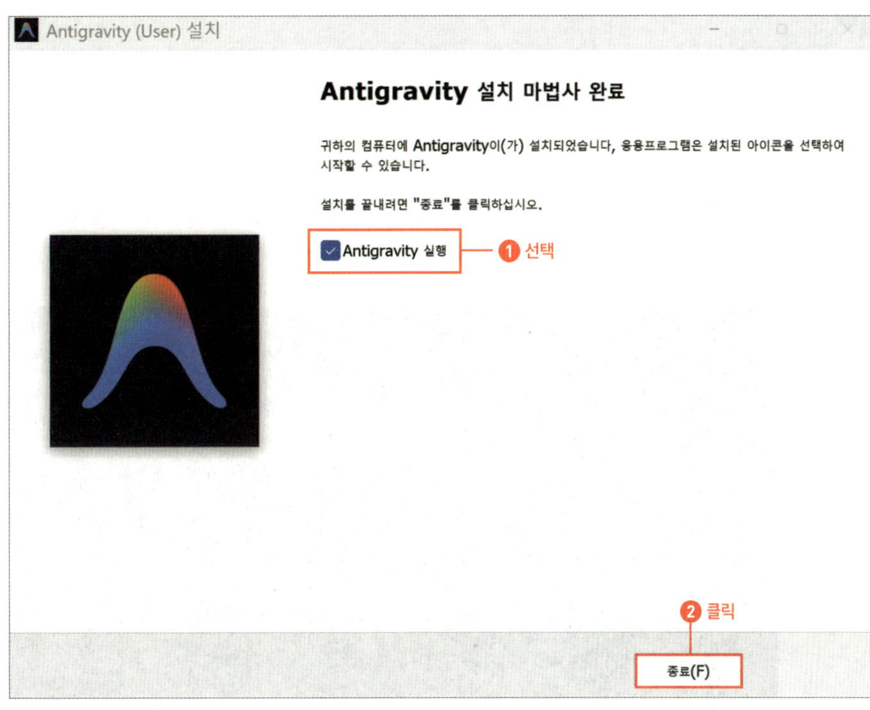

설치 후 초기 세팅하기

① 초기 실행

첫 실행 시 다음과 같이 까만 화면이 나옵니다. 세팅 과정에서 화면이 영어로 표시되는데, 추후 한국어로 시스템 설정을 바꿀 수 있으므로 걱정하지 않으셔도 됩니다. [Next] 버튼을 눌러 진행합니다.

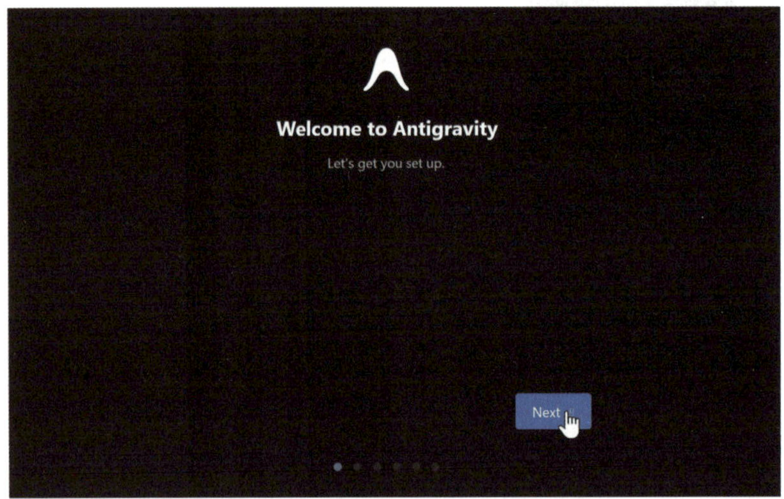

② 테마 설정

초기에 시스템 테마를 설정할 수 있는 화면이 표시됩니다. 어두운 화면을 선택하면 눈의 피로를 줄이며 전기 사용량을 절약할 수 있으므로 <Dark> 테마를 추천합니다. 책에서는 인쇄 편의를 위하여 <Light> 테마로 진행합니다. [Next] 버튼을 클릭합니다.

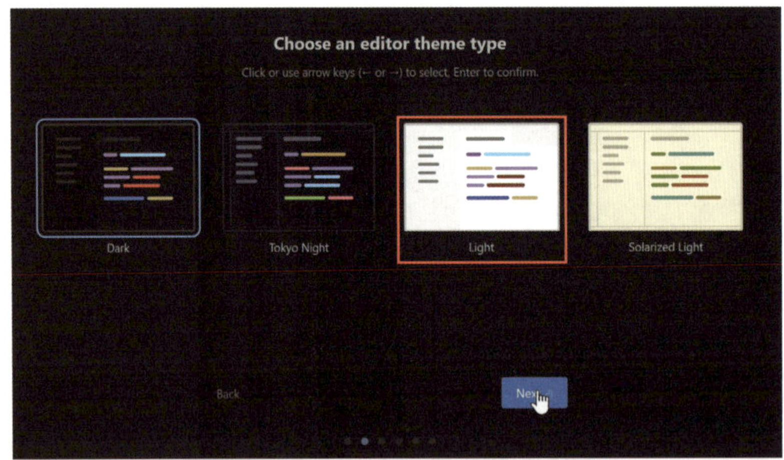

바이브 코딩

(3) **안티그래비티 Agent 자율성 설정 (중요)**

안티그래비티 설정과 사용 과정에서 가장 중요한 부분입니다. 에이전트의 자율성이 증가할수록, 사람의 허가 없이 마음대로 작업을 수행할 수 있다 보니 일종의 위험성이 증가합니다. 이 페이지에서는 얼마나 많은 권한을 에이전트에게 허락할 것인지를 설정합니다.

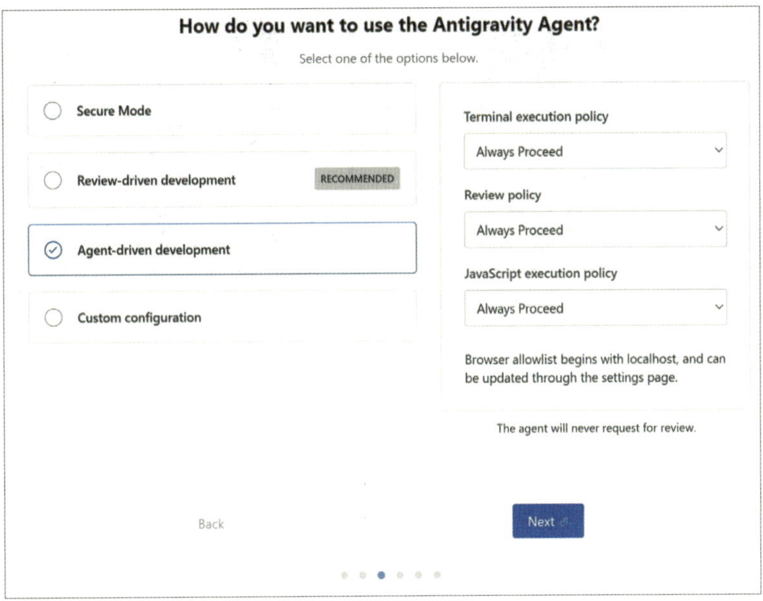

- Request Review

  매번 사용자의 허락을 구하고 행동합니다.
- Always Proceed

  항상 에이전트가 마음대로 행동합니다.

<Request Review> 옵션은 전문가에게 적절합니다. 한순간도 놓치지 않고, AI가 수행하는 작업을 꼼꼼하게 검토하고, 필요한 만큼만 AI의 행동을 허락할 수 있으므로 모든 작업을 통제하에 둘 수 있습니다.

반면 <Always Proceed> 옵션은 편의를 위해 안전성을 약간 타협하려는 전문가에게 적합합니다. 이를테면 "터미널 권한은 위험하지만 리뷰나 자바스크립트 실행쯤이야 뭐."라고 생각하시는 개발자는 <Terminal execution policy>만 <Request Review>로 설정할 수 있습니다.

그러면 비개발자, 일반인은 어떻게 세팅하면 좋을까요? 과감하게 <Agent-driven development> 항목을 선택해 에이전트에게 모든 권한을 <Always Proceed>로 열어주는 것을 추천합니다.

에이전트의 자율성을 깐깐하게 세팅하고 바이브 코딩을 하다 보면, 한 번 Enter 를 눌렀을 뿐인데 에이전트가 수십 번씩 허락을 구해옵니다. 이 과정이 무척이나 번거롭습니다. 아울러, 일반인은 AI의 동작을 허락했을 때 발생하는 리스크를 정확하게 재단하기 어렵습니다. "어차피 봐도 잘 모를텐데, 그냥 허락해 버리자."라는 약간은 무책임한 전략입니다.

그러면 어떤 리스크가 생길 수 있을까요? 작업 중이던 코드의 내용물이 약간 이상하게 바뀔 수 있습니다. 이 정도 리스크는 감수할 만 합니다.

Agent Non-Workspace File Access

Allow Agent to view and edit files outside of the current workspace. Use with caution: this provides the Agent access to additional potentially-relevant information, but also allows the Agent to access credential files, secrets, and other files outside of the workspace that could be targeted in prompt injection attacks or other exploits by malicious actors.

다만, 굳이 설정 화면에서 에이전트에게 폴더 외부의 파일에도 접근하는 권한을 열어 준다면 위험도가 증가할 수 있습니다. 이 옵션은 기본적으로 꺼져 있으므로, 여러분께서 숨은 옵션까지 찾아 열어 주려는 전문가가 아닌 이상 모든 옵션을 <Always Proceed>로 세팅해도 큰 문제가 생기지 않는 것입니다.

④ 편집기 설정

개발 경험이 없으신 분들은 [Next] 버튼을 클릭합니다. 개발자들은 본인 취향에 맞게 설정을 변경합니다.

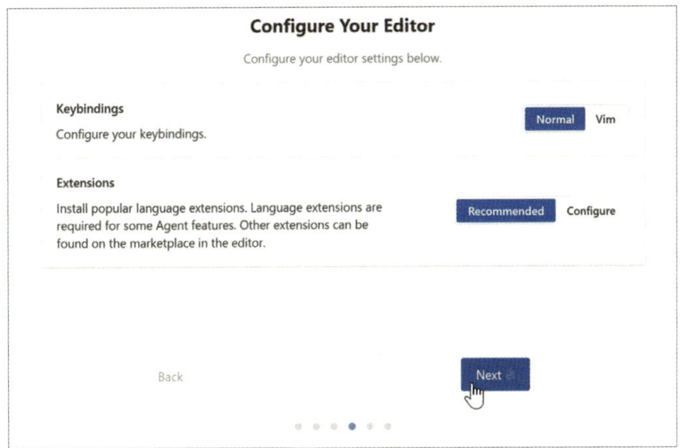

⑤ 구글 계정 연동

안티그래비티에는 고가의 AI들이 연동되어 있습니다. 무상으로 사용할 수는 있지만, 구글 측에서도 향후 요금제 설정이나 유저 데이터 수집 등을 위해 로그인을 요구합니다. 혹은 향후 구글 워크스페이스 서비스를 통해 가입한 기업 계정에 한하여 비용을 청구할 가능성도 있습니다. 우선은 개인 구글 계정으로 연동하시는 것을 추천합니다.

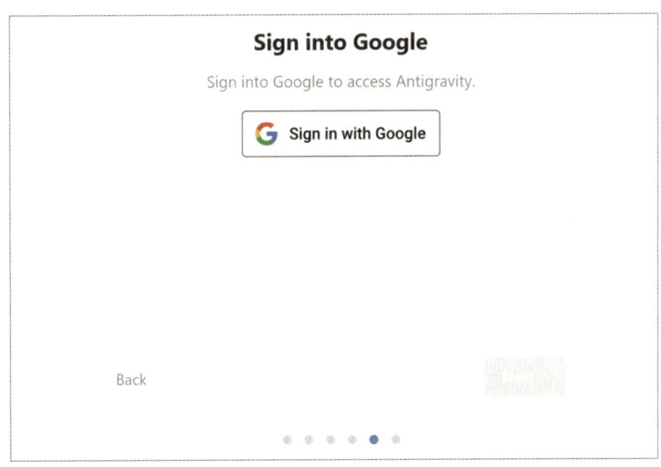

구글 계정으로 로그인

6 **사용권 계약**

약관 동의에 체크하고 [Next] 버튼을 클릭합니다.

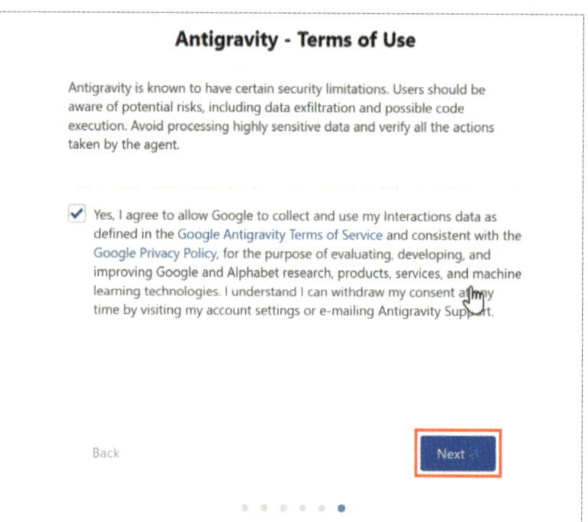

7 **설치 완료**

다음과 같은 인터페이스가 나타나면 설치가 완료된 것입니다.

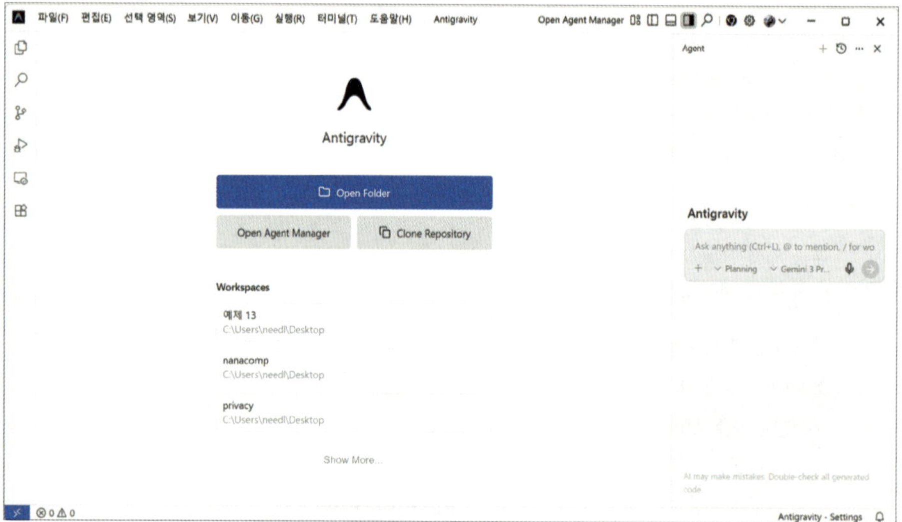

8 **안내 메뉴 비활성화**

초기 접속 시 각 인터페이스의 역할을 설명하는 말풍선이 뜹니다. [Dismiss] 버튼을 클릭하면 말풍선을 닫을 수 있습니다.

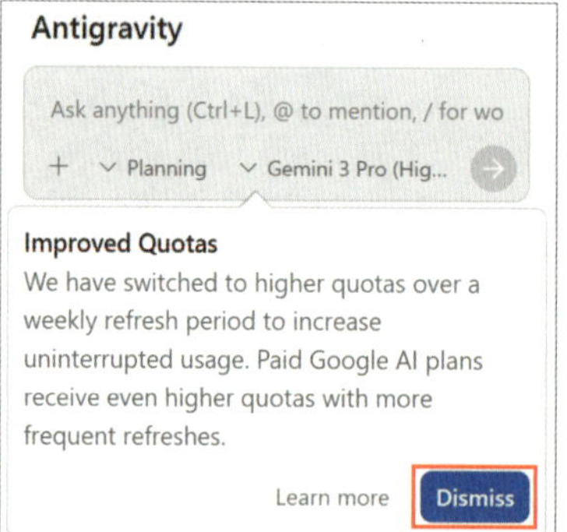

바이브 코딩

안티그래비티의 인터페이스는 기본적으로 마이크로소프트의 <VS Code>라는 소프트웨어와 동일합니다. 즉, 전 세계적으로 사용성과 편의성이 검증된 인터페이스를 그대로 탑재하고 있으므로 개발자는 물론 초보자들이 적응하기에도 수월합니다.

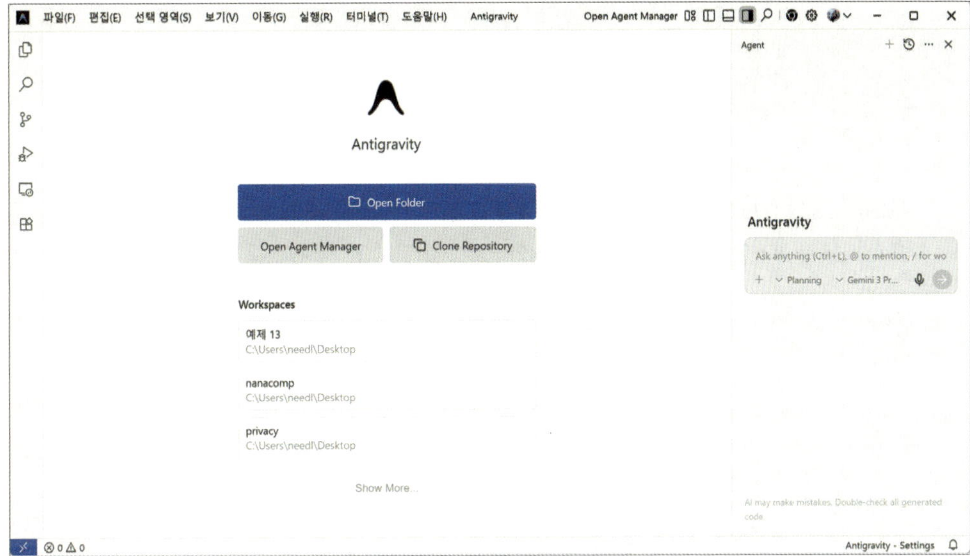

① Agent 패널

우리가 가장 많이 사용하게 될 패널입니다. AI와 채팅을 나눌 수 있는 영역입니다.

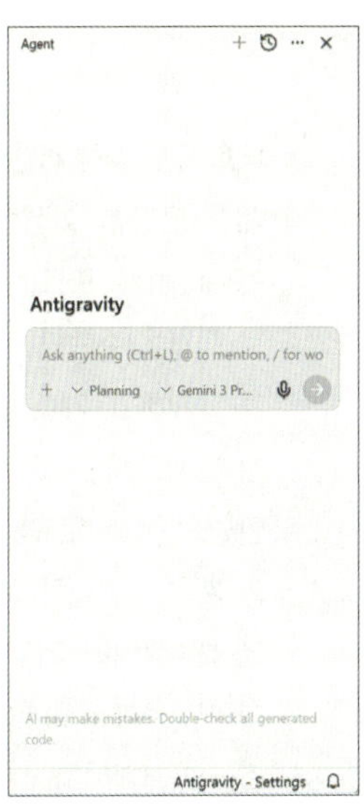

채팅창 하단에는 세 개의 버튼이 있습니다.

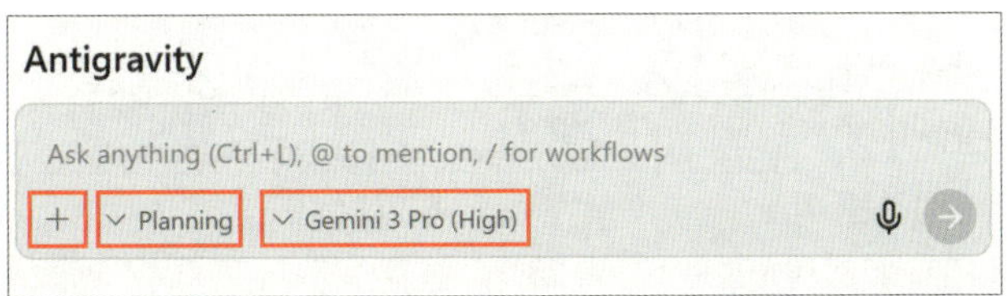

② **컨텍스트 추가 버튼**

주로 AI가 소프트웨어 제작에 참고할 이미지를 제공하는 용도로 사용됩니다. 예를 들면, "내가 만들고 싶은 웹 사이트와 유사한 디자인의 웹 사이트 스크린샷"이라던가 "소프트웨어에 삽입할 그림" 등을 업로드할 수 있습니다.

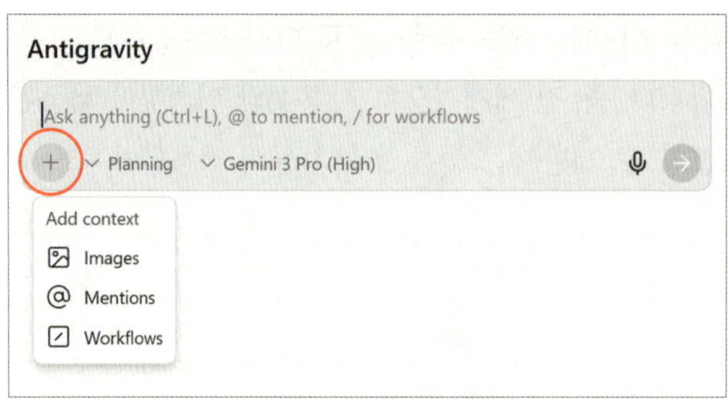

[Mentions]나 [Workflows]는 전문가들을 위한 기능으로, AI에게 다양한 정보를 참고시키기 위한 용도로 사용됩니다. 일반인은 사용할 일이 거의 없는 기능입니다.

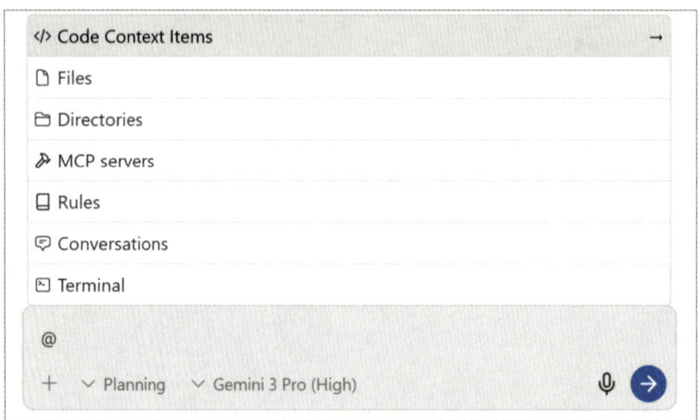

③ **대화 모드 설정 버튼**

대화 모드를 설정할 수 있습니다. <Planning> 모드는 AI가 어떤 식으로 작업을 수행할 것인지 직접 계획을 설계하고, 계획의 타당성을 검토하며 차근차근 코딩을 진행합니다. 반면 <Fast> 모드를 활성화하면 AI가 계획을 수립하지 않고 바로 코딩에 착수합니다. 매우 급한 상황이 아니라면 <Planning>으로 설정하는 것을 추천합니다.

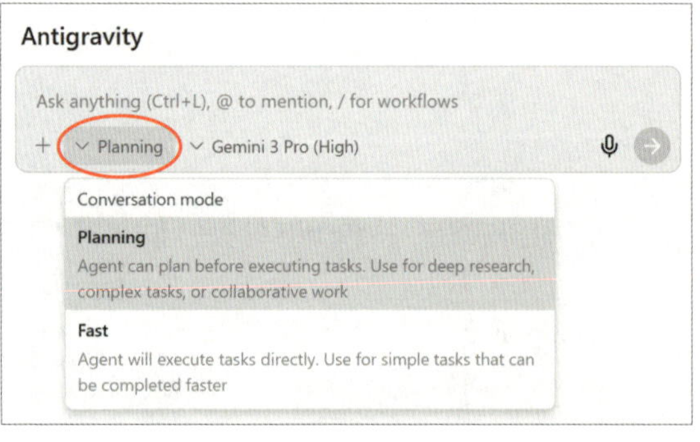

바이브 코딩

④ **AI 모델 설정 버튼**

바이브 코딩에 활용할 AI 모델을 선택할 수 있는 버튼입니다. 기본적으로 Gemini Pro 계열 인공지능의 최신 버전을 사용하는 것을 추천합니다. 최신 인공지능이 출시되면 선택할 수 있는 인공지능 목록이 계속해서 업데이트됩니다.

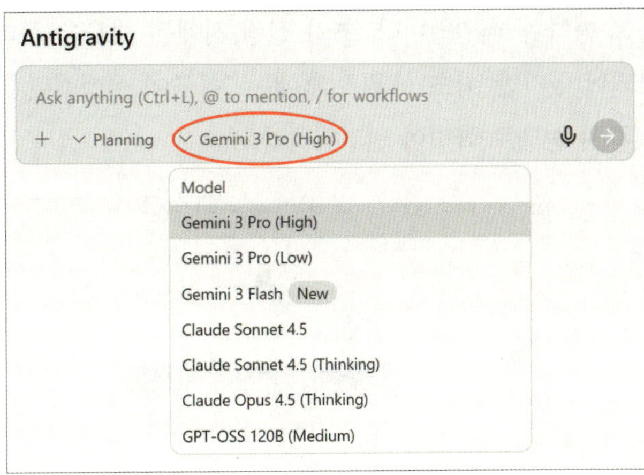

메인 작업을 수행하는 패널입니다. 초기 실행 시에는 새로운 폴더를 실행할 수 있는 버튼이 활성화되어 있지만, 최초 사용 이후에는 "최근에 실행했던 폴더와 그 내용물"을 자동으로 띄워주는 형태로 화면이 변경됩니다.

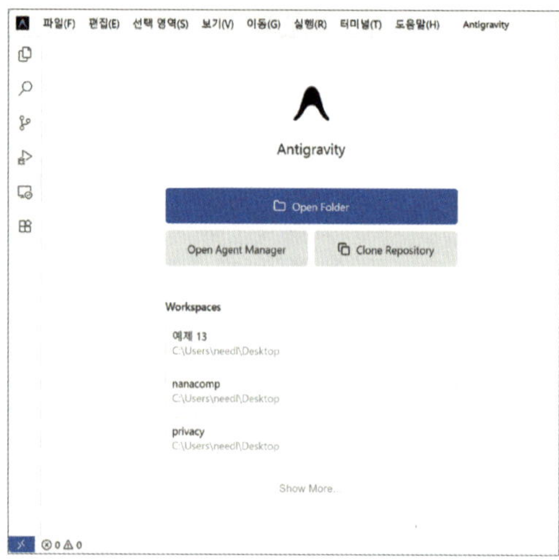

우리는 [Open Folder] 버튼만 기억하면 충분합니다. 안티그래비티는 기본적으로 다음과 같은 순서로 사용합니다.

① 코드를 저장할 폴더 생성
② 폴더를 안티그래비티로 불러옴
③ 바이브 코딩

[Open Folder] 버튼은 ① 단계를 위한 기능입니다. 이 정도만 기억하면 충분합니다.

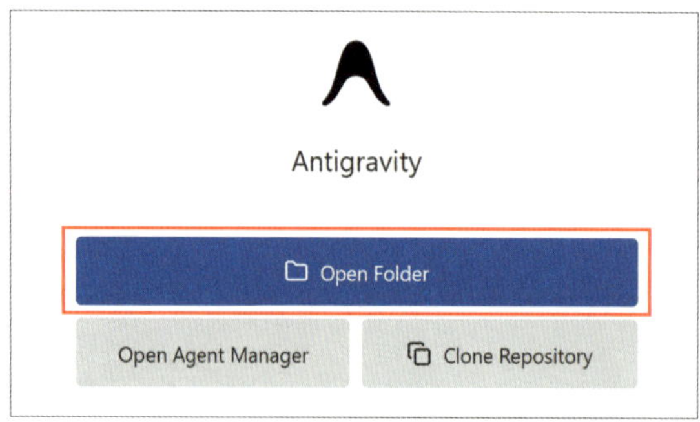

05

한국어 언어 팩 설치하기

① Extension tab 실행

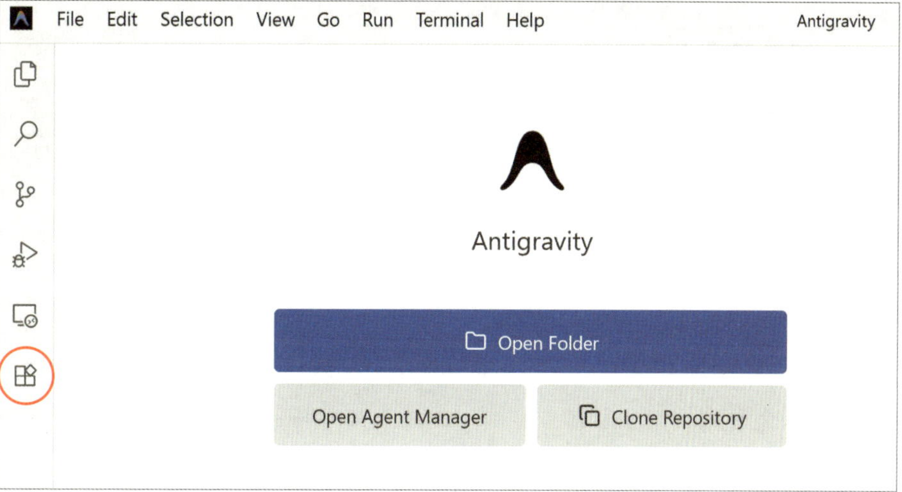

② 검색창에 "Korean" 검색

③ Korean Language Pack 선택

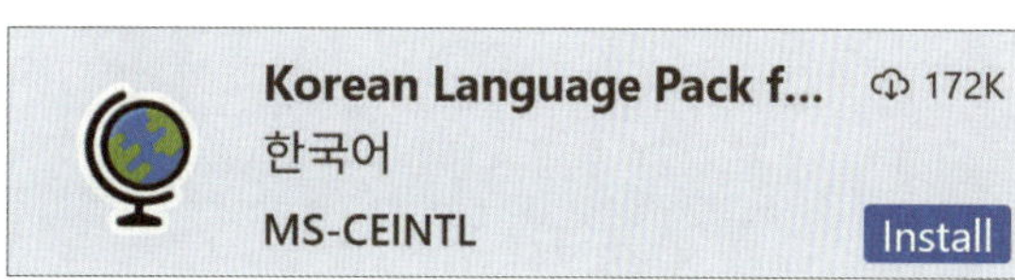

④ [Install] 버튼 클릭

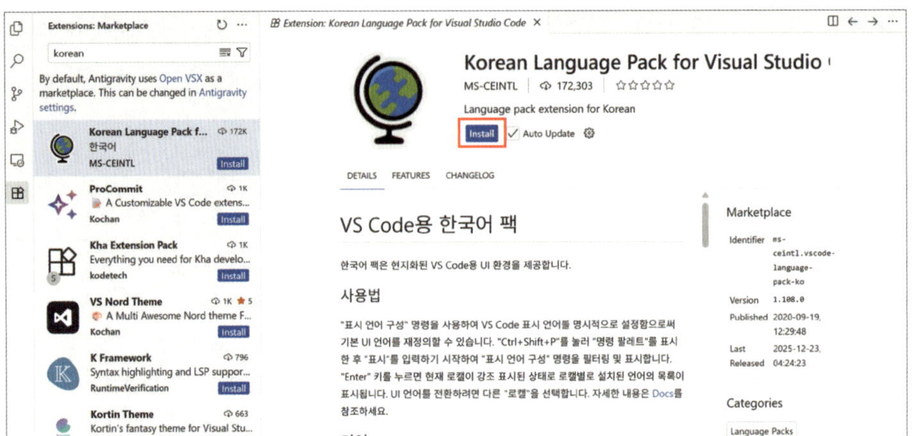

⑤ [Change Language and Restart] 클릭

화면 좌측 하단에 팝업이 떠오릅니다. [Change Language and Restart] 버튼을 누르면 안티그래비티
가 재실행됩니다.

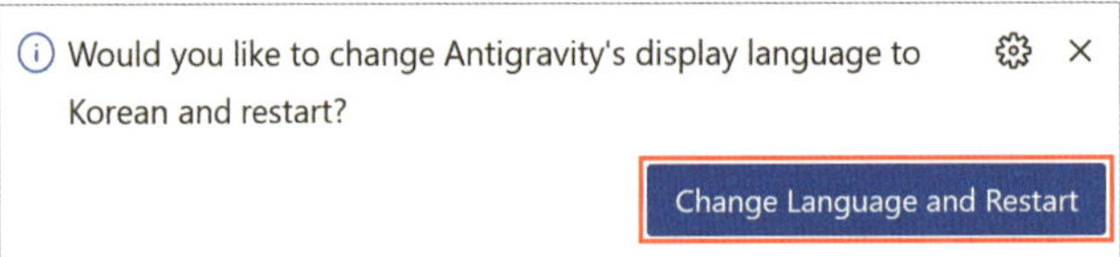

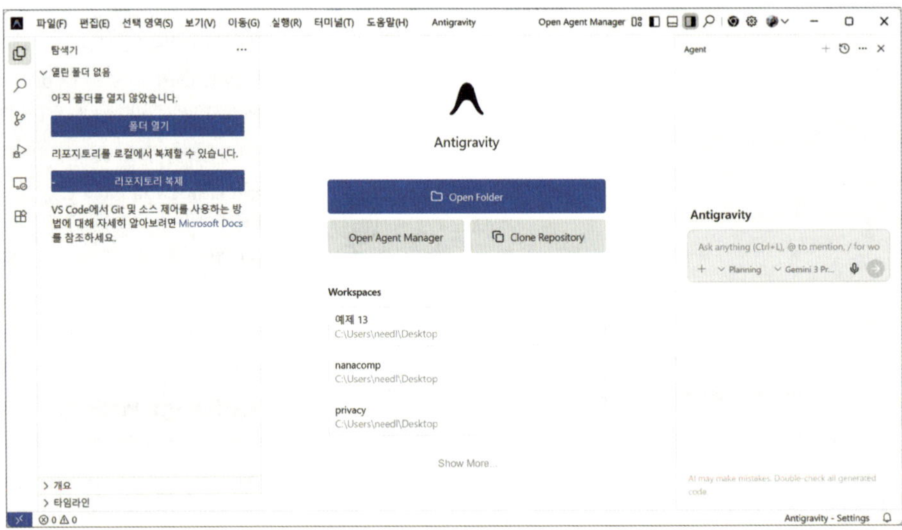

변경 완료

바이브 코딩

06

자동 Accept 플러그인 설치

원래는 작업 도중 AI가 여러 차례 사용자에게 "이런 식으로 작업을 수행해도 되나요?"라고 물어보며 허락을 구합니다. 작업의 단계마다 사람이 개입하는 human-in-the-loop 철학은 전문가에게는 꼭 필요한 기능입니다. 하지만 우리에게 필요한 기능은 아니지요. 우리는 엔터키만 누르면 모든 작업이 자동으로 척척 진행되는 것을 원합니다. 이를 위한 플러그인을 설치해 보겠습니다.

① 확장 플러그인 검색

좌측 ❶ [확장] 메뉴를 클릭하고, ❷ 검색창에 "antigravity auto accept"를 키워드로 검색합니다. ❸ 스크롤을 내리며 개발자 이름이 "persosz"[1]로 기재된 플러그인을 선택합니다.

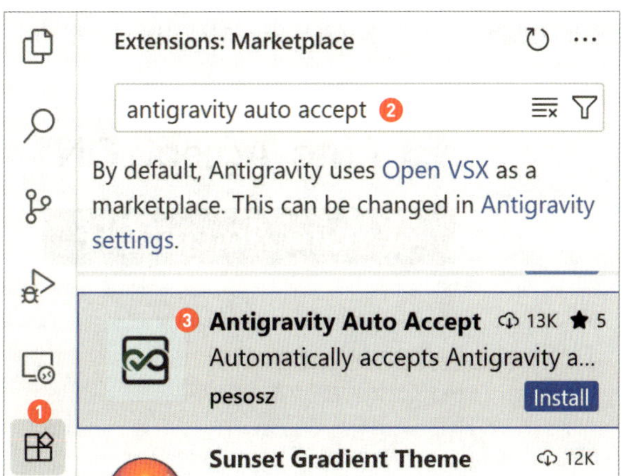

② [Install] 버튼 클릭해 설치

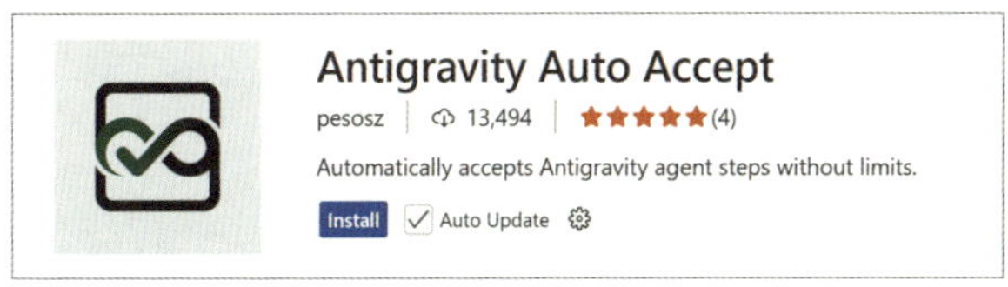

---

1 VS Code Extension store에는 매일 수없이 많은 플러그인이 새로이 업로드되고 있으므로, 여러분의 화면에서는 'persosz'라는 이름이 검색되지 않을 수도 있습니다. 이 경우 당황하지 마시고, 유사한 이름의 다른 플러그인을 설치하셔도 무방합니다.

③ [Trust Publisher & Install] 버튼 클릭

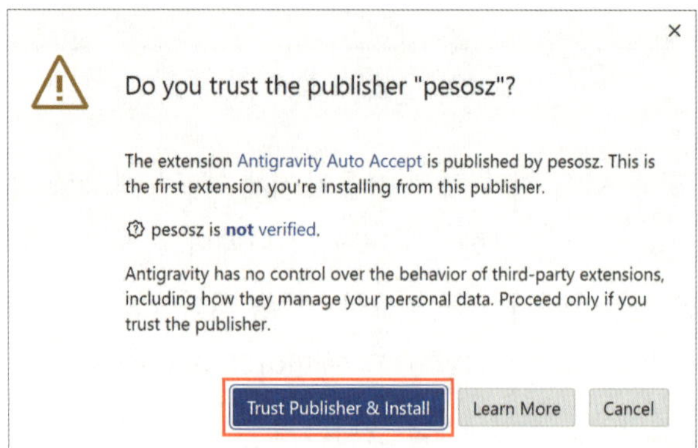

④ **Auto-accept 활성화**

안티그래비티 화면 우측 하단에 아래와 같은 아이콘이 생겨납니다. OFF인 경우 클릭하여 ON으로 변경하고, 안티그래비티를 종료 후 재시작합니다.

이제 안티그래비티가 매번 우리에게 동의를 구하는 대신, 자기 소신껏 자동으로 개발을 쭉쭉 진행합니다.

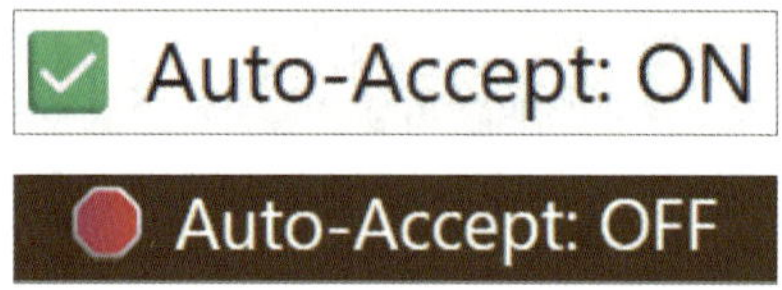

📑 바이브 코딩을 넘어선 바이브 포팅(Vibe Porting)

<Next.js>라는 오픈 소스 소프트웨어가 있습니다. 서버부터 웹, 앱에 이르기까지 모든 프로덕트를 만드는 데 사용할 수 있는 만능 도구입니다. 통계[2]에 따르면 대략 340만 개의 웹 사이트가 <Next.js>를 사용하고 있다고 하네요.

클라우드플레어(Cloudflare)는 고객들이 <Next.js>를 선호하는 것 같아, 조금 더 쾌적한 서비스를 위한 업데이트를 고민하던 중 이렇게 결정해버렸습니다.

"그냥 처음부터 다시 만들자. 더 효율 좋게."

그리하여 클라우드플레어 직원들은 AI를 활용해 <Next.js>를 처음부터 다시 만들기 시작했습니다. 이처럼 이미 존재하는 소프트웨어를 다른 형태로 재가공하는 것을 '포팅(porting)'이라고 부릅니다.

결과는 어땠을까요?

최고의 전문가들이 10년에 걸쳐 제작한 <Next.js>를 AI는 일주일 만에 뚝딱 만들어냈습니다. 성능 또한 괴물 같았어요. 속도는 4배 더 빠른데, 앱 용량은 57% 더 줄어들었거든요. AI 사용 요금은 170만 원 가량이 발생했다고 합니다. 이처럼 바이브 코딩을 응용해 이미 존재하는 소프트웨어를 처음부터 다시 만드는 행위를 '바이브 포팅(Vibe Porting)'이라고 부릅니다.

일론 머스크는 지구상의 모든 IT 기업과 소프트웨어를 AI로 재구축하거나 시뮬레이션할 수 있다고 주장하며 매크로하드(MacroHard)[3]라는 회사를 설립했습니다. 간단한 SW를 만드는 바이브 코딩에서 시작된 흐름은, 과연 우리를 어떤 미래로 인도하게 될까요?

---

2 BuiltWith 집계, 2026.03. 기준
3 MicroSoft의 반대 의미를 가진 말장난

이 책에서는 '오토 억셉트(Auto-Accept)'를 켜둔 채 바이브 코딩을 진행했습니다. 아마 여러분께서는 그저 "와, 정말 빠르다!"라는 감탄 정도만 느끼셨을 것 같은데요, 하지만 업계에서는 AI가 짠 코드를 사람이 검토한 뒤에 승인하는 것이 공식 절차입니다. AI의 실수를 놓친 채로 소프트웨어가 출시되면 문제가 생길 수 있으니 사람이 한 번 더 검토하는 것입니다.

그런데 자동화 루프 사이에 사람이 들어가는 휴먼 인 더 루프(HITL, Human-in-the-Loop) 구조로 작업을 수행하는 사람들은 기묘한 감각을 느끼게 됩니다.

> "AI는 일을 엄청 빨리 할 수 있는데, 검토하는 내 속도는 너무 느리네."

> "내가 오히려 AI의 발목을 잡고 있는 건 아닐까?"

> "내가 불필요한 병목이구나."

AI를 사용하며 업무 성과는 폭발적으로 증가했지만, 효능감은 크게 떨어지는 상황입니다. 비전공자보다는 업계에서 실무경력을 열심히 쌓아 올린 경력자일수록 큰 좌절감을 느낀다고 하네요.

우리는 이 변화에 어떻게 대응해야 할까요? 나의 전문 분야가 침범당하는 일은 무척이나 괴롭고 두려운 일입니다. 하지만 엑셀이 처음 나왔을 때도 많은 사람들이 "나는 엑셀보다 무능하다."라고 생각하며 괴로워했을 것 같아요.

일단은 생산성의 폭발을 꾀할 수 있다는 점에 집중해 긍정적인 성장 방향을 고민하는 사람도 있고, 무력감에 은퇴를 결심하는 사람도 있습니다. 가장 최악의 케이스는 AI의 역량을 인정하지 않고 도망치는 사람과, AI에게 모든 것을 맡겨버려 문제가 터지더라도 수습이 불가능한 상황을 만드는 사람들인 것 같습니다.

저는 우선 여러분들께서 더욱 열심히 바이브 코딩을 즐겨 보시면 좋겠습니다. 내가 배워본 적 없는 분야의 역량을 뽐낼 수 있는 세상이 되었습니다. AI 덕분에 짧은 삶 동안 훨씬 넓은 세계를 탐험할 기회가 생긴 것이니 최선을 다하여 이 소중한 기회를 누려 보시기 바랍니다.

Memo

Chapter 02

순서대로
따라하며 배우는
기본기 레시피

레시피는 가이드라인에 불과합니다.
더하고, 빼고, 진화시키고. 그게 진정한 기쁨이지요.

- Gordon Ramsay

기본 레시피는 할 줄 알아야죠
응용? 기본이 없이 이것저것 해보는건 겉멋이에요.

- 안동시 소재 모 비스트로 사장님

예제 코드 설치 방법

방법 1 구글 드라이브 활용

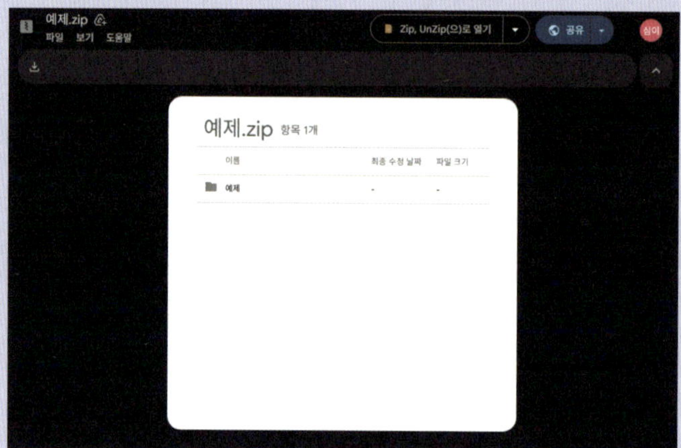

https://drive.google.com/file/d/1ImInKsVSGiKmJp4OoKsPHJPG5UrXQ-DZ/view?usp=drive_link

위 링크로 접속하시어 [다운로드] 버튼을 눌러 예제 코드 파일들을 다운로드할 수 있습니다.

방법 2 출판사 홈페이지

생능출판사 홈페이지(https://booksr.co.kr)에서 다운로드할 수 있습니다.

- '바이브 코딩'으로 검색
- 여러 도서 중 이 책의 도서명을 찾아 클릭
- [보조자료]에서 다운로드

안티그래비티와 친해지기

레시피 목표
- 개발 과정의 기본 단위인 프로젝트를 관리하는 방법을 익혀 봅니다.
- 안티그래비티는 폴더 단위로 코드를 관리합니다.

① 새 폴더 만들기

'바탕화면'이나 '내 문서' 등 프로젝트를 저장하고 싶은 곳에 새 폴더를 만들어 주세요.

레시피 1

② [폴더 열기] 메뉴 클릭

화면의 [폴더 열기] 버튼을 클릭하거나

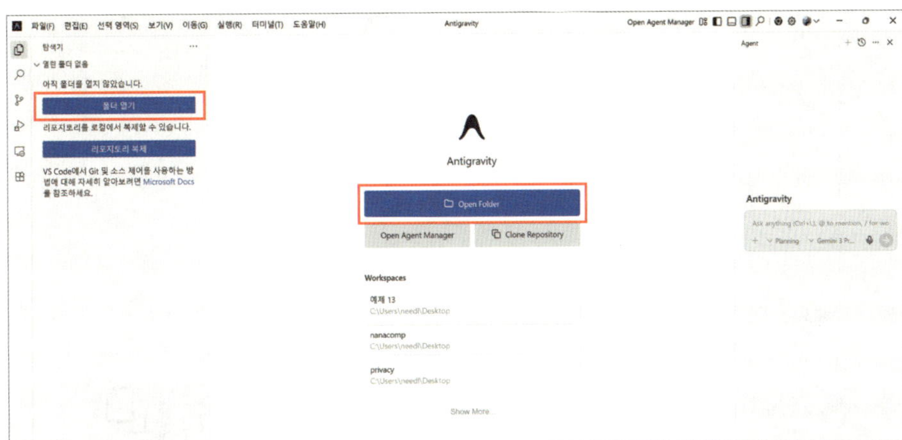

상단 메뉴에서 [파일]-[폴더 열기]를 클릭합니다.

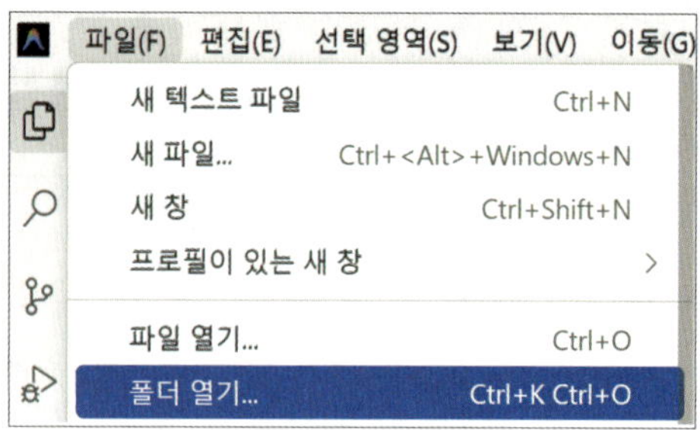

3 폴더 선택

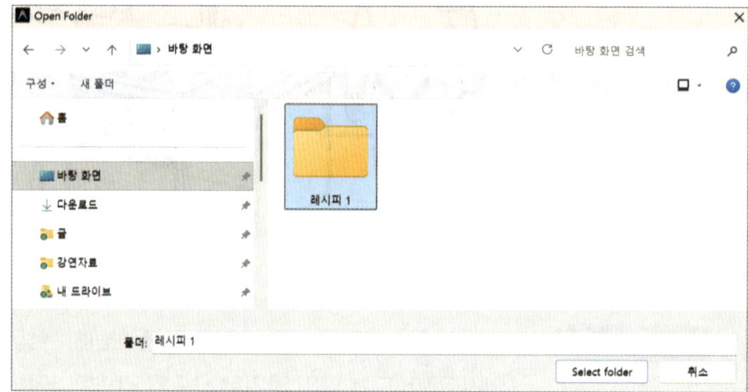

4 프로젝트 세팅 완료

다음과 같이 [탐색기] 메뉴가 활성화되는지 확인해 주세요.

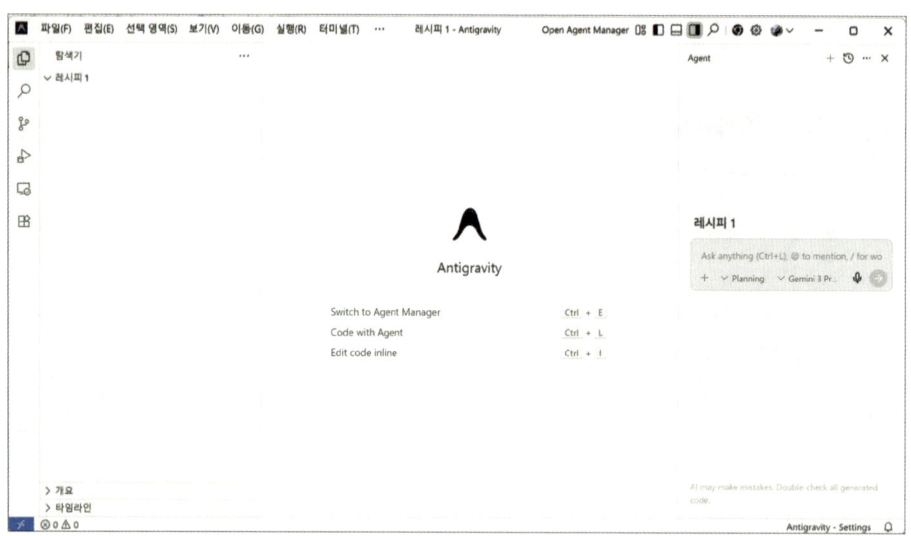

혹시 탐색기가 활성화되지 않는다면 좌측 상단의 아이콘을 클릭해 봅니다.

바이브 코딩

⑤ 세팅 완료! 바이브 코딩을 즐기세요!

⑥ **작업하던 프로젝트 다시 불러오기**

[폴더 열기]에서 예전에 작업하던, 이미 코드가 들어 있는 폴더를 선택합니다.

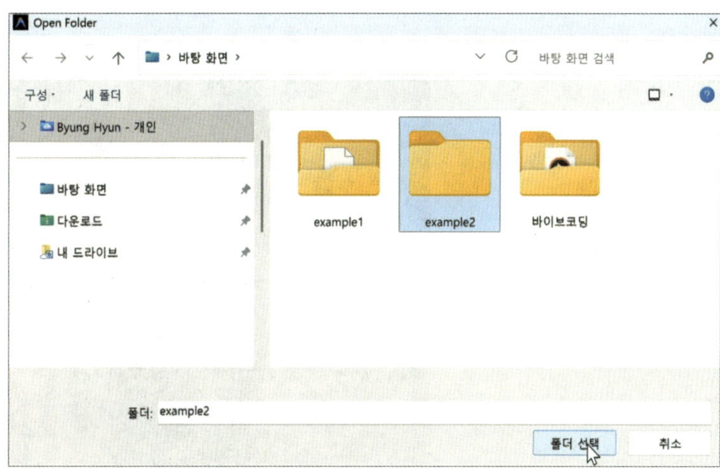

⑦ **작업을 이어서 할 수 있습니다.**

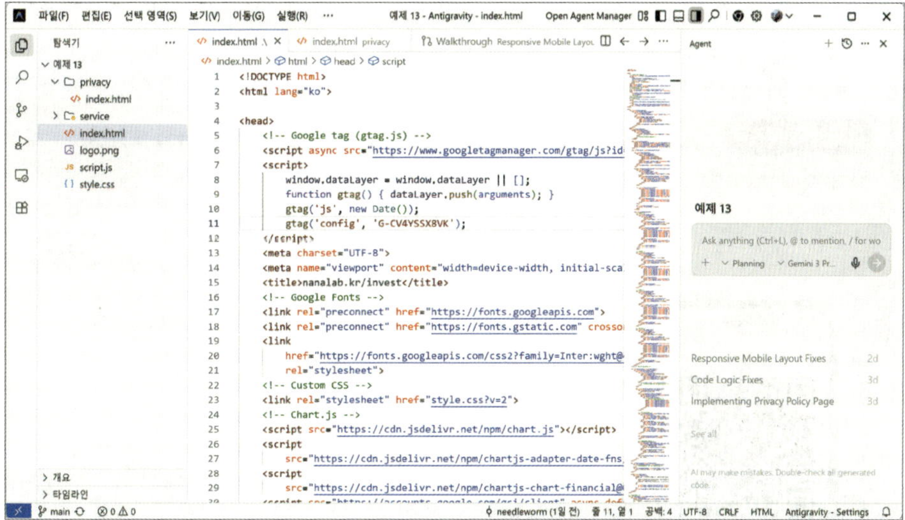

이전에 작업 중이던 내용이 그대로 표시됩니다. 이어서 작업을 진행하세요!

웹 페이지 그대로 카피하기

레시피 목표 웹 페이지를 그대로 카피해 보며 바이브 코딩 감각을 익혀 보세요!

필요한 지식

· 웹 페이지의 구조 290쪽

예제 코드

예제 폴더 내
/예제 1. 웹 페이지 따라 만들기

① [안티그래비티와 친해지기](51쪽)을 따라 새로운 프로젝트 만들기

② 카피할 웹 페이지를 선택하기

여기에서는 생능출판사 홈페이지를 카피하겠습니다.

https://www.booksr.co.kr/

③ 웹 페이지의 스크린샷을 촬영하기

윈도우의 '캡처 도구' 기능을 활용하면 편리합니다.

win 키를 누르고 캡처 도구 입력

④ AI에게 스크린샷을 보여주며 프롬프트 입력하기

스크린샷 촬영에 '캡처 도구'나 Print Screen Key 를 활용했다면 채팅창에서 Ctrl + V 를 눌러 바로 스크린샷을 붙어 넣을 수 있습니다.

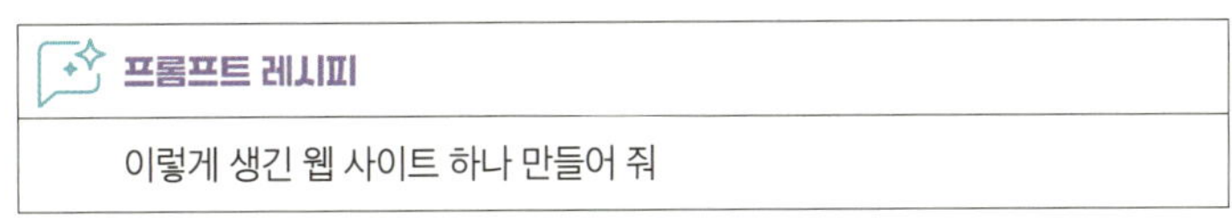

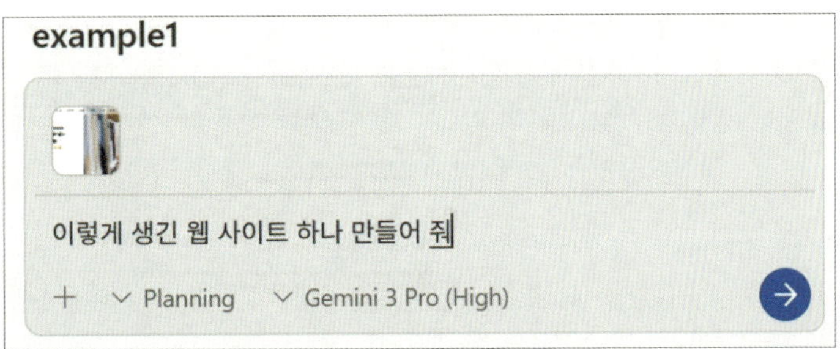

⑤ **작업 진행**

AI가 스스로 계획을 설계하며 작업을 진행합니다.

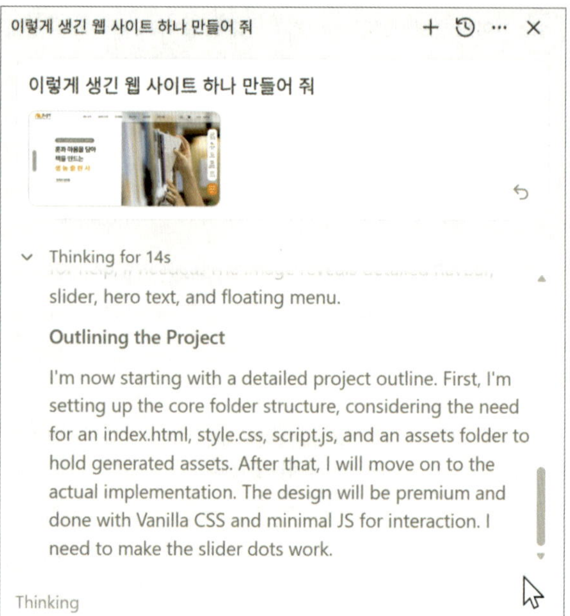

⑥ **AI의 계획안 작성 완료**

AI가 작성한 계획안이 완성되었습니다. 원하시는 경우 [Open] 버튼을 눌러 내용물을 검토할 수 있습니다.

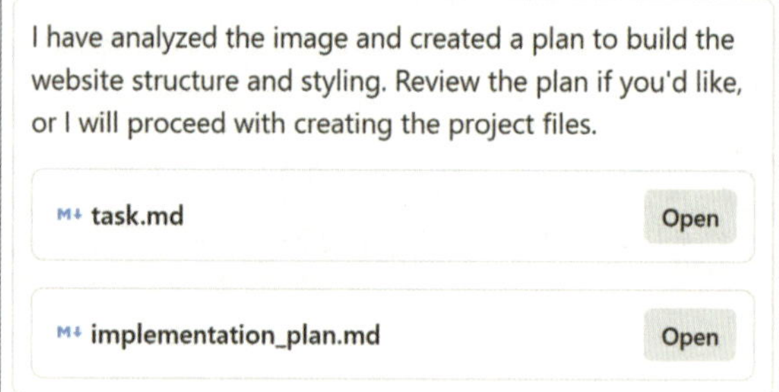

AI가 영어로만 말하는 경우

"한국말로 해 줘."라고 프롬프트를 입력해 보세요! AI가 잠시 고민한 뒤, 채팅 답변과 계획서를 한국어로 번역해 줍니다.

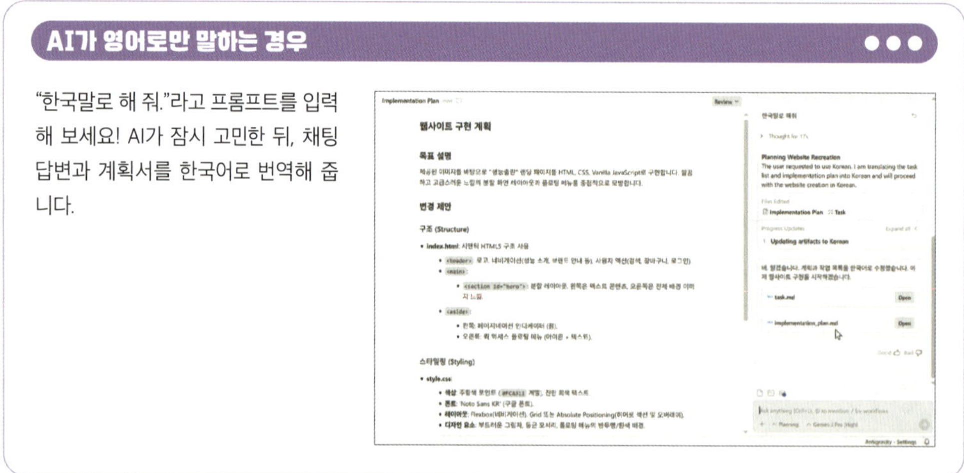

바이브 코딩

⑦ **계획안 수정**

혹시 AI의 계획안이 누락한 내용이 있다면, 프롬프트를 추가로 입력해 수정을 요청합니다. [Always Proceed] 권한을 에이전트에 부여한 경우, 계획안 수정 없이 자동으로 코딩이 진행됩니다.

> 모바일로 접속했을 때에도 화면이 잘 나오도록,
> 반응형으로 만들어 줘.

⑧ **코딩 및 디자인 진행**

에이전트가 코딩을 진행합니다. 아울러, 웹 사이트에 삽입해야 할 이미지가 있다면 나노바나나를 활용해 이미지까지 생성합니다.

⑨ **코딩 완료**

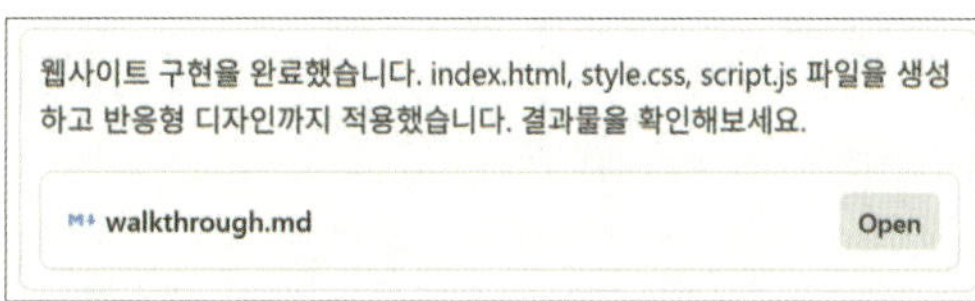

⑩ **완성된 코드 실행하기**

예제 폴더에 새로 생긴 'index.html' 파일을 더블클릭합니다. 혹시 '연결 프로그램' 지정이 필요하다는 팝업이 발생하면 'Chrome'을 선택합니다.

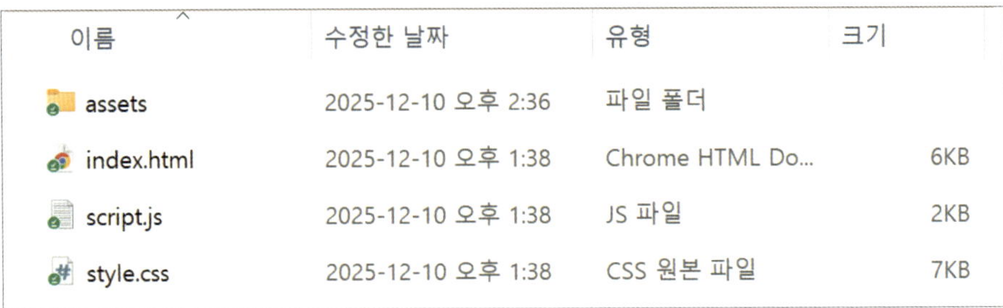

이름	수정한 날짜	유형	크기
assets	2025-12-10 오후 2:36	파일 폴더	
index.html	2025-12-10 오후 1:38	Chrome HTML Do...	6KB
script.js	2025-12-10 오후 1:38	JS 파일	2KB
style.css	2025-12-10 오후 1:38	CSS 원본 파일	7KB

혹은 채팅창에 코드를 실행해 달라 요청해도 실행 가능합니다.

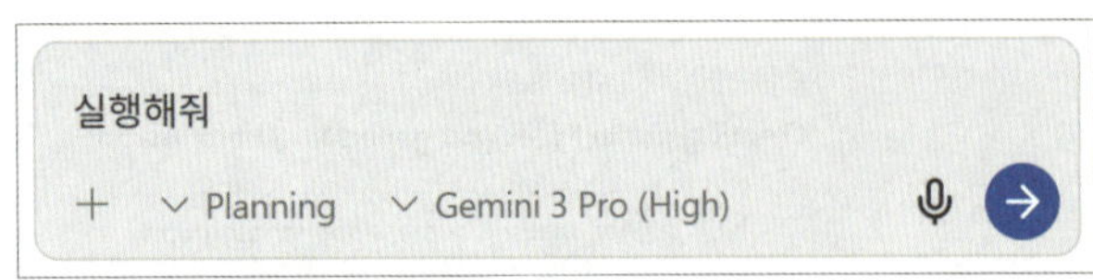

⑪ **완성된 결과물**

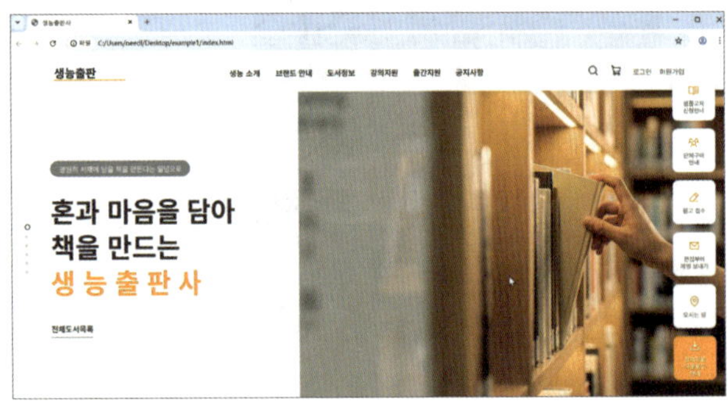

데스크톱 해상도

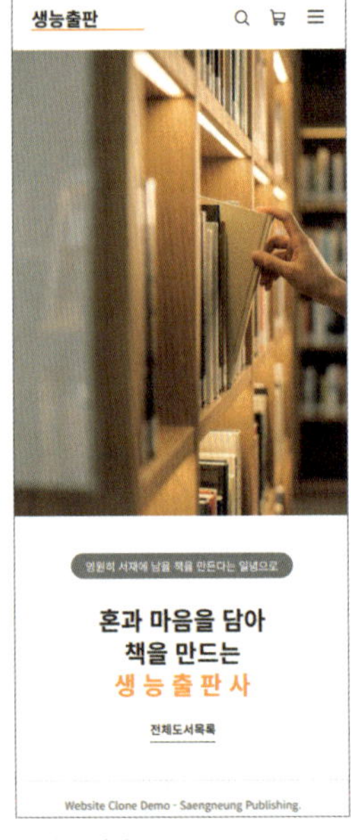

모바일 해상도

⑫ **추가 수정 요청**

마음에 들지 않는 부분이 있거나, 추가로 넣고 싶은 항목이 있다면 채팅으로 요구합니다.

　　　　　　　　　　　　　　　　　　　　　　　　　　바이브 코딩

축하합니다. 바이브 코딩의 한 사이클을 모두 체험해 보셨습니다.

코딩 레시피를 소개하는데, 책에는 코드가 한 줄도 수록되지 않았습니다. 그럼에도 충분히 따라해 볼 수 있으셨고, 제대로 작동하는 산출물까지 만들어 볼 수 있었습니다.

① 왜 웹 페이지 형태의 예제를 만들었나요?

한 번만 작업하면 컴퓨터, 태블릿, 스마트폰에서 모두 동작하기 때문입니다. 추후 서버에 웹 페이지를 올리는 '호스팅' 작업을 수행하면 URL만 전달하는 것으로 쉽게 공유할 수 있기도 하고요.

② 코딩이 원래 이렇게 쉬운가요?

바이브 코딩 없이 직접 웹 사이트를 흉내내 만드는 작업을 업계에서는 '클론 코딩'이라고 부릅니다. 전문가에게는 쉬운 일이지만 초심자에게는 난해한 작업이지요. 일부 부트캠프에서는 웹 페이지 하나를 클론 코딩하는 데 일주일 정도 기간을 잡고 교육을 진행하기도 합니다.

코딩을 업으로 삼으리라 결심한 사람들이 일주일을 투자해 배우는 작업을, 우리는 엔터키 한 번으로 끝내버렸습니다.

③ 이제 뭘 배우나요?

이 책의 진도를 그대로 따라나가신다면 웹 페이지를 수정하고, 신기한 기능들을 부착하고, 내게 정말 필요한 복잡한 기능들을 구현해 나가는 순서로 공부를 이어가게 됩니다.

그런데 혹시 방금 만든 웹 페이지를 주변에 자랑하고 싶을 수도 있을 것 같습니다. 책에서 예제 웹 페이지를 https://nanalab.kr/copy_website 형태의 URL로 가공해 소개한 것처럼 여러분께서 만든 예제 웹 페이지를 URL로 공유하는 방법을 먼저 배워보고 싶으시다면 238쪽을 펼쳐 보시기 바랍니다.

웹 페이지 콘텐츠 수정하기

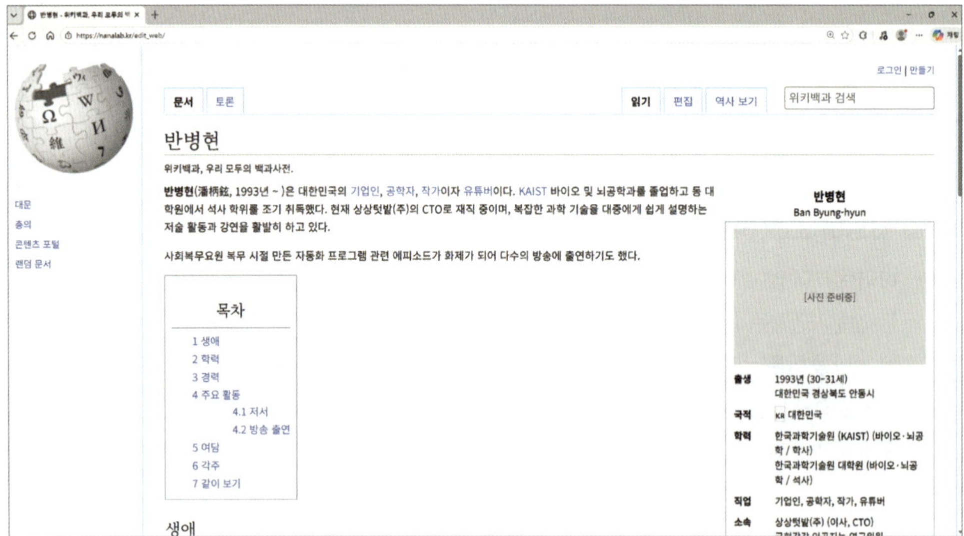

  안티그래비티를 활용해 웹 페이지의 내용물을 수정하는 방법을 연습합니다.

필요한 지식

· 웹 페이지의 구조 290쪽

예제 코드

예제 폴더 내
/예제 2. 웹 페이지 수정하기

① [안티그래비티와 친해지기](51쪽)을 따라 새로운 프로젝트 만들기

② 카피할 웹 페이지를 선택하고 URL 복사하기

이번에는 위키백과의 문서 중 하나를 선택하겠습니다. 유튜브나 뉴스 페이지 등을 선택하셔도 좋습니다. URL을 복사합니다.

https://ko.wikipedia.org/wiki/장영실

③ AI에게 URL을 보여주며 프롬프트 입력하기

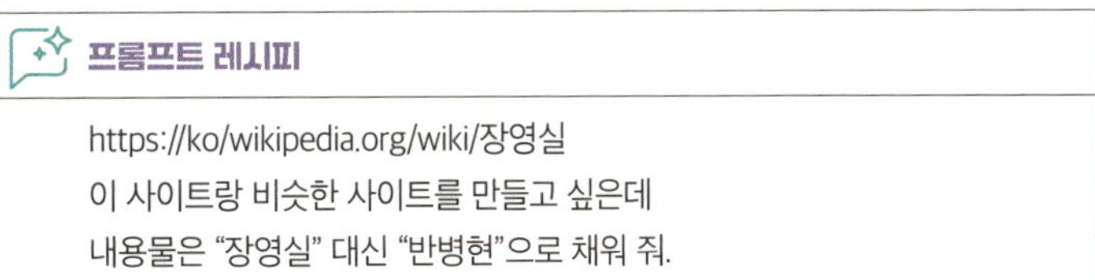

④ 작업 진행

웹 페이지에 채울 내용을 탐구하기 위해 AI가 스스로 인터넷을 검색하며 자료를 수집합니다.

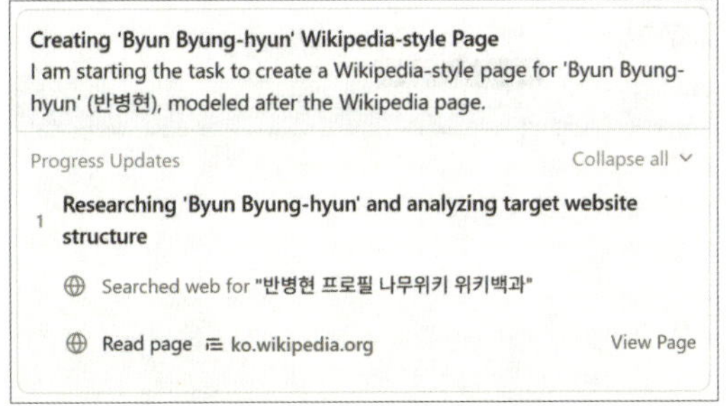

⑤ **AI의 계획안 작성 완료**

필요한 경우 AI의 계획안을 수정합니다. 'Always Proceed'로 설정한 경우 이 과정을 생략합니다. (앞으로 이 과정은 설명을 생략하겠습니다.)

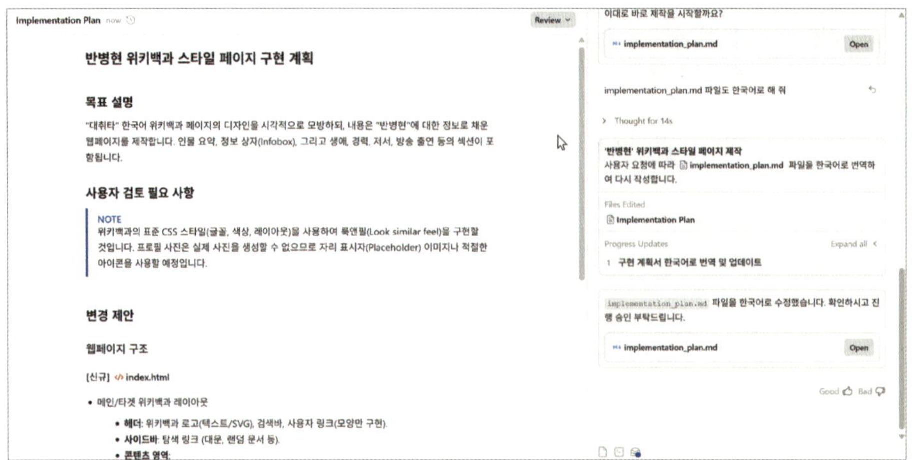

⑥ **웹 페이지 제작 완료 및 검증 시작**

웹 페이지가 잘 제작되었고, 내용물이 적절하게 기재되었는지를 AI가 직접 테스트합니다. 테스트 과정에서 자동으로 크롬 브라우저가 실행되어 화면이 움직이며, 브라우저의 내부가 파란색 테두리로 빛납니다.

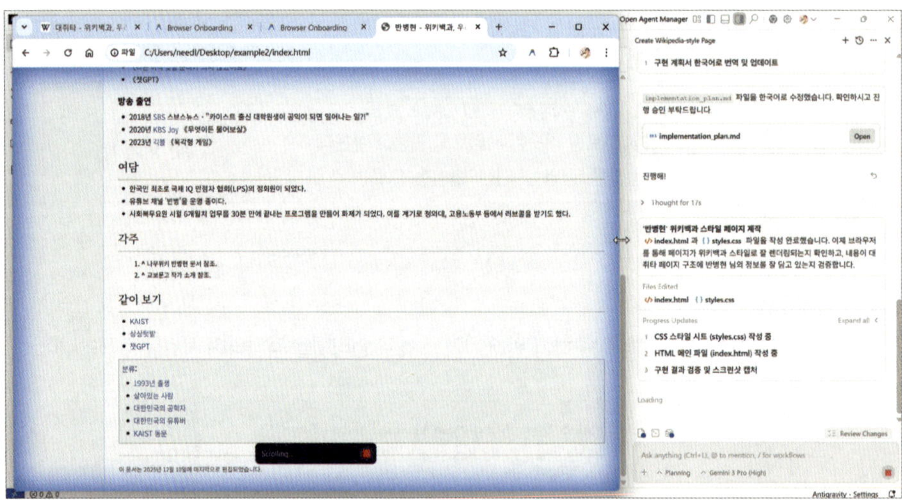

바이브 코딩

⑦ 작업 끝! 'index.html' 파일을 실행해 보세요!

데스크톱 해상도

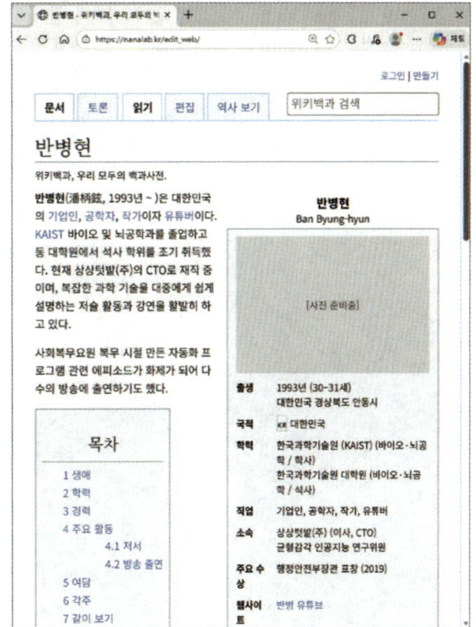

모바일 해상도

Comment

"이미 완성된 사이트를 흉내 내고, 내 입맛에 맞게 내용물을 수정한다."

별것 아닌 것처럼 보이지만, 사실 이번 레시피가 바이브 코딩에 있어 가장 중요한 부분을 담고 있습니다. 마음에 드는 기능을 제공하는 웹 사이트를 발견했다면, 안티그래비티를 활용해 내 입맛에 맞게 뚝딱 수정하여 사용할 수 있다는 점이 가장 매력적입니다.

특히 PDF 파일을 압축하는 등, 반드시 필요한 기능이지만 보안이 우려되어 사용이 꺼려지는 사이트를 안티그래비티로 그대로 흉내 낸다면? 데이터 유출 우려 없이 안심하고 유용한 기능을 사용할 수 있습니다.

웹 애플리케이션 만들고 기능 추가하기
– 스마트 계산기

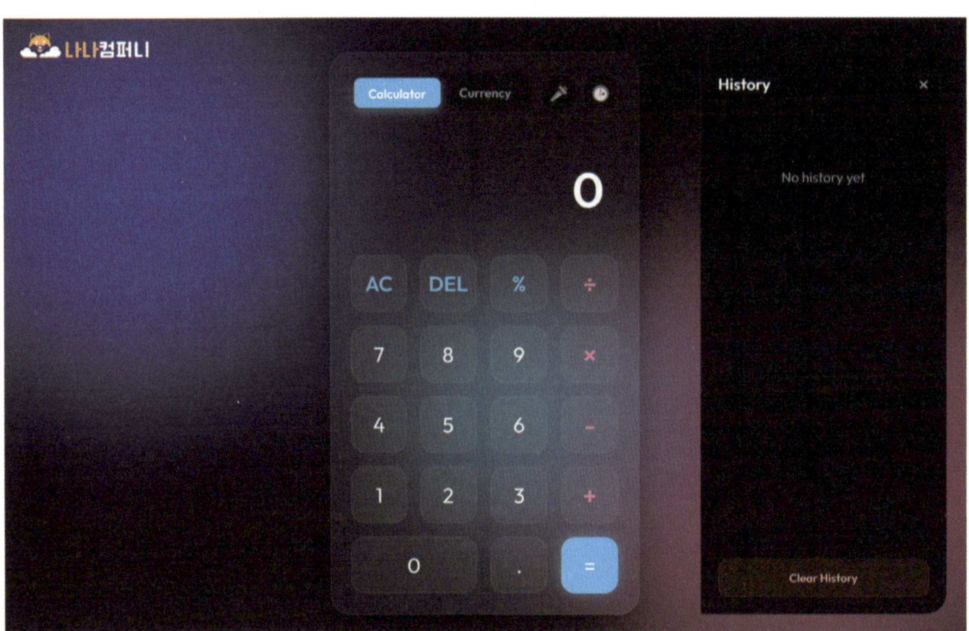

레시피 목표 • 계산기 애플리케이션을 만들며 바이브 코딩의 감각을 익혀 보세요.

• 그리고 여기에 음성 인식, 환율 계산, 히스토리 저장 등 신기한 기능들을 더해 보겠습니다.
무궁무진한 기능의 확장을 체험하며, 더욱 넓고 커다란 가능성을 체험해 보시기 바랍니다.

필요한 지식

• 웹 페이지의 구조 290쪽

예제 코드

예제 폴더 내
/예제 3. 웹 애플리케이션 만들고 기능 추가하기

① **[안티그래비티와 친해지기](51쪽)을 따라 새로운 프로젝트 만들기**

② **AI에게 스마트 계산기 앱 제작을 요청하기**

원래 앱 제작을 요청하는 기획자의 머릿속에는 애플리케이션의 모든 기능, 모든 버튼의 위치, 모든 상호작용의 결과가 체계적으로 정리되어 있어야 합니다. 하지만 기획 업무를 본 적 없는 사람에게는 너무 복잡한 일입니다. 게다가 이렇게 꼼꼼한 준비가 반드시 필요하다면 계속 계획을 핑계로 작업을 미루게만 될 수 있습니다.

그래서 우선 가장 간단한 요구사항을 AI에게 전달하면서, 동시에 AI가 아이디어를 만들어 오도록 요청해 봤습니다.

> 스마트한 "계산기" 기능이 있는 웹 사이트를 만들고 싶어.
> 디자인도 예쁘고, 버튼을 누르면 실제로 작동하는 계산기를 만들어 줘.
>
> 그리고 어떤 기능들을 추가하면 좋을지 나한테 제안도 해 봐.

③ **계산기 앱 먼저 제작 완료**

AI 역시 결론을 먼저 내리고 작업을 착수하기보다는, 일단 계산기를 만든 다음 의견을 구하는 것을 볼 수 있습니다. 이처럼 일단 최소한의 기능을 구현하고, 이후 니즈를 구체화하고 정의하며 기능을 추가하는 방식을 '애자일(Agile)'이라고 합니다. IT업계에서는 상식처럼 자리잡은 업무 방식이지요.

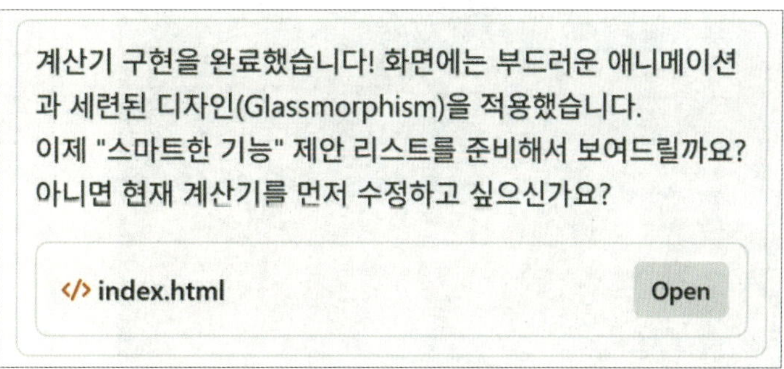

④ **테스트 진행 요청하기**

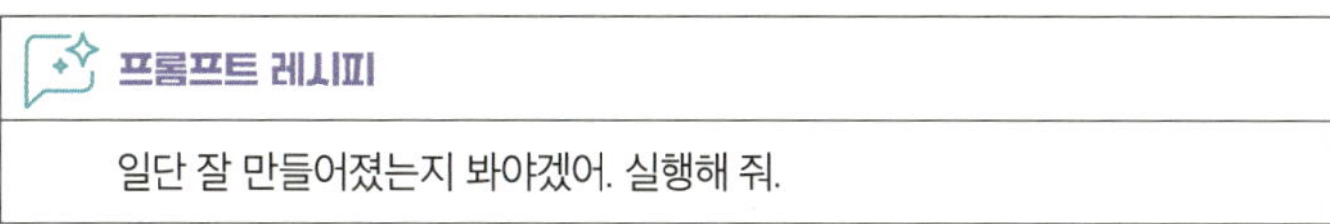

 자동 테스트 진행

AI가 자동으로 크롬 화면을 열고 애플리케이션을 실행합니다. 테스트가 진행되는 동안 브라우저의 테두리가 푸른 빛으로 물듭니다. 그리고 AI가 화면을 터치하는 동작이 푸른 점 모양 아이콘으로 표시됩니다. 책의 예시에서는 AI가 스스로 "7, +, 5, =" 네 개의 버튼을 순차적으로 터치했습니다.

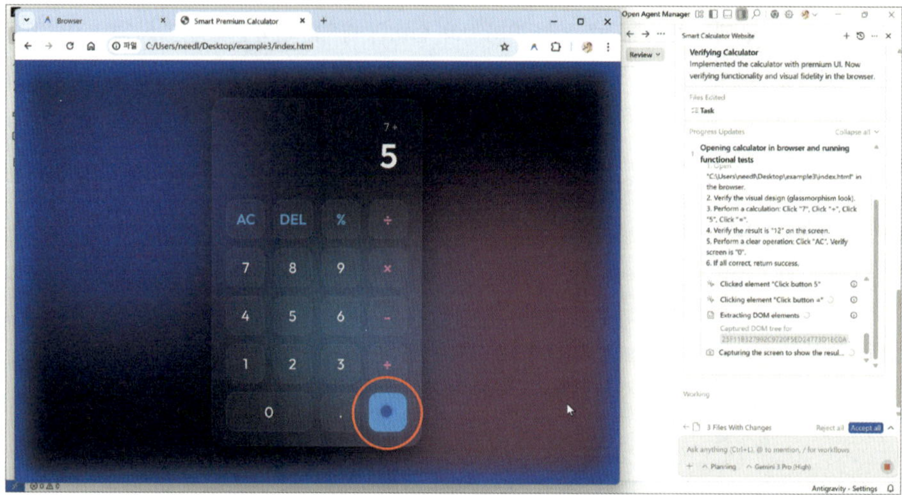

덧셈 결과가 화면에 정상적으로 표시됩니다. 일차적으로 기능 검증이 끝났습니다. 바이브 코딩의 한 사이클이 완료되었습니다. 테스트 결과는 안티그래비티 작업 화면에도 일종의 보고서 형태로 정리되어 표현됩니다.

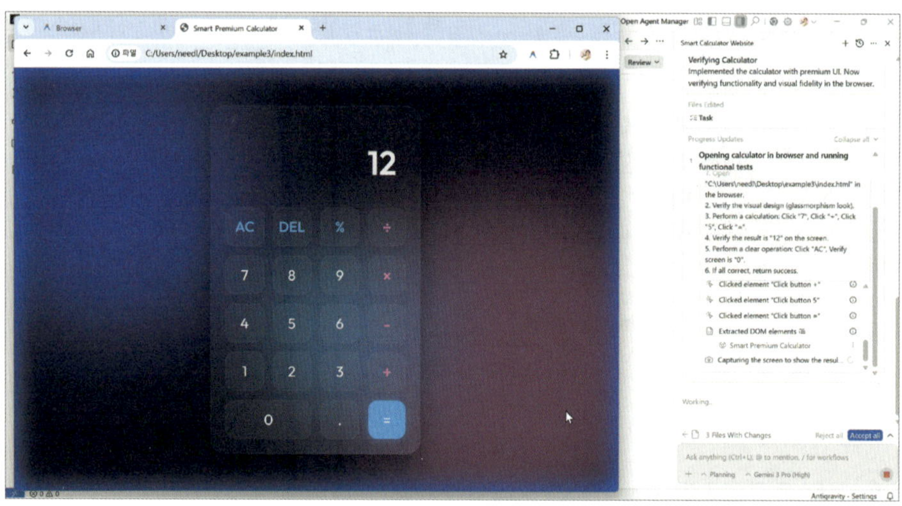

바이브 코딩

⑥ AI의 추가 기능 제안

테스트 이후 AI가 계산기에 추가하면 좋을 기능들을 여러 가지 추천해 주고 있습니다. 이 중에서 마음에 드는 것을 골라 제작을 요청합니다.

⑦ AI에게 새로운 기능 추가를 요청하는 프롬프트 입력

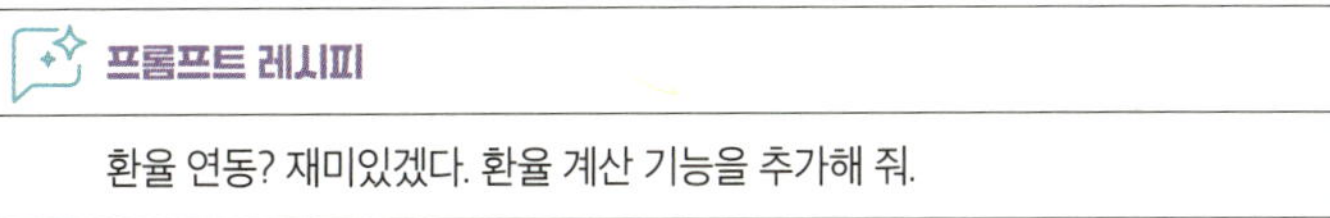

⑧ 작업 완료

순식간에 작업이 끝났습니다.

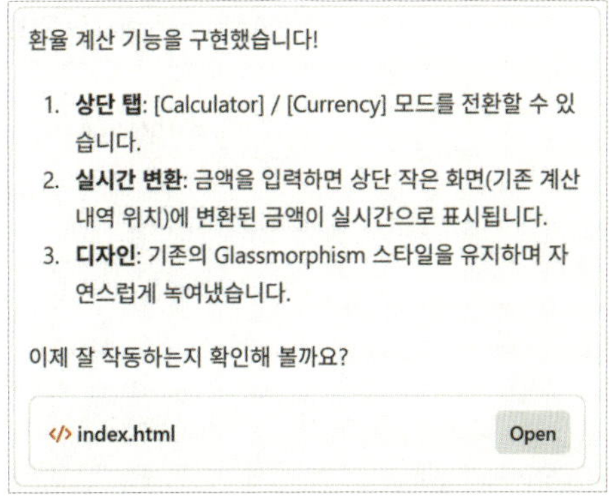

⑨ 테스트 요청

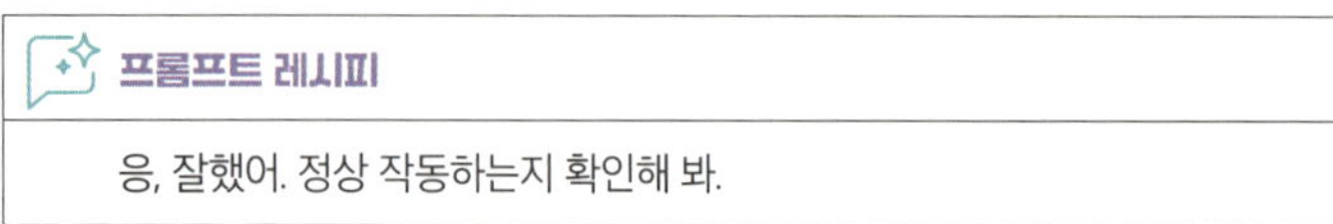

⑩ AI의 기능 테스트 수행

AI가 여러 국가 통화의 환율이 정상 반영되는지 확인합니다.

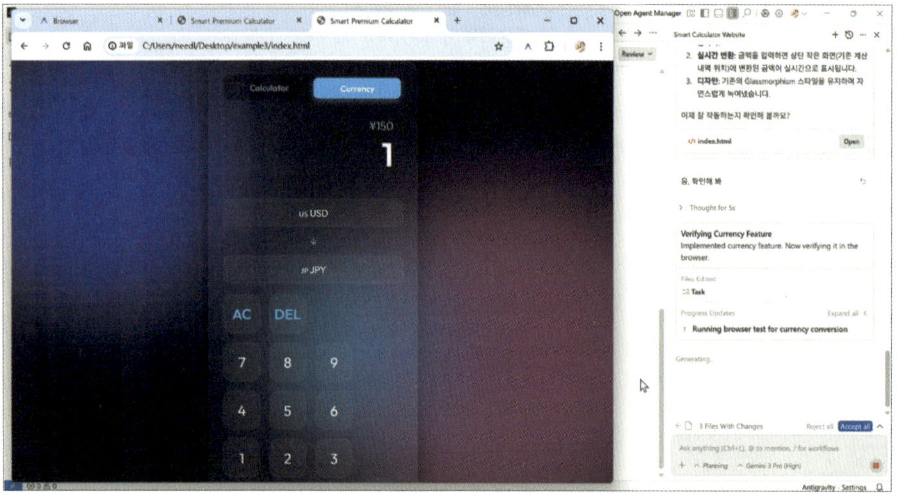

⑪ 테스트 완료

테스트가 완료되었습니다. 바이브 코딩의 두 번째 사이클이 완료되었습니다.

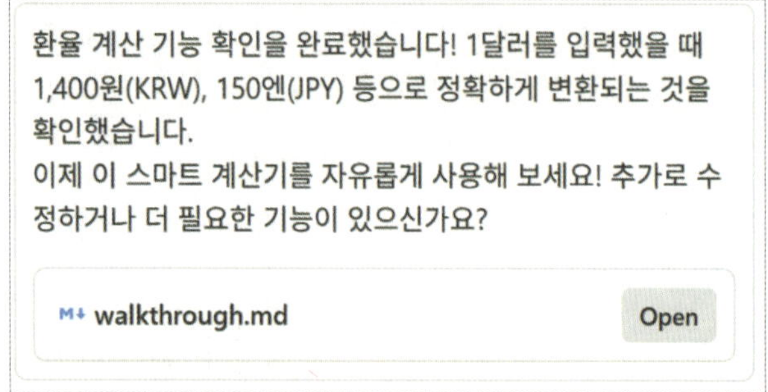

⑫ **추가 기능 요청**

기능을 더욱 추가해 보겠습니다. 이번에는 한 번에 두 가지 기능 추가를 동시에 요청합니다.

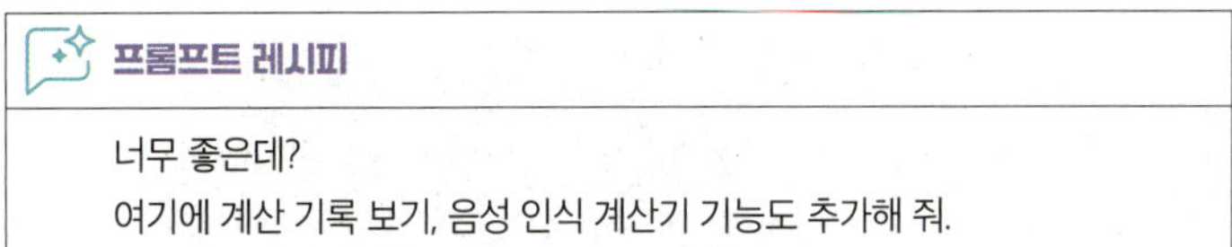

안티그래비티는 이렇게 여러 가지 요구사항을 동시에 입력받아도 잘 작동합니다.

⑬ **추가 기능 구현 완료**

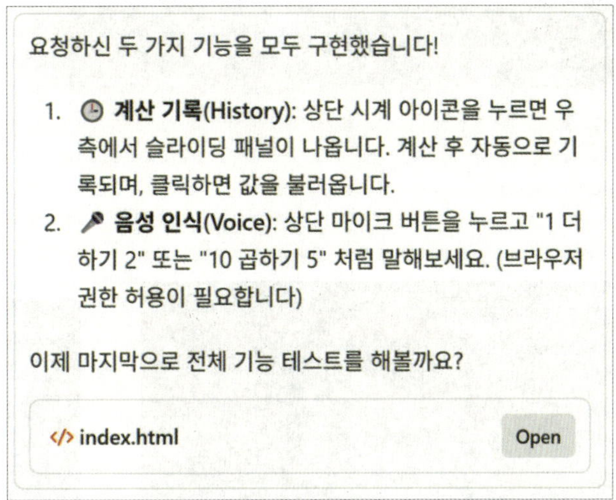

⑭ **테스트 요청**

AI가 "테스트를 해 볼까요?"라고 물어봤으므로, 간단하게 한 글자로 답해도 정상적으로 테스트가 진행됩니다.

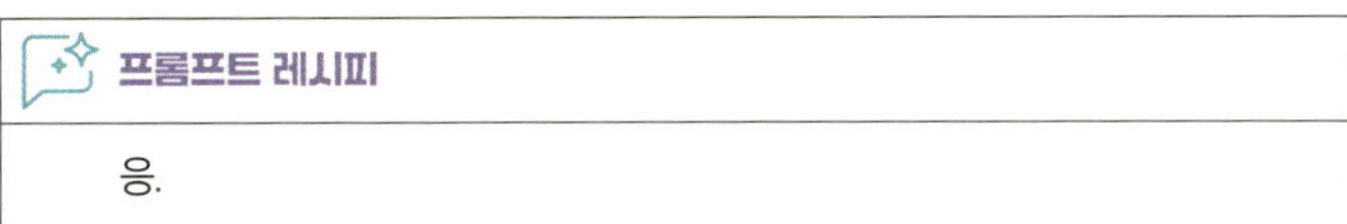

⑮ 테스트 진행

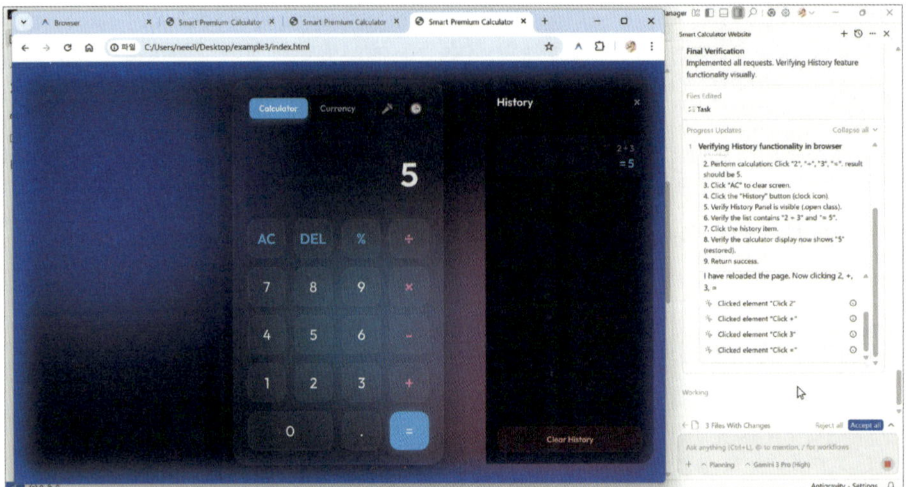

⑯ 결과물 완성

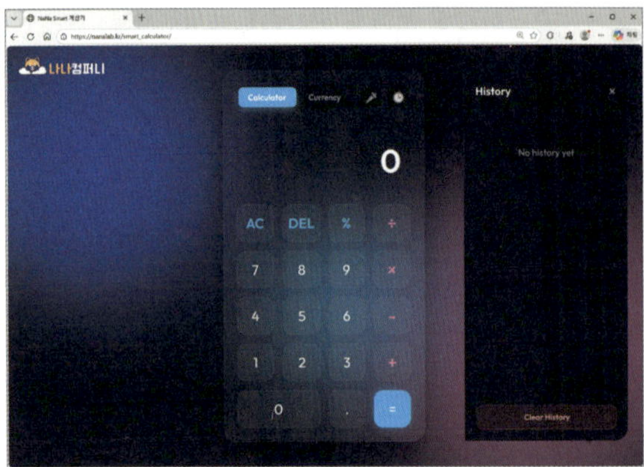

데스크톱 해상도

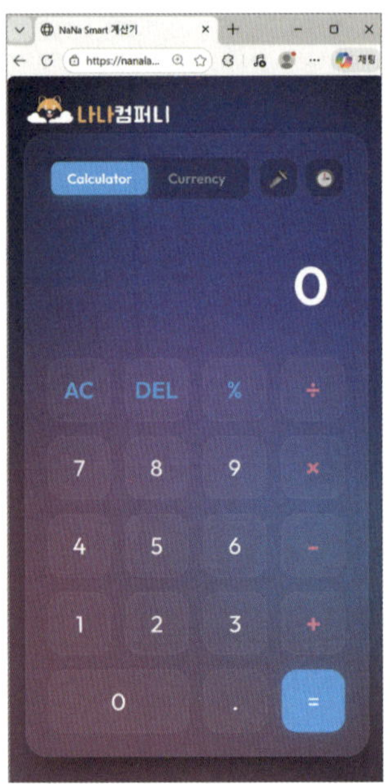

모바일 해상도

바이브 코딩

사실 이번 레시피를 통해 여러분은 정말 많은 것을 배웠답니다.

① 애자일(Agile)한 방식의 개발-업데이트 사이클 체험
② AI와 함께 기획 업무를 수행하는 방식 체험
③ 음성 인식 등 접근성(Accesibility) 향상을 위한 기능 추가 체험

"코딩을 독학한다."
"바이브 코딩으로 코딩을 배운다."

이와 같은 이야기를 하면, 전문가들이 가장 우려하는 부분이 협업이나 기획에 대한 이해를 쌓을 기회가 부족할 수 있다는 부분입니다. 이러한 우려가 불필요한 것임을 보여드리기 위해 이번 예제 레시피를 준비했습니다.

AI와의 협업도 협업이며, 사람끼리의 협업을 위해 만들어진 기법을 활용하며 AI와 협업하는 것 역시 훌륭한 접근 방법입니다.

Chapter 03

업무용 웹 앱 레시피

모든 위대한 SW는
개인적인 불편을 해소하려는 시도에서 출발한다.
- Eric. S. Raymond, 오픈소스 소프트웨어의 아버지

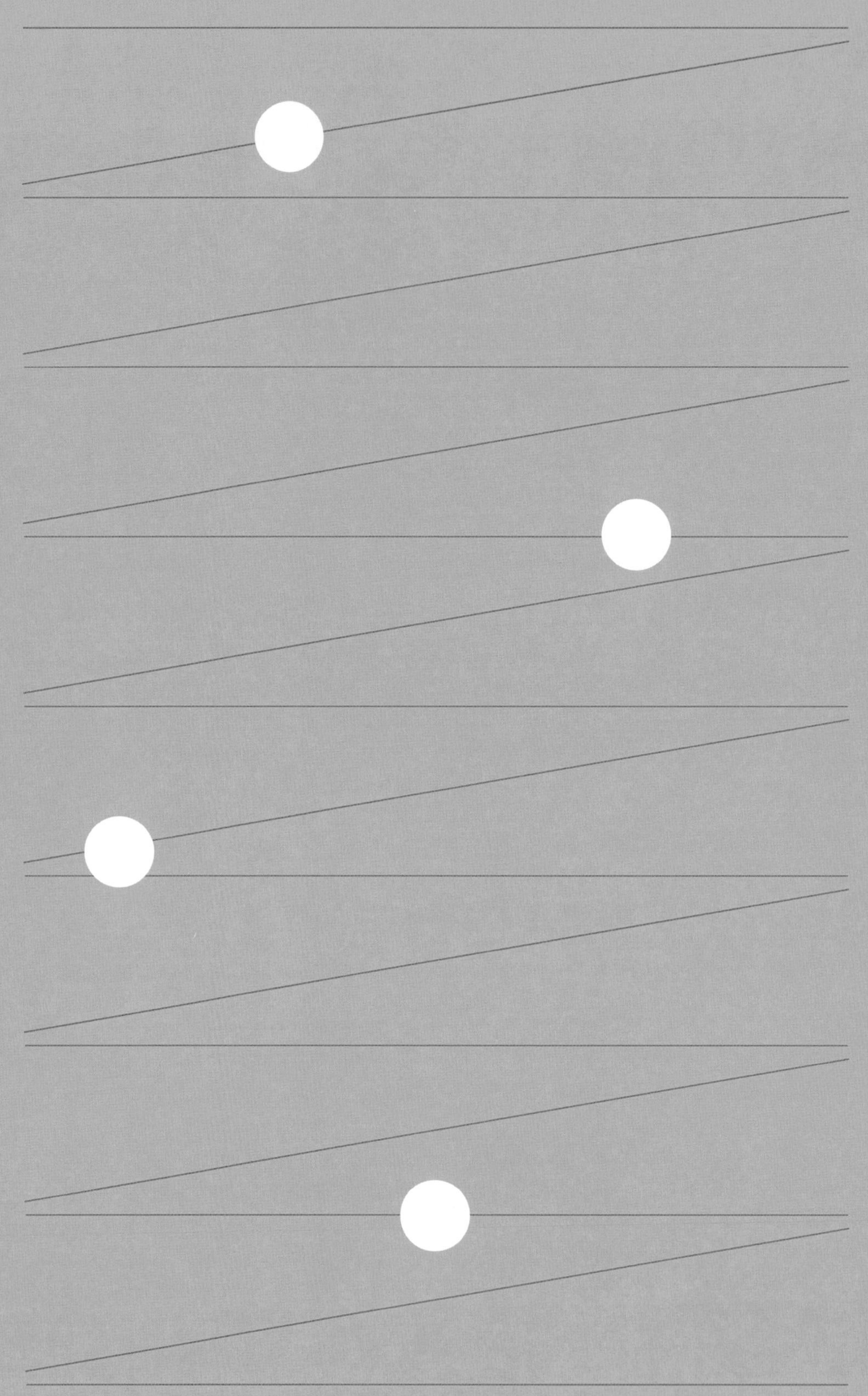

"사용성이 높은 예제는 어렵고, 쉬운 예제는 실용성이 떨어진다."

IT 서적의 예제를 설계하다 보면 항상 겪는 딜레마입니다. 하지만 안티그래비티 덕분에 이와 같은 저울의 균형을 무너뜨리는 것이 가능해졌습니다. 정말이지, 이처럼 파괴적 혁신이라는 단어가 어울리는 도구는 처음 만나보는 것 같습니다.

지금부터 여러분은 수십 개의 예제를 차근차근 만나볼 것입니다. 그런데 그 수십 개가 모두 현장에서 즉시 사용될 수 있는, 무척이나 실용적인 앱들로 구성되어 있습니다. 책을 집필하기 위해 예제를 만들다가, 도저히 참지 못하고 제 회사 로고를 붙여 출시[1]해 버릴 정도로요.

우선 Chapter 03은 순서대로 천천히 따라해 보며 읽으시고, 그 이후에는 여러분께서 원하는 순서로 관심있는 예제만 우선해서 살펴보셔도 충분합니다. 각 예제의 레시피를 살펴보실 때에는 가장 먼저 스크린샷을 살펴보시고, QR코드를 통해 앱에 접속해 가볍게 사용해 보신 다음 제작과정을 살펴보시기를 추천합니다.

---

[1] https://nanalab.kr/apps

모바일 청첩장을 왜 돈 주고 만들죠?

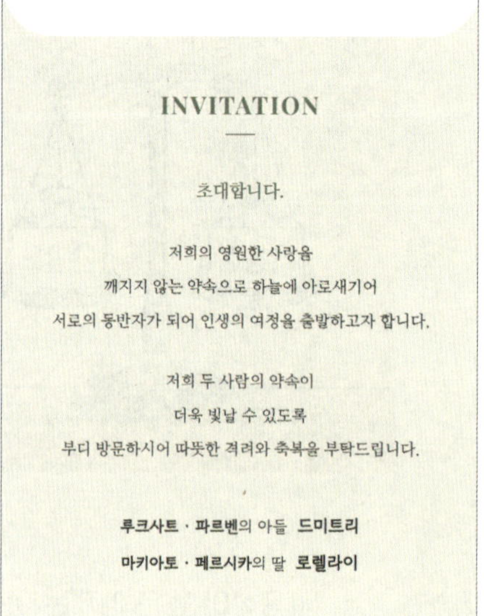

레시피 목표 결혼식 준비 과정은 숨 쉬는 것 빼고 전부 유료라고 하지요. 모바일 청첩장을 무료로 제작해 보며, 간단한 웹 앱 제작이 얼마나 손쉬운 작업인지 체험해 보겠습니다.

필요한 지식

• 웹 페이지의 구조 290쪽

예제 코드

예제 폴더 내
/예제 4. 모바일 청첩장을 왜 돈 주고 만들죠

예제 폴더 내의 [pictures] 폴더를 열어 보시면 AI로 만든 가상의 사진들이 들어 있습니다. 이 사진들을 활용해 청첩장을 만들어 보겠습니다. 청첩장에 들어갈 문구는 예제 폴더 내의 '문구.txt' 파일에 기재해 두었습니다.

신랑.png

신부.png

함께1.png

함께2.png

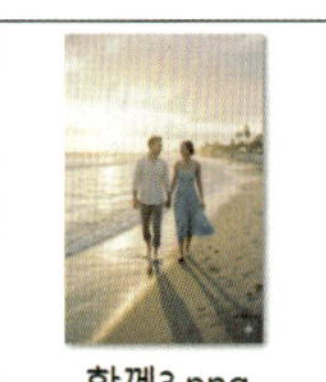
함께3.png

① 새로운 프로젝트 만들기

예제 폴더 내의 [pictures] 폴더와 '문구.txt' 파일을 프로젝트 폴더 내부로 복사해 주세요.

② 프롬프트를 입력하여 모바일 청첩장 제작을 지시하기

페이지 제작에 필요한 콘텐츠를 미리 프로젝트 폴더에 넣어 두고, 에이전트에게 읽어오라 지시하는 형태의 프롬프트입니다. 이처럼 여러분이 갖고 계신 사진, 동영상, 텍스트를 재료로 사용하시려면 프로젝트 폴더 내부로 이동시켜 두시면 됩니다.

 **프롬프트 레시피**

모바일 청첩장 웹 페이지를 만들어 줘.

1. 스마트폰으로 접속할 것을 전제로 제작해야 해.
2. 청첩장 문구는 폴더 내의 문구.txt 파일에 적어 뒀어.
3. 청첩장에 들어갈 사진은 pictures 폴더 안에 넣어 뒀어.
4. 결혼식까지 남은 날짜의 실시간 카운트다운 애니메이션이 들어가면 좋겠어.

≫≫ 리소스를 무조건 프로젝트 폴더 안에 둬야 하나요?

안티그래비티의 보안 설정상 폴더 밖의 파일에 접근하지 못하도록 설정되어 있습니다. AI가 폴더 외부의 파일까지 마구잡이로 접근할 수 있다면, 실수로 D드라이브를 통째로 포맷해버린다거나 하는 불상사가 생길 수 있기 때문입니다. 따라서 가급적이면 AI에게 참고시킬 자료는 프로젝트 폴더 안에 저장해 주시기 바랍니다.

③ 완성된 웹 페이지 확인하기

필요하신 경우 디테일한 디자인의 수정이나 사진의 추가, "애니메이션을 더 부드럽게 조정해 달라"는 등의 요구사항을 더하며 마무리합니다.

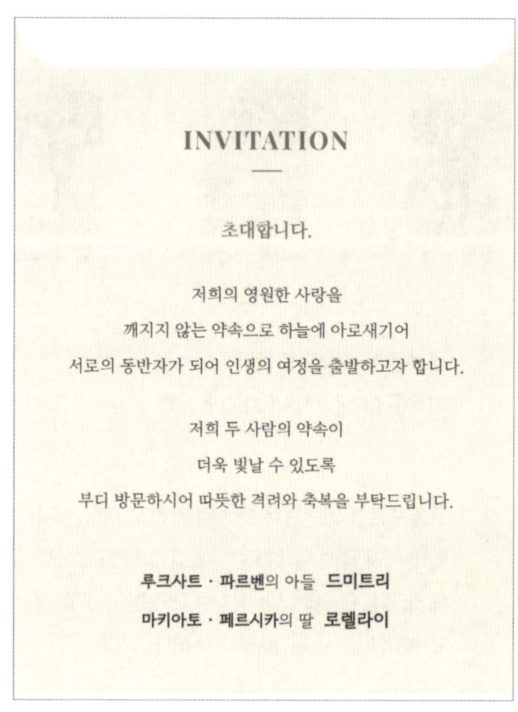

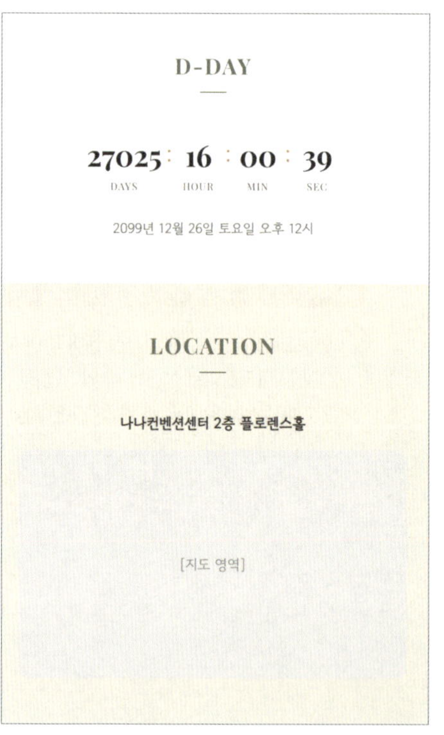

바이브 코딩

어떤가요? 모바일 청첩장이 불과 몇 초 만에 만들어졌습니다. 유료 청첩장처럼 우아한 애니메이션도 구현되어 있고요. 이렇게 만들어진 웹 페이지를 카톡으로 전달할 수 있다면, 무척이나 간편하겠죠?

아쉽게도 지금 단계에서는 이 웹 페이지를 여러분의 컴퓨터 안에서만 실행할 수 있는 상황입니다. URL을 통해 이 페이지를 누구나 열람할 수 있는 상태로 개방하려면 배포(Deploy)라는 절차가 필요합니다. 배포 방법은 238쪽에서 소개합니다.

Smart QR

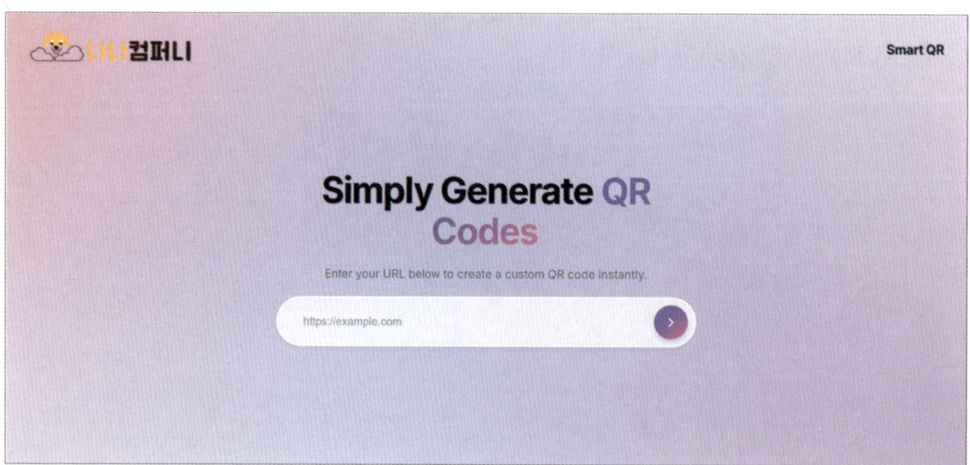

> **레시피 목표** URL을 QR코드로 변환하는 작업, 생각보다 자주 필요한 일입니다. 당장 이 책 집필에도 수십 개의 QR코드가 사용되었습니다. QR코드를 손쉽게 만들어 주는 웹 앱을 제작해 보겠습니다.

필요한 지식

• 웹 페이지의 구조 290쪽

예제 코드

예제 폴더 내
/예제 5. Smart QR

 **새로운 프로젝트 만들기**

이번에는 폴더 안에 사이트 로고로 사용할 logo.png 파일도 함께 저장해 둡니다.

② 프롬프트를 입력해 앱 제작을 요청하기

> **✨ 프롬프트 레시피**
>
> QR코드 관련 작업을 도와주는 웹 사이트 만들어 줘.
>
> 1. 화면 상단 좌측에 logo.png 파일을 삽입해 주고
> 2. 화면 상단 우측에는 사이트 이름 넣어 줘. Smart QR
> 3. 중앙에는 URL을 입력받을 수 있는 심플한 입력창
> 4. URL 입력하고 확인 누르면, URL 창이 하단으로 내려가고 정중앙에 QR코드 만들어짐
> 5. QR코드 클릭하면 jpg 파일로 다운로드할 수 있어.

③ 일차적으로 완성된 웹 앱을 테스트하기

만들어진 QR코드를 스마트폰으로 찍어 정상 작동하는지도 확인해 보면 완벽하겠지요?

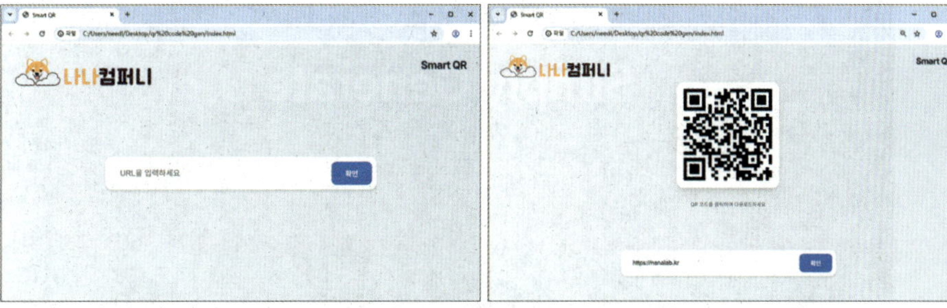

기본 화면 작동 화면

④ 디자인 개선을 요청하기

이번 레시피에서는 기능이 아닌 디자인 개선을 요청해 보겠습니다.

> **✨ 프롬프트 레시피**
>
> 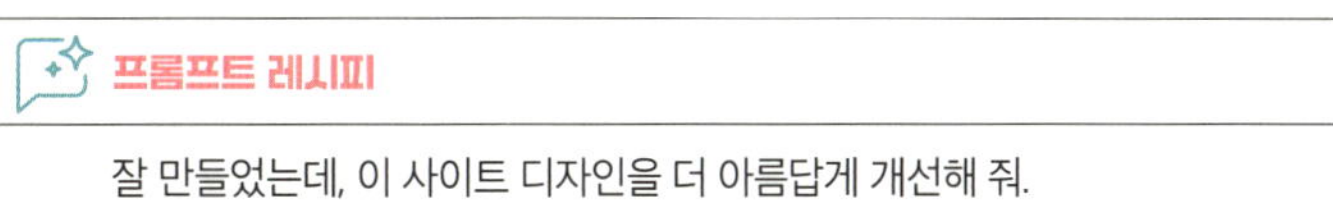
> 잘 만들었는데, 이 사이트 디자인을 더 아름답게 개선해 줘.

 작업 진행

"프리미엄 룩"을 위해 AI가 디자인을 개선하고 있습니다. 주로 디자인을 담당하는 css 파일에서 어마어마한 수정이 일어나고 있는 점이 인상적이네요.

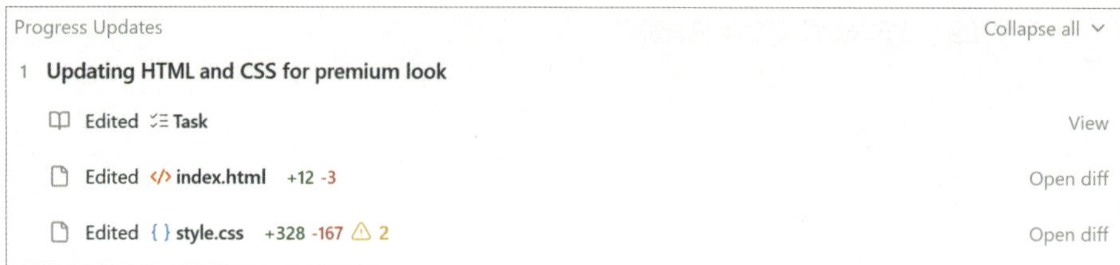

 AI의 디자인 수정 완료

디자인이 개선되었습니다.

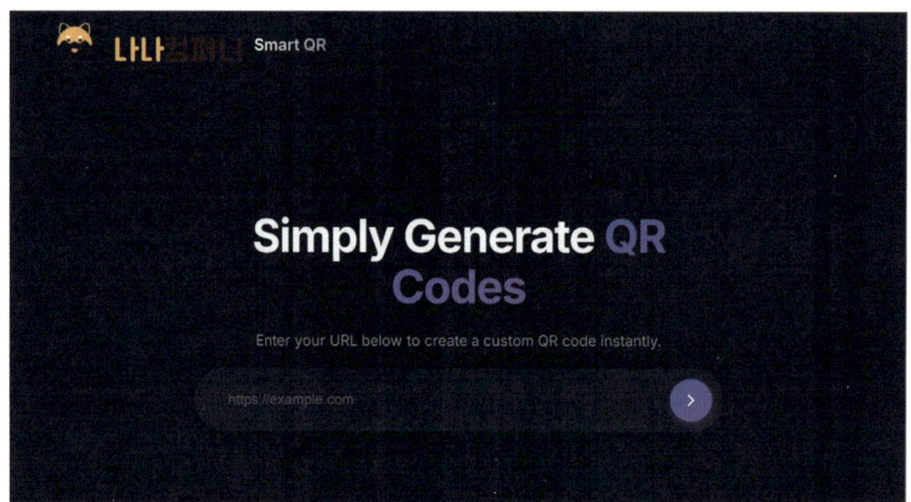

 디자인 업그레이드 요청하기

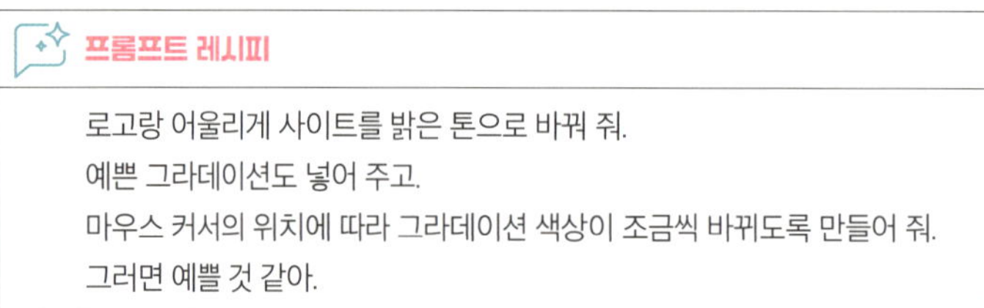

마우스 커서 위치에 따라 변화하는 그라데이션, 무척이나 구현하기 까다로운 기능입니다. 솔직히 말씀드리자면 필자도 구현해 본 적 없는 기능입니다. 말로 표현하기는 간결하지만 구현하기는 어렵고 번거로운 작업. AI에게 맡기기 너무 좋은 작업입니다.

8) **코딩 및 디자인 진행**

에이전트가 직접 마우스 커서까지 움직여 가며 그라데이션 변경 기능을 테스트합니다. 여기에 "모바일 환경에서도 예쁘게 표시되도록 반응형 디자인을 적용해 줘."라는 프롬프트를 입력하면 모바일 화면에서도 잘 동작하는 웹 앱이 완성됩니다.

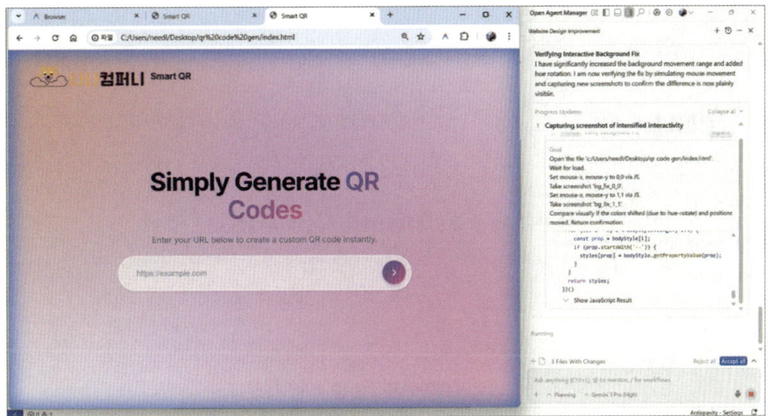

9) **완성된 결과물**

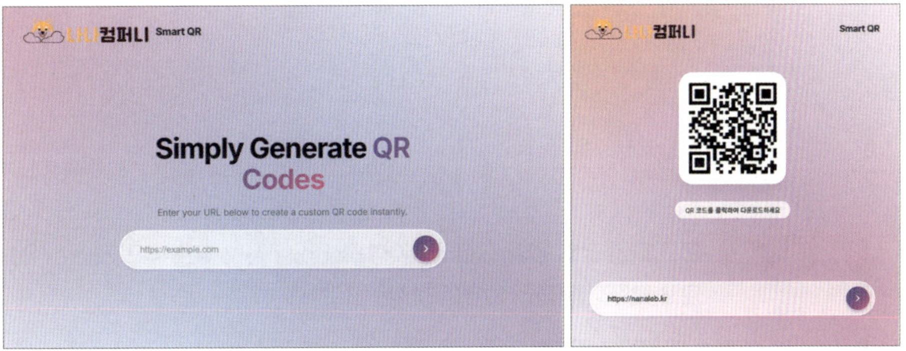

> **Comment**
>
> QR코드 생성과 같이 이미 알고리즘이 확립되고, 공개된 기능의 제작은 AI에게 너무나도 쉬운 일입니다. 사람이 직접 수행하려면 관련 자료를 찾아보고, 다른 개발자들은 어떤 식으로 구현했는지 확인해 보고 따라해 보는 과정이 필요했겠지요. 하지만 이미 방대한 코드를 학습한 AI는 순식간에 최적화된 해결 방법을 설계하고, 앱을 완성해버립니다.
>
> 이어지는 몇 개의 레시피에서도 이처럼 간단하게 만들 수 있는 업무용 앱들을 만들어 보겠습니다.

문서 용량 압축기

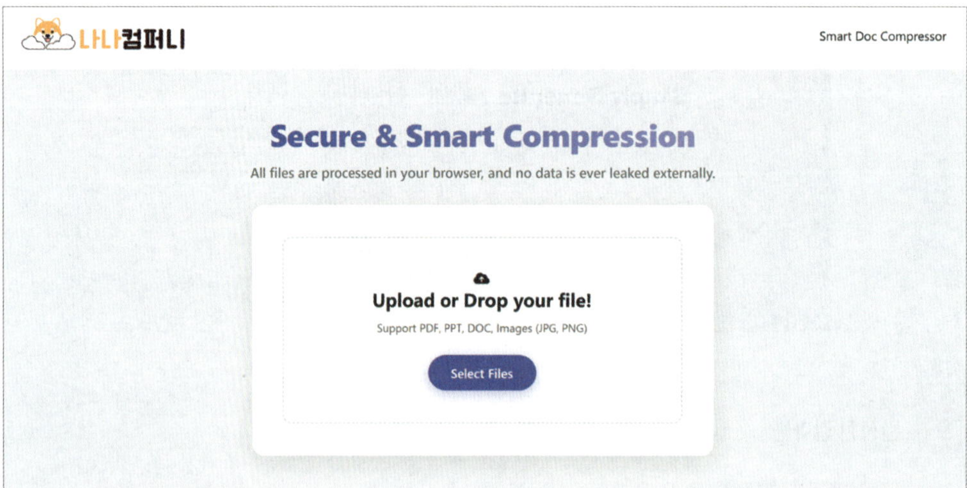

레시피 목표 문서 파일 첨부 용량 제한을 겪어 보셨나요? 정보 유출 우려가 전혀 없는 문서 압축기를 직접 만들어 보겠습니다.

필요한 지식

• 웹 페이지의 구조 290쪽

예제 코드

예제 폴더 내
/예제 6. 문서 용량 압축기

① **새로운 프로젝트 만들기**

② **프롬프트를 입력하여 작업을 요청하기**

이번에는 "내가 원하는 바"가 매우 구체적으로 마음속에서 정해진 상황을 가정해봤습니다. 니즈가 확실히 정해진 상황에서는, 그걸 최대한 정확하게 이해할 수 있도록 상세하게 프롬프트를 작성하는 것이 유리합니다.

> **✨ 프롬프트 레시피**
>
> 문서 파일을 업로드하면 용량을 줄여주는 웹 앱을 만들어 줘..
>
> 1. 폴더 내의 logo.png 파일을 화면 좌상단에 넣어 줘. 로고를 클릭하면 https://nanalab.kr로 이동해.
> 2. 화면 우상단에는 "Smart Doc Compressor"라고 적어 줘.
> 3. 화면 중앙에는 "Upload or Drop your file!"이라는 문구 적어 주고
> 4. 버튼 눌러서 업로드할 수도 있고
> 5. 드래그 앤 드롭으로 브라우저에 바로 파일을 업로드해도 인식하게 해 줘.
> 6. PDF, PPT, DOC, HWP 파일을 지원하면 좋겠어. 지원하는 파일 아이콘도 페이지에 표기해 주면 좋겠네.
> 7. 파일을 업로드하면 파일별로 일종의 프로그레스 바[2]가 있는 목록을 표시해 주고
> 8. 각 파일별로 별도로 작업을 하면서, 진행상황을 프로그레스 바에 기록해 줘.
> 9. 작업 끝나면 프로그레스바 우측의 다운로드 버튼이 활성화됨. 클릭하면 파일 다운로드됨.
> 10. 압축된 파일은 'compressed_원본파일명' 형태로 저장.

③ **애플리케이션 실행**

파일 업로드가 정상적으로 되는지 확인해보겠습니다.

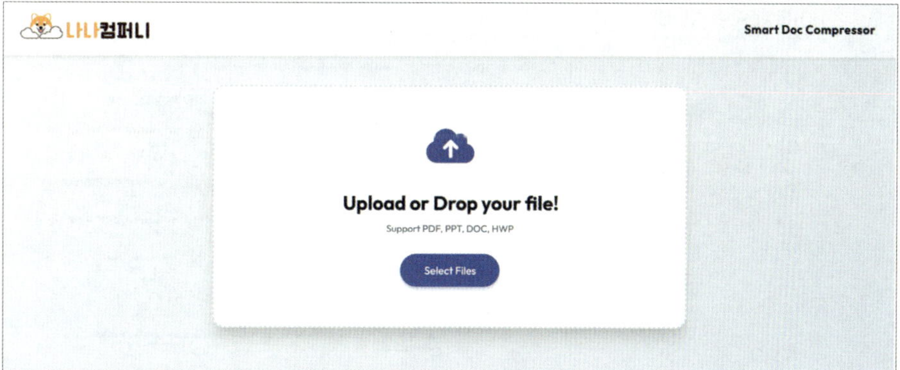

---

2 작업의 진행 정도를 막대그래프로 보여주는 UI

오류 발견

파일 업로드는 정상적으로 진행되고, 파일 압축 또한 정상적으로 진행됩니다. 그런데 다운로드한 파일 이름이 이상합니다.

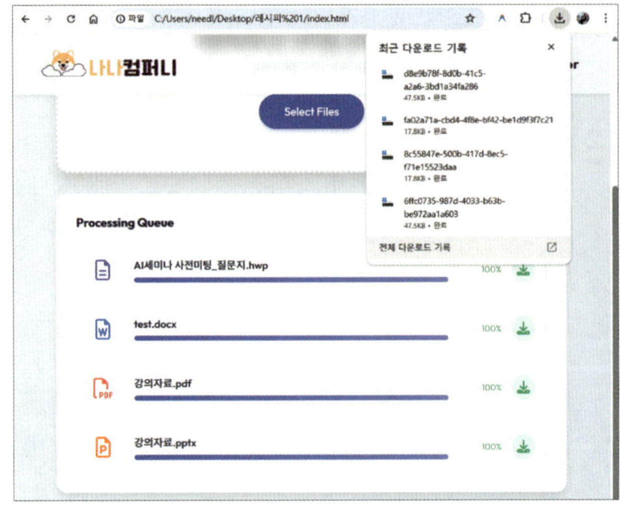

오류 수정 요청

오류가 생긴 화면의 스크린샷을 채팅창에 붙여 넣으며 수정을 요청합니다.

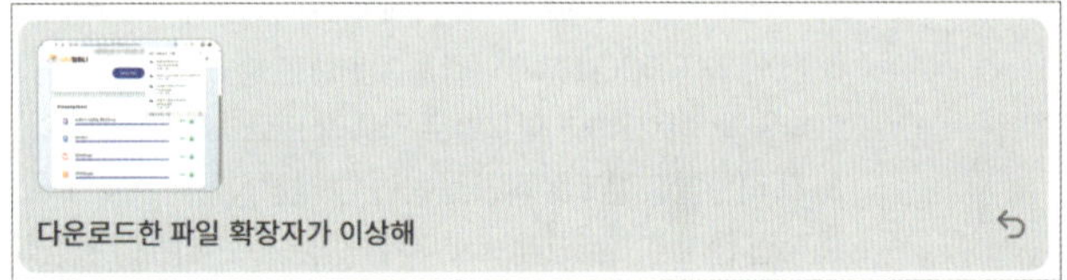

수정 완료! 압축률 분석

수정이 완료되었습니다! 이제 파일명이 정상적으로 다운로드됩니다. 그런데 파일 압축이 잘 되지 않습니다. PPT 파일과 DOCX 파일은 정상적으로 용량이 줄어들었는데, PDF 파일과 HWP 파일은 용량이 줄어들지 않았습니다.

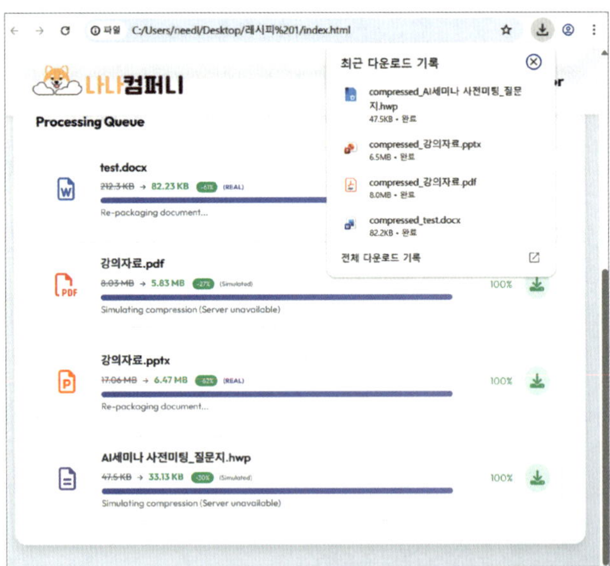

바이브 코딩

 **AI에게 원인을 물어보기**

워드와 PPT는 일종의 압축 파일과 비슷한 규격이므로, 파일을 열어 이미지만 압축했다고 설명해 줄 것입니다. 이미지의 해상도가 떨어지면서 용량이 줄어든 것입니다. 반면 PDF나 HWP는 복잡한 규격으로 파일을 저장하고 있어 쉽게 압축하기 어렵습니다.

> **프롬프트 레시피**
>
> 왜 PDF랑 HWP는 용량을 못 줄어?

 **비전공자를 위한 현실적인 종료 방안**

안티그래비티에 탑재된 첨단 AI가 잘 해내지 못하는 작업은 정말로 어렵고 힘든 일일 가능성이 높습니다. 운전으로 치자면 당장 내일 아침 부산에 일정이 있어 오늘 급히 내려가야 하는데 눈앞에 있는 자동차가 고장난 상태인 것입니다.

고장난 자동차를 직접 고치는 방법을 지금부터 고민해 보는 것보다는, 얼른 KTX 기차표를 예매하는 것이 현명한 판단일 것입니다. 따라서 현실적으로 다음과 같이 마무리하는 것을 추천합니다.

> **프롬프트 레시피**
>
> 그럼 워드 파일이랑 PPT 파일만 업로드할 수 있고, 다른 파일은 업로드 못하게 막아줘.

 **도전적이고 창의적인 사용자를 위한 추천 프롬프트**

"이미지만 압축"했다는 문구에서 영감을 받아, 다음과 같은 프롬프트를 작성해 볼 수 있겠습니다.

> **프롬프트 레시피**
>
> 그럼 이미지 파일을 업로드하면 이미지 파일을 압축하는 기능도 추가해 줘.

 **필자의 추천 해결 방법**

예제를 설계하던 중, PDF 파일을 일종의 저화질 스캔본으로 압축하면 되겠다는 아이디어가 떠올라 작성해 본 프롬프트입니다. 필자는 개발자이며, 다양한 경험이 있다 보니 이와 같은 우회 방안을 떠올릴 수 있었습니다.

> **프롬프트 레시피**
>
> HWP 파일 업로드를 시도하면 PDF나 워드 파일로 변환해서 다시 올려달라고 요청해.
> PDF 파일이 업로드되면 모든 페이지를 전부 캡처해서 화질을 압축하고 다시 PDF로 묶어.
> 일종의 저화질 스캔본 형태로 압축해 줘.
>
> 그리고 사용자가 이미지 파일을 업로드하면 이미지 파일을 압축하는 기능도 추가해 줘.

결과적으로 아래 그림과 같이 이미지 파일, 워드 파일, PDF, PPT 파일을 모두 압축할 수 있는 도구가 완성되었습니다. 한글 파일을 업로드하면 PDF/word로 변경해 달라는 메시지까지 표시되고 있습니다.

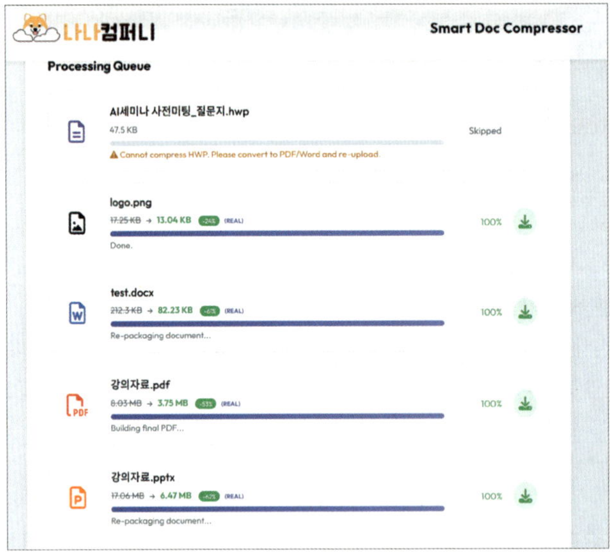

⑪ 완성된 결과물

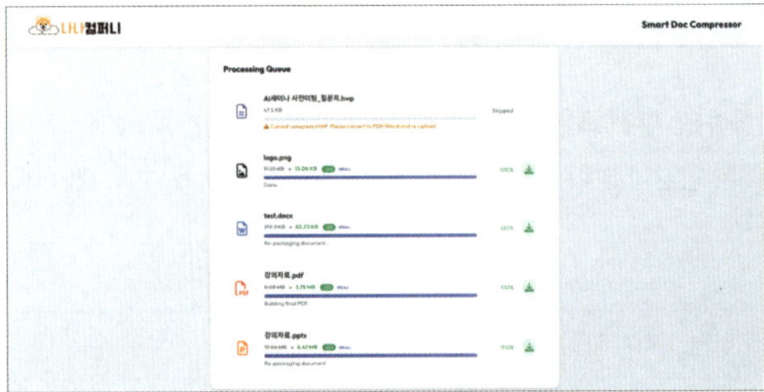

데스크톱 해상도

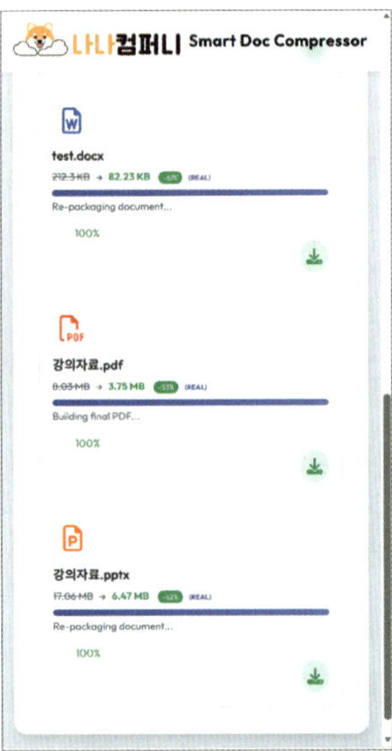

모바일 해상도

바이브 코딩

이번 예제 역시 필자가 직접 사용하기 위해 만들었습니다. 업무를 보다 보면 문서 파일을 압축해야 하는 일이 자주 생깁니다. 특히 공공기관 전산에 PDF 파일을 업로드해야 할 때, 기관 측 서버 용량이 적어 2MB 미만으로 파일을 압축해야 하는 경험을 다들 한 번쯤은 겪어 보셨을 것입니다.

그렇다고 구글에서 검색되는 해외 사이트를 사용하자니, 문서 파일이 사이트 운영진 서버로 한 차례 전송되다 보니 자료가 유출될 우려가 있습니다. 자료 유출없이 신속하게 파일을 압축해 사용할 수 있다 보니 무척이나 유용할 것입니다.

이미지 일괄 리사이즈

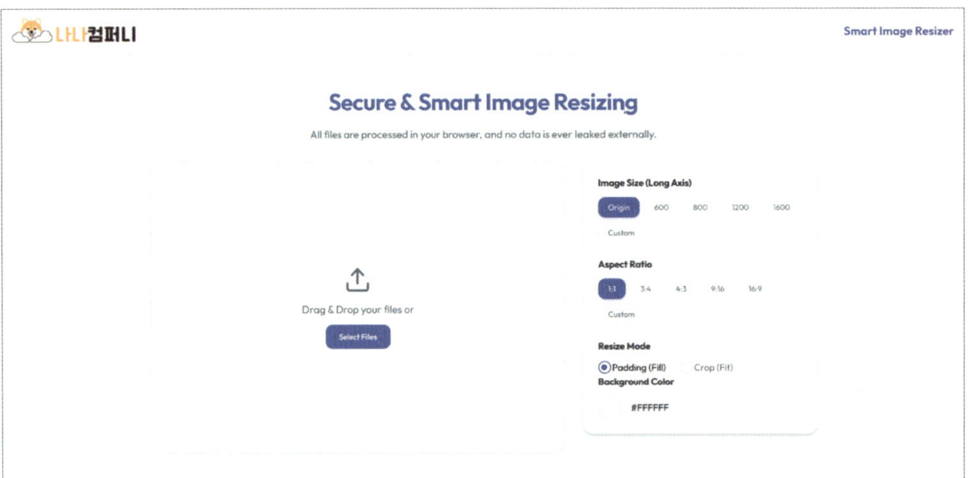

레시피 목표 많은 이미지를 한꺼번에 동일한 비율로 편집하거나, 사이즈를 변경해야 하는 경우가 종종 발생합니다. 무척이나 번거로운 작업인데요, 이런 작업을 클릭 한 번으로 끝내버릴 수 있는 웹 앱을 만들어 보겠습니다.

필요한 지식

• 웹 페이지의 구조 290쪽

예제 코드

예제 폴더 내
/예제 7. 이미지 일괄 리사이즈

바이브 코딩

① 새로운 프로젝트 만들기

② 프롬프트를 입력하여 작업을 시작하기

사진의 종횡비 수정에 필요한 기능을 한꺼번에 상세하게 요청합니다.

> **프롬프트 레시피**
>
> 사진 편집을 위한 웹 앱 하나 만들어 줘.
>
> 1. 상단 왼쪽에는 logo.png를 넣어주고, 로고 클릭하면 https://nanalab.kr로 이동해.
> 2. 상단 우측에는 "Smart Image Resizer"라고 적어 줘.
> 3. 메인에는 이미지 파일을 드래그 앤 드롭하거나, 버튼을 눌러 업로드할 수 있는 메뉴를 위치시켜 줘.
> 4. 파일 업로드 후, 사용자는 캔버스 비율을 선택할 수 있어. 1:1, 3:4, 4:3, 9:16, 16:9 중에 하나를 선택하거나 커스텀으로 입력받아.
> 5. 그리고 사용자는 padding과 crop 중 하나를 골라.
> 6. padding을 누르면 사진의 종횡비가 캔버스 비율과 맞지 않을 때, 여백을 남기면서 사진 크기를 변환해. 여백은 기본적으로 흰색인데 사용자가 바꿀 수 있어.
> 7. Crop을 누르면 사진의 일부를 잘라내면서 종횡비를 맞춰줘.
> 8. 사진을 여러 개 입력할 경우, 입력된 사진의 썸네일들을 목록으로 보여주고
> 9. 썸네일 옆에는 프로그레스 바를 만들어 줘. 작업이 진행되는 동안 차오를 거야.
> 10. 프로그레스 바가 100%에 도달하면 다운로드 버튼이 활성화돼. 사진을 다운로드할 수 있어.
> 11. 모든 사진이 작업이 끝나면 일괄 다운로드 버튼이 활성화돼. 이거 누르면 zip 압축 파일로 한꺼번에 사진이 다운로드됨.

 기능을 간단하게 테스트하기

기능이 정상 작동하기는 하는데, "작업 목록" 글자가 깨지는 것을 확인할 수 있었습니다.

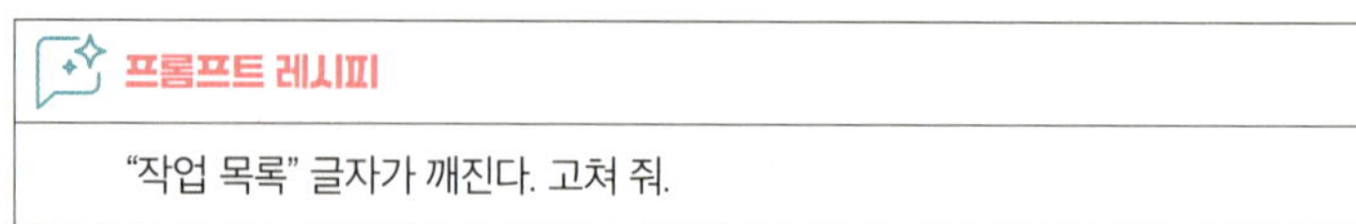

④ AI에게 스크린샷을 보여주며 프롬프트 입력하기

> **✦ 프롬프트 레시피**
>
> "작업 목록" 글자가 깨진다. 고쳐 줘.

그 외에 메뉴명을 영어로 변경해 달라거나, 페이지의 타이틀을 삽입해 달라는 등의 마이너한 디자인 수정 요구를 전달합니다.

⑤ 디자인 수정 완료

⑥ 완성된 결과물

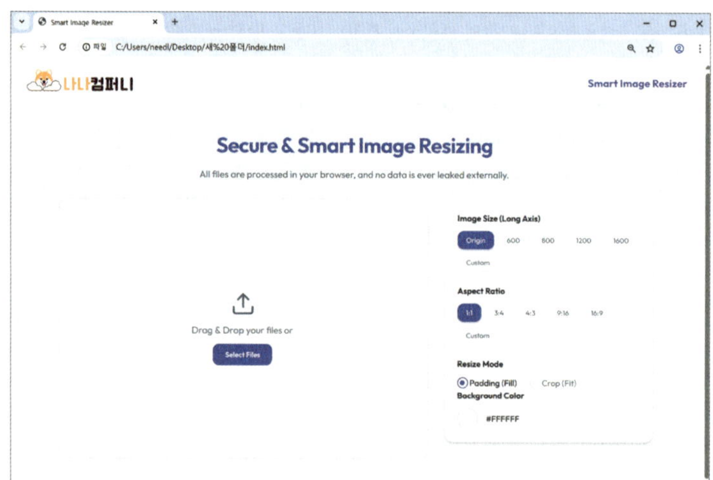

데스크톱 해상도

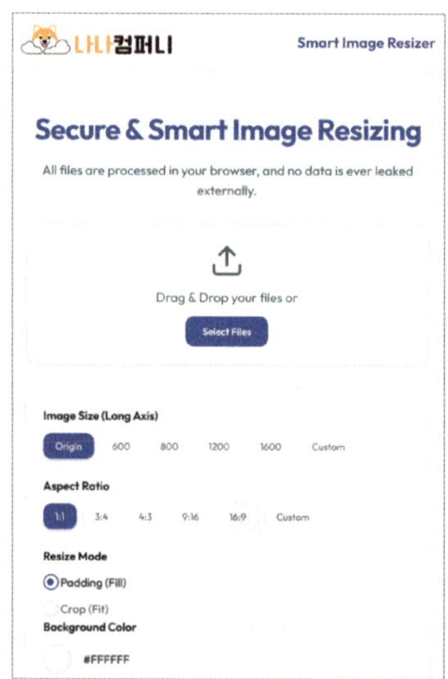

모바일 해상도

바이브 코딩

GIF 동영상 생성기

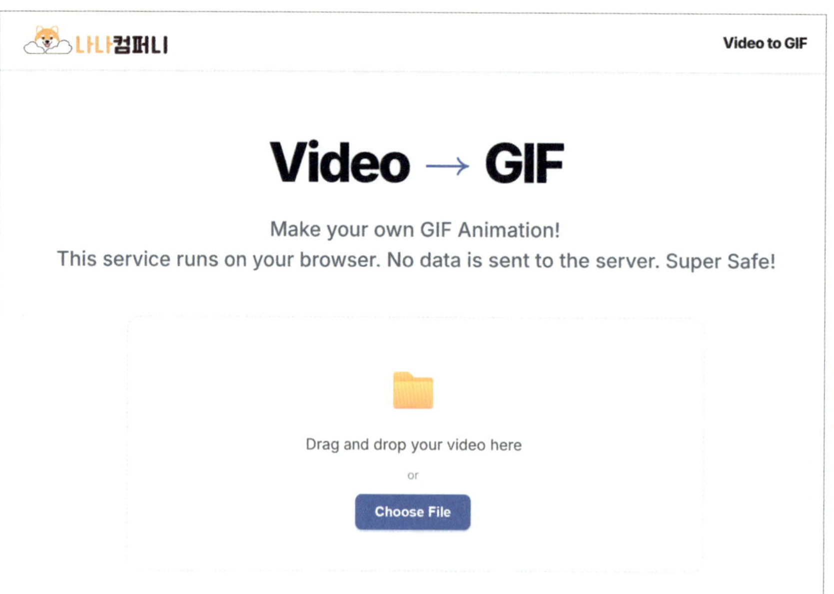

레시피 목표 마케터, 디자이너, 웹마스터 등 미디어를 다루는 업무를 하다 보면 종종 동영상을 GIF로 변환해야 하는 경우가 생기기 마련입니다. 프리미어 프로 같은 무거운 소프트웨어를 실행해서 업무를 보는 경우가 많았을텐데요, 훨씬 빠르고 간편하게 동작하는 GIF 변환기를 만들어 보겠습니다.

필요한 지식

- 웹 페이지의 구조 290쪽

예제 코드

예제 폴더 내
/예제 8. GIF 동영상 생성기

① 새로운 프로젝트 만들기

② 프롬프트를 입력하여 초기 뼈대를 제작하기

GIF 편집을 위한 웹 애플리케이션을 하나 만들어 줘.

1. logo.png 파일을 화면 좌상단 헤더에 넣어주고, 클릭하면 https://nanalab.kr로 이동
2. 우상단에는 Video to GIF라고 이름 붙여 줘.
3. 메인 화면에는 Video → GIF라는 문구 크게 적어 주고
4. Make your own GIF Animation! 이라고 적어 줘.
5. 화면 중앙에는 드래그 앤 드롭으로 파일을 업로드할 수 있는 메뉴를 만들어 주고, 업로드 버튼을 눌러서 직접 업로드도 할 수 있어.
6. 파일이 업로드되면 아래쪽에 파일 목록이 생겨. 왼쪽에는 썸네일, 썸네일 옆에는 프로그레스 바, 프로그레스 바가 100%가 되면 다운로드할 수 있어.
7. 사용자가 동영상 파일을 업로드하면, 프레임을 잘라서, GIF 애니메이션으로 변환해 주는 거야.
8. 단, 작업이 너무 오래 걸리면 안 되니까 29FPS로 제한해 줘.

③ 기능을 테스트하기

버튼도 정상적으로 클릭이 되는데, 파일을 업로드해도 아무런 일도 일어나지 않는 문제가 발생했습니다. 버그 수정을 요청하는 것도 좋지만, 이번에는 초보자들이 보다 쉽게 접근할 수 있는 방법을 소개합니다.

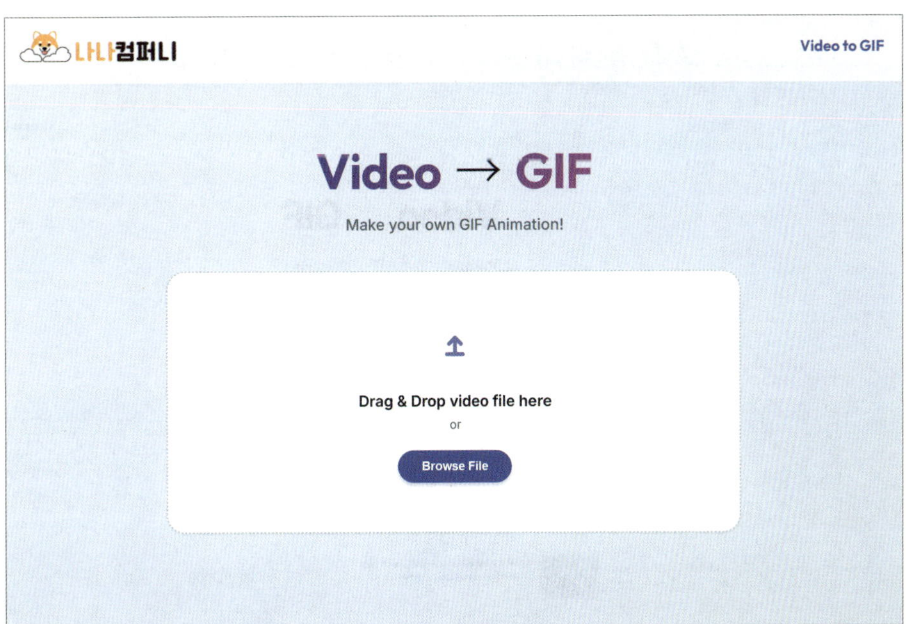

(4) 안티그래비티 창을 닫고 프로젝트 폴더를 삭제하기

(5) 폴더를 새로 만들고, 안티그래비티를 다시 실행하기

(6) 프롬프트를 처음부터 다시 입력하기

(7) 새로운 웹 앱 제작 완료하기

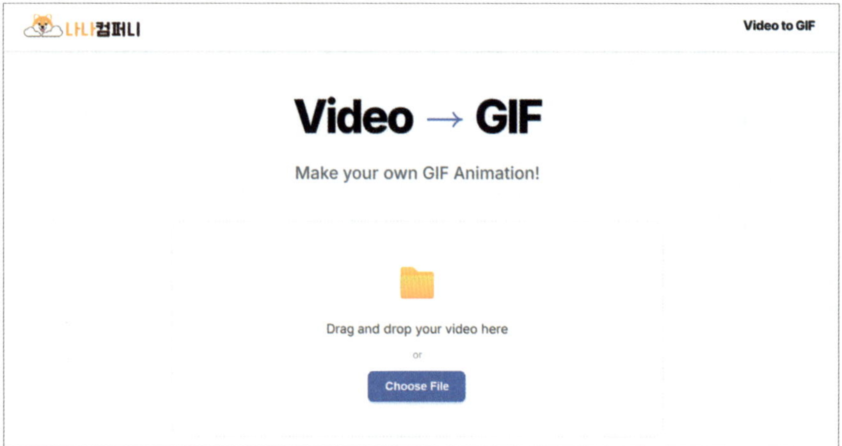

(8) 기능 테스트

이번에는 정상적으로 동영상이 업로드되고, GIF 변환 프로세스도 동작합니다.

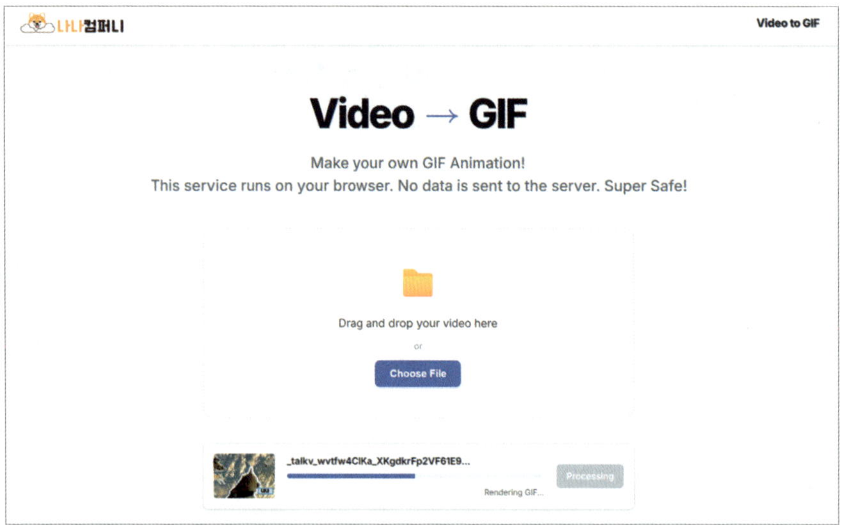

결과물 다운로드도 정상적으로 작동하지요. 원래 정석적인 해결 방법은 문제점을 진단한 뒤, 그 문제를 해결해달라 요청하는 것이겠지요. 하지만 일반인이 매번 웹 앱의 문제점을 분석하는 것은 피곤한 일입니다. 때로는 이렇게 프롬프트를 처음부터 다시 입력하는 것만으로도 버그가 없는 결과물을 받아볼 수도 있습니다.

⑨ 완성된 결과물

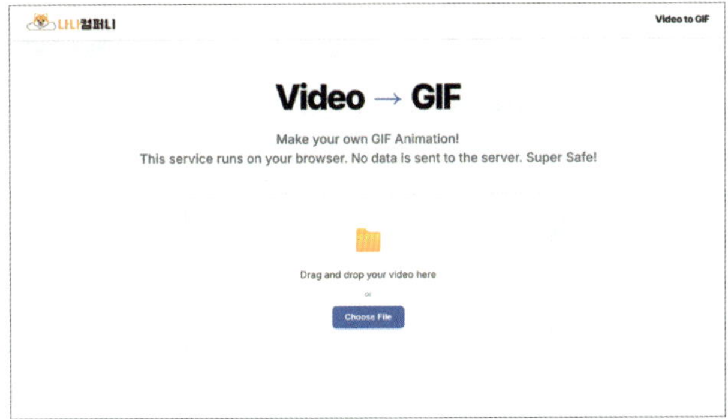

데스크톱 해상도

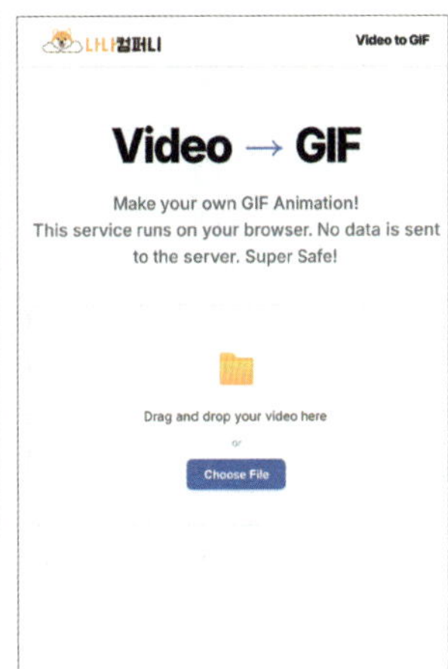

모바일 해상도

이번 예제는 무척 간단하지만, 한 번 만에 성공하기는 어려운 부분도 있습니다. 동영상을 GIF로 변환하는 알고리즘을 AI가 직접 설계하기보다는, 이미 완성된 코드 모듈이 있는지 인터넷을 탐색해 보고 그 모듈을 다운로드해 앱을 만들기 위해 시도하는 경우가 많을 것입니다. 이 과정에서 일종의 보안 충돌이나 설정 오류가 생기며 오류가 발생할 수 있습니다.

전문가들은 이와 같은 오류를 정면에서 부딪히며 해결할 수 있지만, 일반인이 그 정도의 역량을 확보하기 위해 수련하는 것은 효율적이지 못합니다. 그렇기에 아예 프로젝트를 다시 만드는 형태의 우회 방법을 소개해 보고 싶었습니다.

GIF 편집 스튜디오

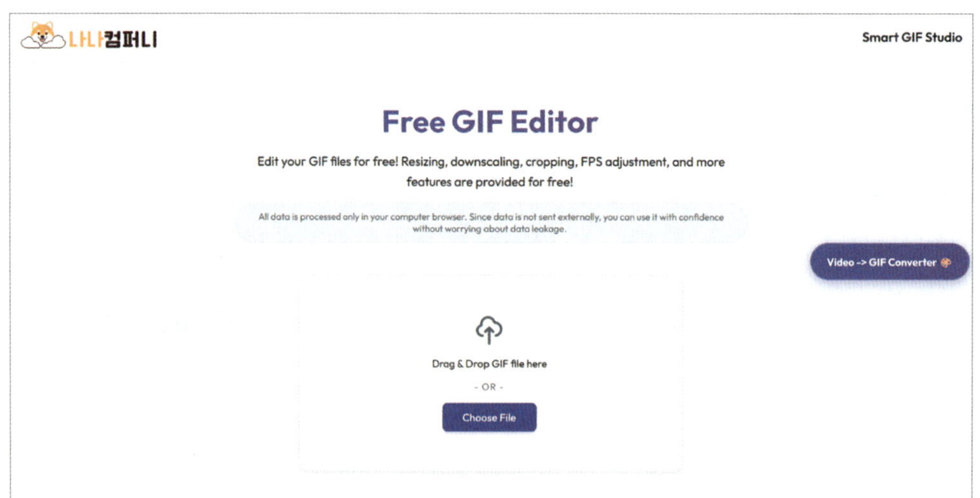

레시피 목표

GIF를 홍보자료나 SNS에 게시하려다 보면 용량 변환, 속도 변환, 크롭 등의 편집이 필요한 경우가 생깁니다. JPG 파일은 그림판에서 간단하게 편집하면 되는데, GIF 파일은 그림판 같은 사진 편집기에서 수정하면 애니메이션 정보가 전부 사라지죠. 그렇다고 프리미어 프로 같은 무거운 동영상 편집기를 사용하는 것도 불편합니다.

편하게 사용할 수 있는 GIF 편집기를 만들어 보겠습니다.

필요한 지식

• 웹 페이지의 구조 290쪽

예제 코드

예제 폴더 내
/예제 9. GIF 편집 스튜디오

바이브 코딩

① 새로운 프로젝트 만들기

② 프롬프트를 입력해 사이트의 뼈대를 만들기

이번에는 다양한 기능들을 차례로 추가해 보며 전체적인 앱을 완성해 볼 계획입니다. 우선 기본적인 파일 업로드 기능과, UI에 대한 설명만 입력해 뼈대를 만들어 봅니다.

> **✦ 프롬프트 레시피**
>
> GIF 편집기능이 있는 웹 애플리케이션 만들어 줘.
>
> 1. 페이지 상단 헤더 좌측에 logo.png 집어넣고, 이거 클릭하면 https://nanalab.kr 로 이동해 줘.
> 2. 헤더 우측에는 "Smart GIF Studio" 라고 적어 줘.
> 3. 메인에는 Free GIF Editor 라는 제목이랑, "GIF 파일을 무료로 편집하세요! 리사이징, 다운스케일, 크롭, FPS 조절 등 다양한 기능이 무료로 제공됩니다!" 를 영어로 번역해 적어 줘.
> 4. 그 밑에는 "모든 데이터는 사용자의 컴퓨터 브라우저에서만 프로세싱됩니다. 데이터가 외부로 전송되지 않으므로, 자료 유출 걱정 없이 안심하고 사용할 수 있습니다." 를 영어로 적어 줘.
> 5. 제목과 설명 아래쪽에는 GIF 파일 한 개를 선택해 드래그드롭할 수 있는 섹션 만들어주고, Choose File 버튼 만들어서 그거 클릭하면 사용자가 직접 브라우징할 수 있게도 해 줘.
> 6. 일단 파일이 한 번 업로드되면 제목과 업로드 상자가 모두 사라지고, GIF 내용물과 편집 패널만 보여 줘.
> 7. 데스크톱 환경에서는 GIF를 왼쪽, 편집 패널을 오른쪽에
> 8. 모바일 환경에서는 GIF를 위, 편집 패널을 아래에 배치해 줘.
>
> 일단 여기까지만 만들어 줘. 이어서 추가 기능 요구할게.

③ 기본 기능 테스트

디자인은 잘 나왔는지, 파일이 정상적으로 업로드 되는지 확인하고 잘 되지 않는 부분이 있다면 수정을 요청합니다.

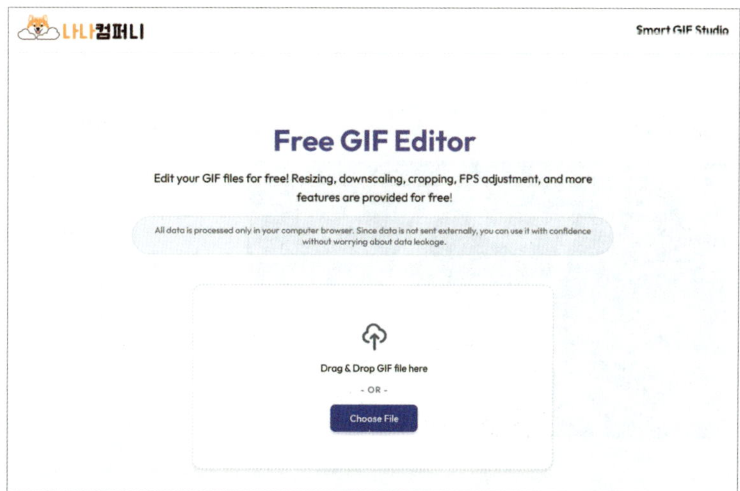

파일 업로드와 화면 전환이 정상적으로 수행되는 것을 확인할 수 있습니다. 이제 기능 추가에 앞서 몇 가지 요청사항을 전달해 보겠습니다.

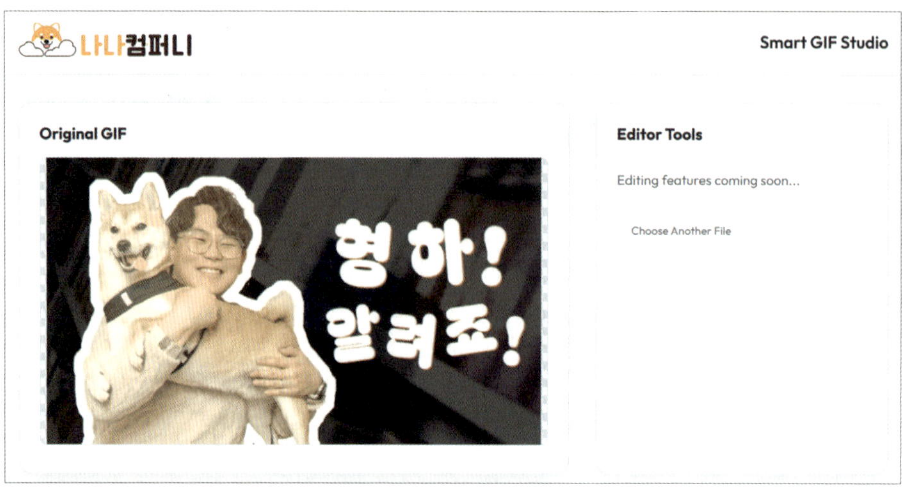

④ 마이너한 수정 요청

편의성 개선을 위해 몇 가지 요청사항을 전달했습니다.

> 1. Original GIF 하단에 이 파일의 정보를 출력해줘. 용량, 해상도, Frame Rate, 총 몇 프레임인지 등
> 2. 레터박스 없애 줘.
> 3. GIF가 있는 박스 우상단에 <Download> 버튼도 만들어 줘.

수정된 UI입니다. 여백 없이 이미지가 꽉 차고, 하단에는 GIF 파일의 메타데이터가 표시됩니다. 이제 기능 추가를 요청해 보겠습니다.

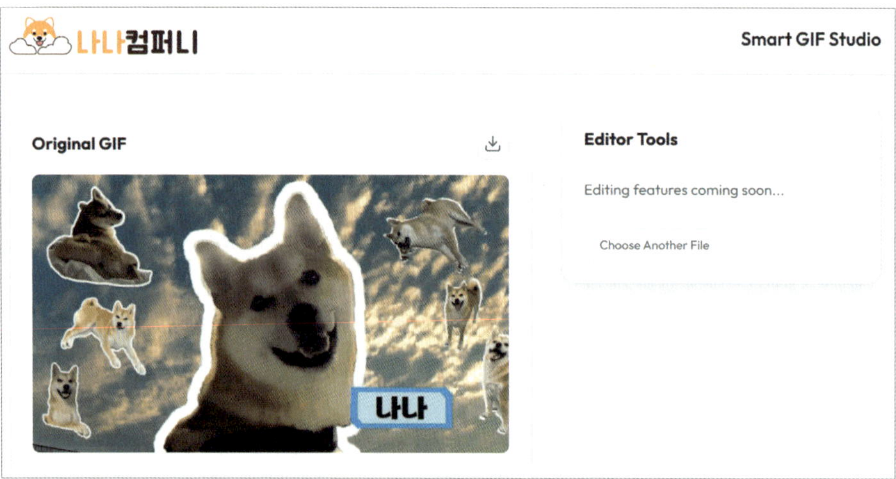

편집기에 추가하고 싶은 기능이 참 많습니다. 일단 제가 원하는 기능들을 나열하되, 기능 구현에 착수
하기에 앞서 버튼만 만들어달라고 요청하겠습니다.

> **프롬프트 레시피**
>
> 이제 Editor Tools에 들어갈 기능을 만들어 줘.
>
> 1. Choose Another File 눌러서 새 파일을 로드하면 모든 작업 과정 초기화
> 2. Editor Tools에 다음 버튼 추가 Resize, Crop, Downsizing, Format Convert, Rotate, Optimize,
>   Reverse, Speed, Cut
> 3. 각 버튼에는 직관적인 아이콘도 넣어줘.
>
> 일단 다른 기능 구현은 하지 말고 버튼 만드는거까지만 해줘.

다양한 아이콘들이 격자 형태로 배치되어 있습니다.

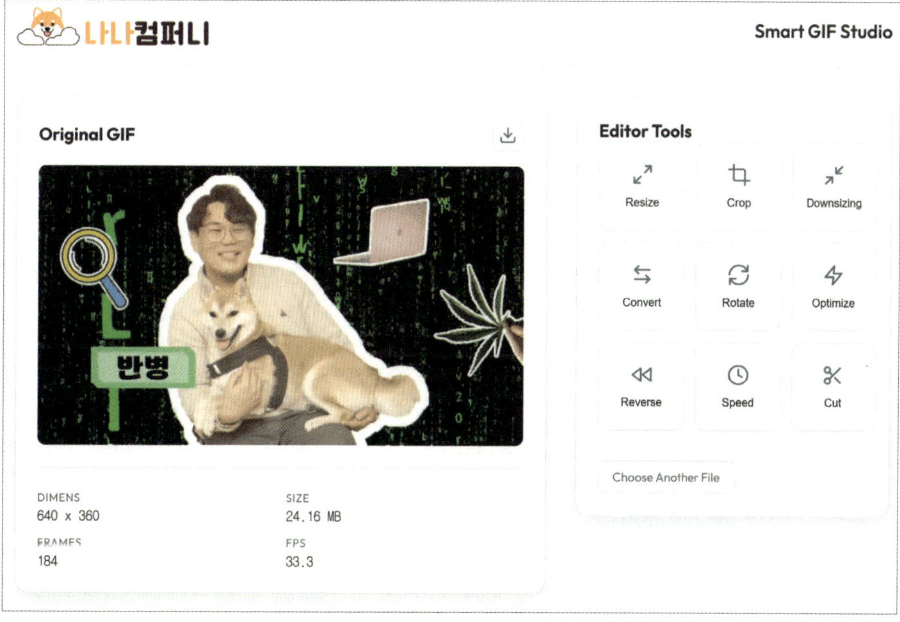

브라우저의 폭을 좌우로 크게 줄여, 모바일 화면에서도 정상적으로 표시되는지까지 확인하면 준비 완료입니다. 이제 각 버튼의 기능을 요구해보겠습니다.

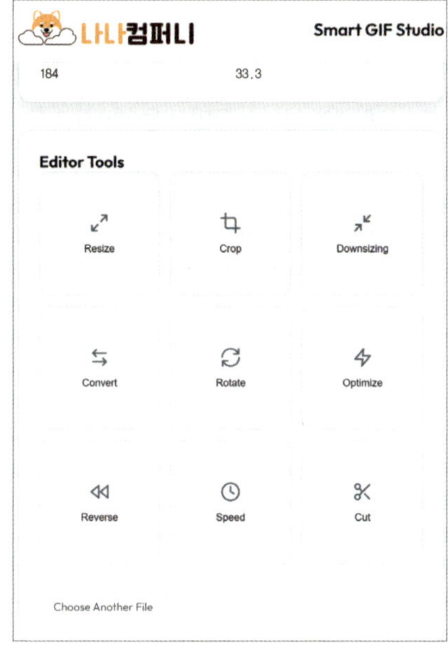

⑥ Resize 버튼의 기능 구현 요청

프롬프트가 매우 길지요?

Resize 버튼이 어떤 기능을 수행하면 좋을지, 모든 계획이 필자의 머릿속에 확정된 상태였기에 최대한 상세하게 프롬프트를 작성해 봤습니다. 이미 결정된 사안을 오해 없이 정확하게 전달하려다 보면 프롬프트가 길어지기 마련입니다.

> **프롬프트 레시피**
>
> 각 버튼을 누르면 작업 패널 모습이 바뀌어. 예를 들어, Resize 버튼을 누르면 Editor Tools 패널에 Resize와 관련된 정보만 표시되는 거야.
> 일단 Resize 버튼 기능을 구현해 줘.
> X축, Y축 값을 슬라이더로 조절할 수 있도록 만들어 줘. 기본값은 현재 이미지의 값을 넣어주고, minimum은 현재값의 5%, maximum은 현재값의 300%로 세팅해 줘.
> x축, y축 아이콘 사이에는 자물쇠 표시를 해 줘. 자물쇠가 채워진 채로 한 개의 슬라이더를 이동시키면 비율을 유지한 채로 다른쪽 슬라이더도 저절로 값이 바뀌어.
> 자물쇠를 클릭하면, 풀린 자물쇠 아이콘으로 바뀌어. 이제 X축 값과 Y축 값을 따로따로 움직일 수 있게 되는 거지.
> 패널 하단에는 <Back> <Go!> 두 개의 버튼이 있어. <Back>을 누르면 다시 Editor Tools 패널이 원래대로 돌아오고, <Go!>를 누르면 작업이 진행돼.
> <Go>를 누르면 왼쪽의 <Original GIF> 패널을 닫아줘. 버튼을 눌러 패널을 열었다 닫았다 할 수 있게, 패널 제목 왼쪽에 버튼을 하나 추가로 만들어 주고.
>
> 그리고 <Resized GIF>라는 패널을 왼쪽에 새로 만들어 줘. 거기에는 Resize된 GIF 이미지와, 그 파일의 정보들, 그리고 다운로드 버튼을 표시해 줘.
>
> 다운로드 버튼을 누르면 Resized_<원본 파일이름> 형태로 파일이 다운로드돼.

리사이즈 기능은 잘 작동합니다. X축만 길게 늘린 경우 사진이 좌우로 길게 찌그러지는 것을 볼 수 있습니다.

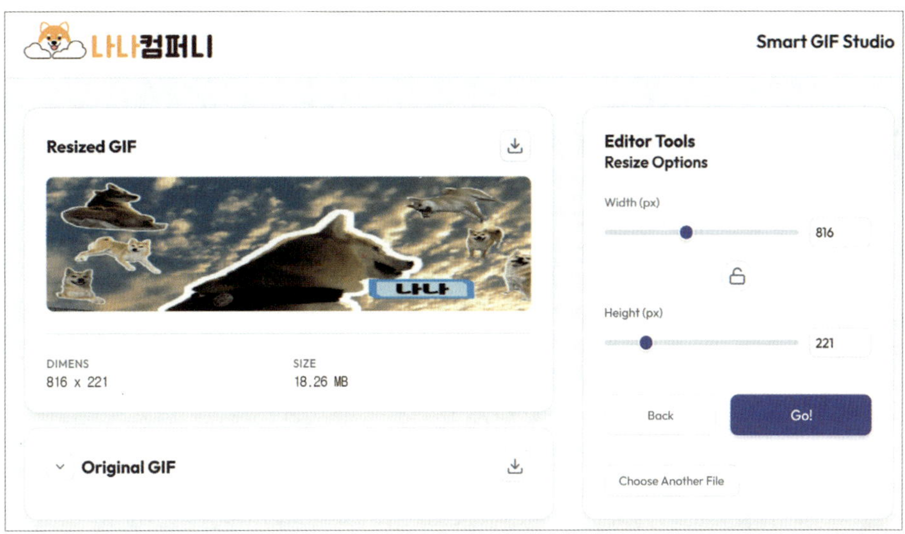

⑦ 기능의 추가 구현

나머지 버튼의 기능들도 추가로 구현하고, 오류를 디버깅하며 진행합니다. 지면 관계상 모든 프롬프트를 수록하기보다는 요약한 내용만 수락합니다.

> **프롬프트 레시피 – Crop**
>
> Crop 버튼을 누르면 이미지를 특정 비율로 Crop.
>
> 빈 공간은 단색으로 채우거나, 이미지를 확대해 빈 공간 없이 변환.

> **프롬프트 레시피 – Downsizing**
>
> 이미지의 용량을 줄여 줘.
>
> 사이즈 축소, 프레임 삭제, 해상도 낮추기 중에서 사용자가 체크한 방법 적용.

> **프롬프트 레시피 – Downsizing**
>
> GIF 이미지를 MP4 파일이나 JPG 파일로 변환해 줘.

> **프롬프트 레시피 – Rotate**
>
> 이미지를 90도, 180도, 270도 회전시키거나 상하/좌우로 뒤집어 줘.

프롬프트 레시피 – Optimize

GIF 파일을 최적화해서 최대한 손실 없이 용량을 정리해 줘.

프롬프트 레시피 – Reverse

GIF 애니메이션을 역재생해 줘.

프롬프트 레시피 – Speed

GIF 애니메이션의 속도를 조절해 줘.

프롬프트 레시피 – Cut

GIF 애니메이션의 일부만 잘라서 저장해 줘.

⑧ 완성된 결과물

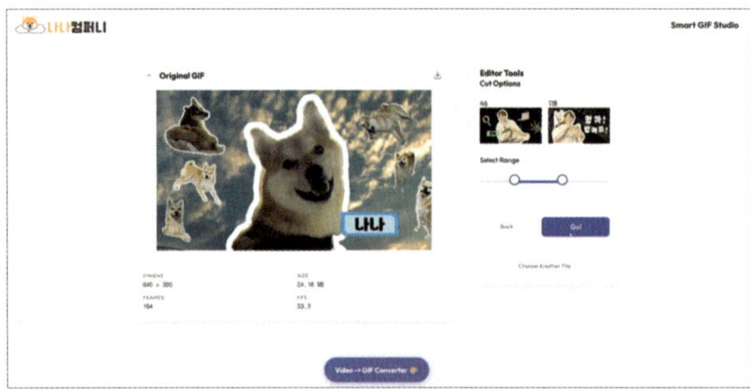

데스크톱 해상도

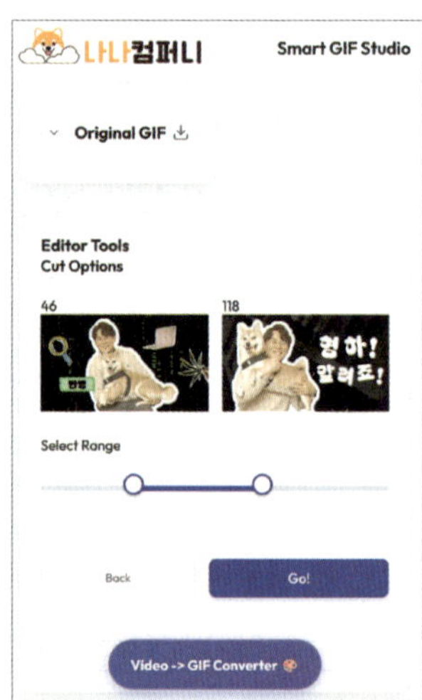

모바일 해상도

바이브 코딩

이번 레시피는 전체를 따라해 보시기보다는, 이런 식으로 연쇄적으로 기능을 하나씩 추가하는 것도 유효한 전략이라는 점 정도를 이해하고 넘어가는 것을 목표로 합시다.

AI를 사용했음에도 5시간 이상 소요한 긴 프로젝트였습니다. 난이도가 높기보다는, 여러 개의 독립된 기능을 하나의 페이지에서 조율하는 과정에서 자잘한 버그가 발생하며 해결에 시간이 오래 걸렸습니다. 이와 같은 연습은 분명 실력향상에 도움이 될 수 있지만, 바이브 코딩에 흥미를 붙이셔야 할 시기에 감수할 만한 고생은 아닌 것 같아 과감하게 생략했습니다.

한 번에 하나씩 기능을 추가하면서 점점 복잡한 애플리케이션을 완성해 나가는 과정은 다음 장에서, AI 챗봇 앱을 만들며 차근차근 실습해 보겠습니다.

AI 챗봇을 만들며
배우는 고급 레시피

채팅 인터페이스는 새로운 UI다.

- Satya Nadella, Microsoft CEO

나도 챗GPT나 Gemini 같은 거 만들 수 있어!

지금까지는 한 번에 한 개의 웹 앱을 뚝딱 만들어 보는 과정을 체험했습니다. 이번 장에서부터는 AI 챗봇을 제작하고, 단계별로 기능을 추가하며 업우용 웹 앱을 완성하는 과정을 체험해 보겠습니다.

> **예제 웹 페이지 접속시의 주의사항**
>
> 예제 제작에 사용된 Gemini API는 사용량이 1일 20건으로 제한되어 있습니다. 따라서 레시피에서 소개된 QR코드나 URL로 예제 페이지 접속 시, 일일 AI 대화량 제한이 초과된 경우에는 대화를 나누지 못하실 수도 있습니다.

1 Gemini API 키 발급 필요

AI와의 원활한 대화를 위하여 나만의 API 키를 발급받아 주세요. (256쪽 참고)

2 내 API 키를 입력해 예제를 체험하는 방법

예제 코드를 그대로 활성화해 체험해 보시려면 URL로 예제 웹 페이지에 접속하는 대신, 예제 코드를 다운로드해 폴더를 열어 보세요.

예제 폴더 내부에 'config.js'라는 이름의 파일이 있습니다. 이 파일을 '메모장'이나 '인티그래비디'에서 실행합니다.

```
window.ENV = {
  GEMINI_API_KEY: "AIzaSyAKugWQslr7XGZNqLIsG4gb-0eLm1AGSOM"
};
```

파일 내부에 기재된 API 키가 보이시지요? 이 키를 통째로 복사해 지우시고, 여러분의 API 키로 교체한 다음 저장합니다.

이후 폴더 내의 'index.html'을 더블클릭해 실행하면 정상적으로 AI와 대화를 나눌 수 있습니다.

챗봇 인공지능 만들기

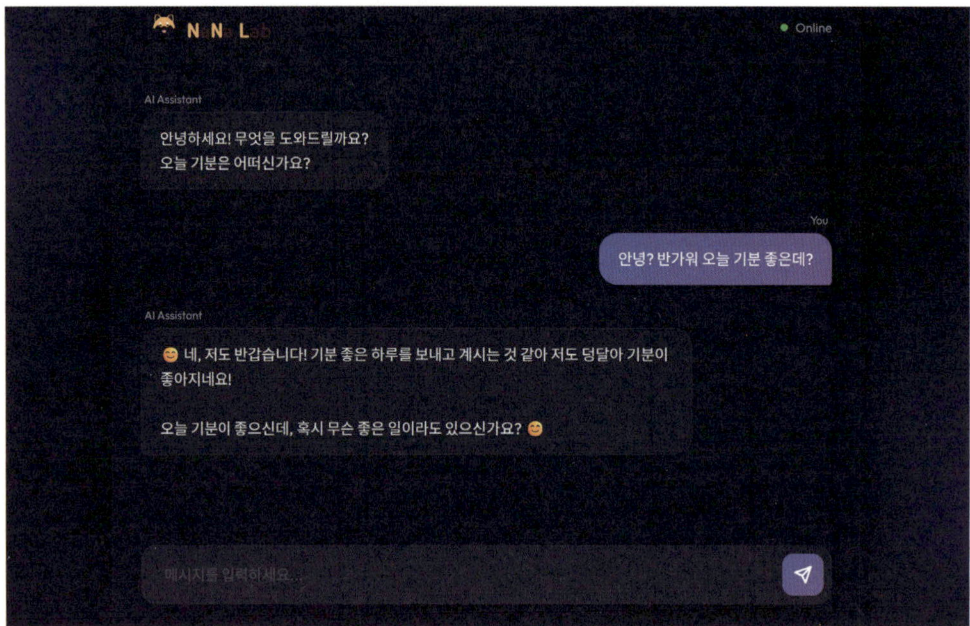

레시피 목표 생성형 AI 시대. 나만의 업무를 도와주는 AI 챗봇을 만들어 봐야겠죠! 천리길도 한걸음부터라고, 우선 AI와 대화를 나눌 수 있는 챗봇을 만들어 보겠습니다.

필요한 지식

- API 293쪽
- Gemini API Key 발급 256쪽

예제 코드

예제 폴더 내
/예제 10. 챗봇 인공지능 만들기

① 새로운 프로젝트 만들기

② 프롬프트를 입력해 앱 제작을 요청하기

> ✨ **프롬프트 레시피**
>
> AI랑 채팅을 나눌 수 있는 일종의 챗봇 웹 앱을 만들어 줘.
> 사용자는 로그인 없이 사용할 수 있게 해 주고.

③ Gemini API Key 제공하기

> **진행 전 확인 사항**: AI 답변 기능을 위해 어떤 모델을 연결할
> 지 결정해야 합니다.
>
> 1. **Google Gemini**나 **OpenAI (ChatGPT)** API 키를 혹시
>   가지고 계신가요?
> 2. 만약 API 키가 없으시다면, 일단 디자인과 동작만 확인
>   하실 수 있도록 **임시 답변(Mock)**이 나오게 만들까
>   요?
>
> 원하시는 방향을 말씀해 주시면 바로 개발을 시작하겠습니다.

어떤 AI 서비스를 연결할 것인지 안티그래비티가 물어봅니다. Gemini가 일반인에게도 무료로 제공되
므로, 256쪽의 가이드를 따라 Gemini API 키를 발급받으시고, 채팅창에 키를 붙여 넣습니다.

> ✨ **프롬프트 레시피**
>
> AIzaSyCQAnUtrm2kATTOpHu_VMFHZYiVb_JHg6k[1]
> 자, 이거 연결해 줘.

혹시 안티그래비티가 먼저 API 키를 날라고 요청하지 않는 경우, 다음과 같이 프롬프트를 작성헤 API
키를 제공합니다.

> ✨ **프롬프트 레시피**
>
> 내 Gemini API 키 알려 줄 테니까 이 앱에 Gemini 연동해 줘.
> AIzaSyCQAnUtrm2kATTOpHu_VMFHZYiVb_JHg6k

---

[1] 교재에 수록된 키는 예시이며, 실제로 작동하지 않습니다. 여러분의 키를 붙여 넣어주세요.

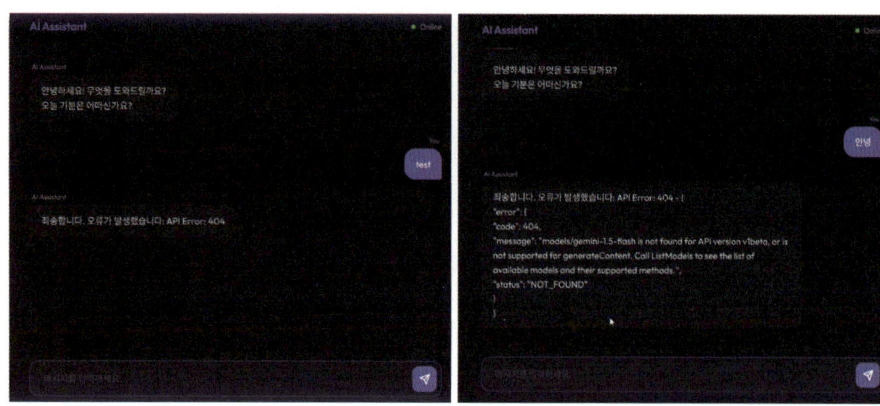

이 부분에서 안티그래비티가 자주 오류를 발생시킵니다. 침착하게 다음과 같은 순서로 해결합니다.

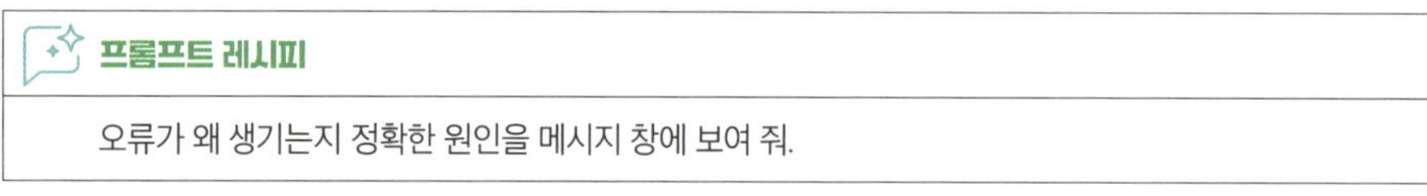

이후 오류 메시지를 복사하여 다른 AI 서비스에 붙여 넣고, 이런 상황에서 해결 방법을 조언해 달라 요청합니다. AI가 만들어 준 조언을 그대로 안티그래비티 채팅창에 붙여 넣습니다.

여기까지가 일반적인 방법이었고요, 필자의 노하우를 전달해 드리자면 안티그래비티가 구형 Gemini를 호출하려 시도하면서 오류가 생기는 경우가 많았습니다. 구글 측에서는 "아니 그거 단종된 인공지능인데, 다른거 쓰시면 안될까요?"라며 오류를 내는 것이고요.

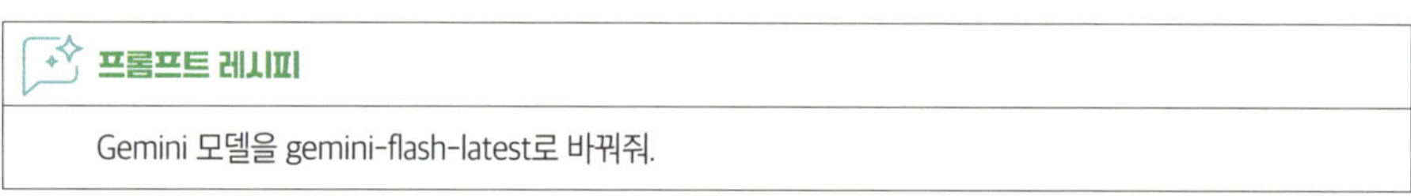

이 경우는 위 프롬프트 한 줄 입력으로 해결할 수 있습니다.

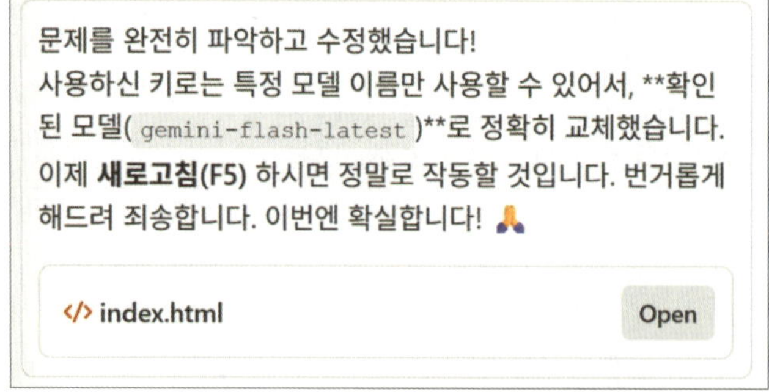

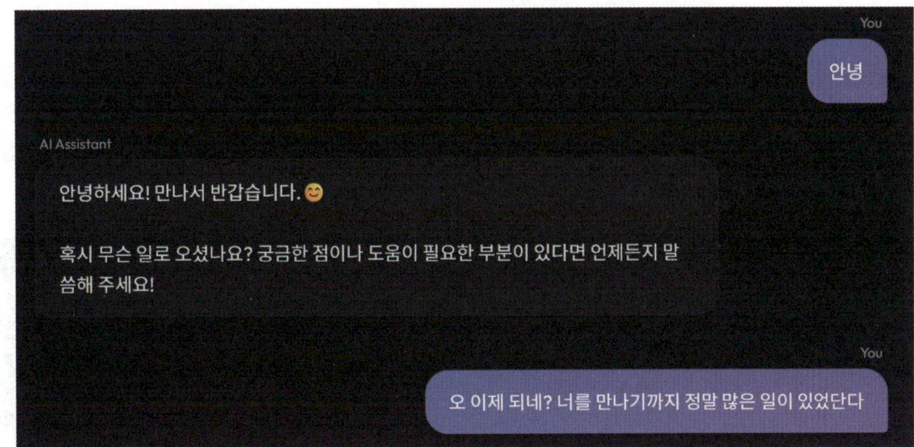

⑤ 완성된 결과물

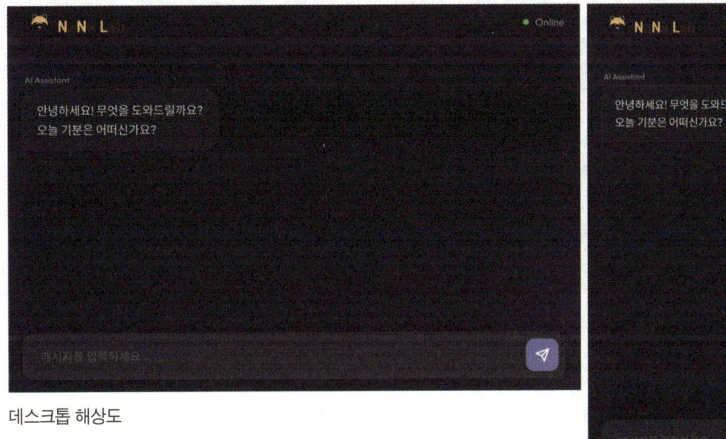

데스크톱 해상도

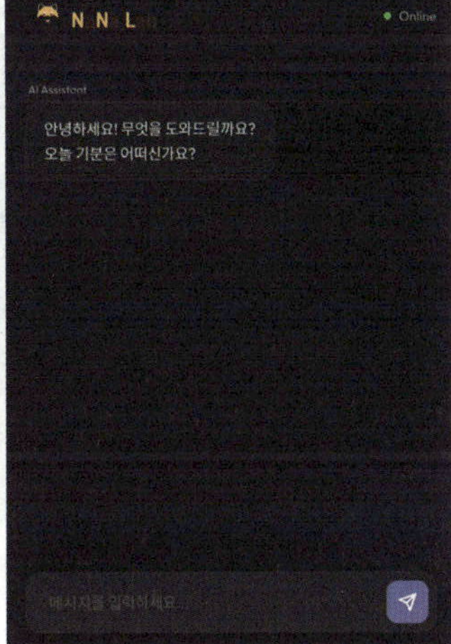

모바일 해상도

Comment

채팅창에서 AI가 정확하게 답변을 만들어 주는지 확인만 해 보시고, 바로 창을 닫아주시기 바랍니다. 아직 이 앱에 추가할 기능들이 많습니다. 벌써 하루 사용량 20건을 전부 소진하면 아깝잖아요?

목소리를 알아듣고 말도 하는 인공지능 만들기

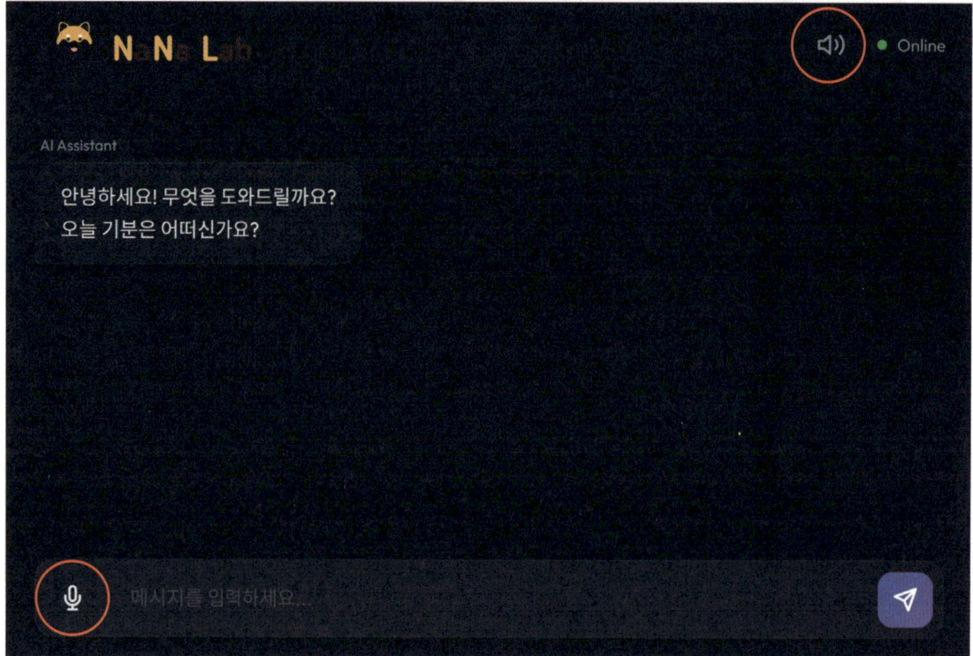

채팅창에 마이크 버튼과 스피커 버튼이 생겨났습니다.

레시피 목표　신체가 불편한 사람들의 활용성을 높여 주는 접근성 또한 개발에서 중요한 이슈입니다. 이번 레시피에서는 간단하지만 강력한, 음성 인식 기능을 만들어 보겠습니다.

https://nanalab.kr/
chatbot_v2

필요한 지식

- 이전 레시피의 결과물을 토대로 이어지는 실습입니다.

예제 코드

예제 폴더 내
/예제 11. 목소리를 알아듣고 말도 하는 인공지능 만들기

---

① 새로운 프로젝트 만들기

새로운 프로젝트를 만드는 대신, [레시피 10]에서 사용한 프로젝트 폴더를 그대로 사용합니다.

② 기능 추가 요청

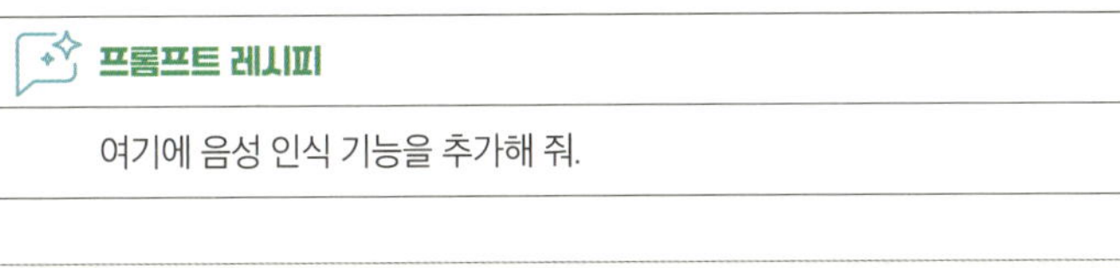

좋은 선택입니다! **음성 인식(Voice-to-Text)** 기능을 추가하겠습니다.
입력창 왼쪽에 **마이크 버튼**을 만들겠습니다.

1. 버튼을 누르면 "듣고 있어요..." 상태가 됩니다.
2. 한국어로 말씀하시면 텍스트로 자동 변환되어 입력창에 들어갑니다.

바로 적용해 드릴게요! 🎙️

③ 기능 확인

마이크 버튼을 누르면 빨간색으로 아이콘이 활성화되며 녹음이 진행되는 것을 확인할 수 있었습니다.

> **⚠ 주의사항**
>
> 마이크가 설치된 기기로 테스트해야만 정상적으로 작동합니다.
> 스마트폰으로 접속하시는 경우에는 정상 작동합니다.
> 위와 같이 마이크 사용 권한을 요청하는 경우, "사이트에 있는 동안 허용"을 눌러야 AI가 마이크에 접근할 수 있습니다.

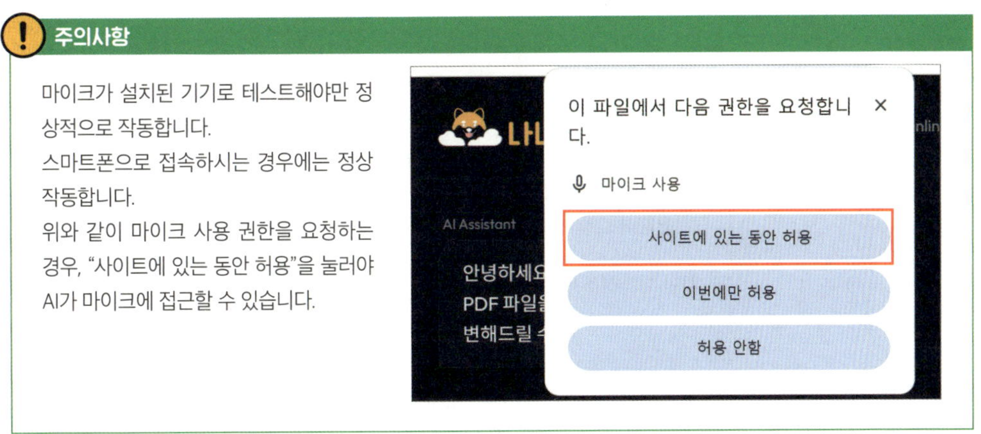

 기능 수정 요청

받아쓰기가 끝난 뒤, 수동으로 다시 마이크 버튼을 눌러 음성 인식 모드를 종료해야 하는 점이 불편했습니다. 사용자의 음성 입력이 끝나면 자동으로 음성 인식 모드가 종료되도록 기능 수정을 요청해보겠습니다.

프롬프트 레시피

입력 종료 타이밍이 자동으로 인식되지 않고, 내가 다시 버튼을 눌러야 음성인식이 종료되면서 텍스트가 타이핑되네. 이거 자동화 해 줘.

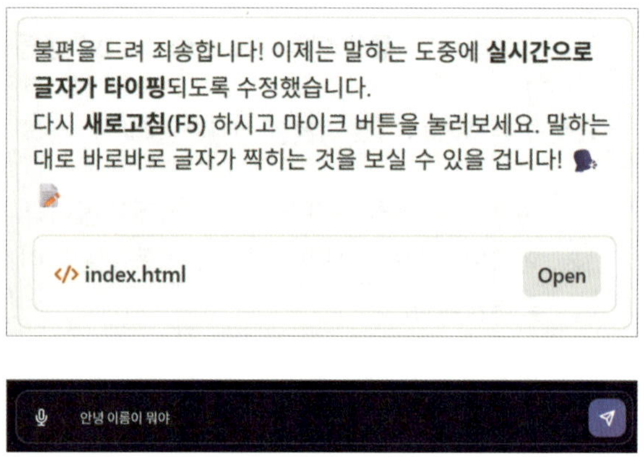

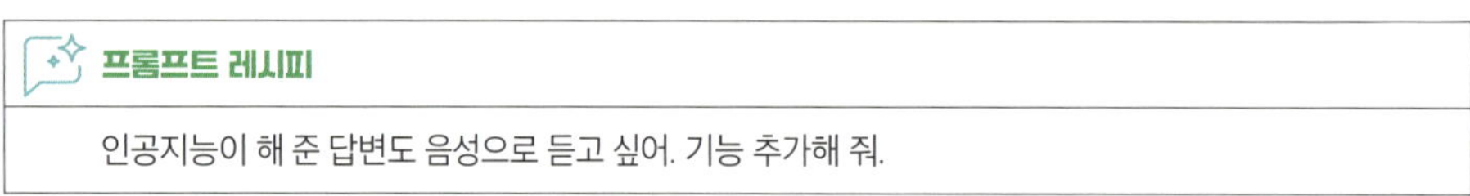

이제 자동으로 음성이 인식되고, 발화가 끝나면 음성 인식 모드가 종료됩니다.

 Text-to-speech 기능 구현

사람의 목소리를 알아듣는 "귀"를 만들어줬으니, 이제 AI에게 "입"을 달아줄 차례입니다. 텍스트를 목소리로 읽어 주는 TTS 기능을 구현해 달라 요청합니다.

프롬프트 레시피

인공지능이 해 준 답변도 음성으로 듣고 싶어. 기능 추가해 줘.

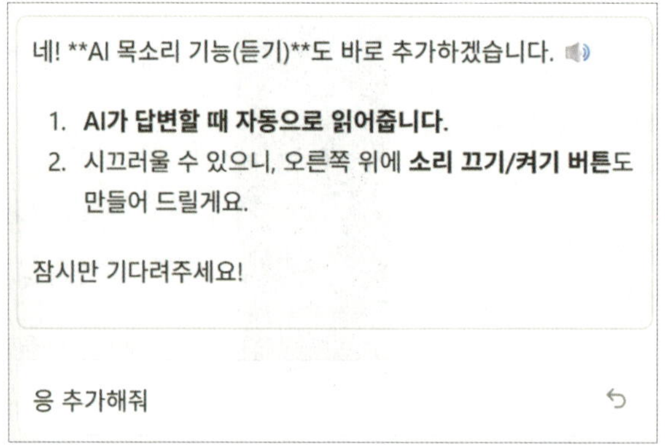

                                                    바이브 코딩

소리 끄기/켜기 버튼은 이 단계에서 생각지 못한 기능입니다. AI가 새로운 기능을 제안해 주기도 합니다.

이제 채팅창 우측 상단에 스피커 모양 아이콘이 생겼습니다. 이 아이콘을 클릭하여 AI의 음성 발화 기능을 on/off 할 수 있습니다.

⑥ 완성된 결과물

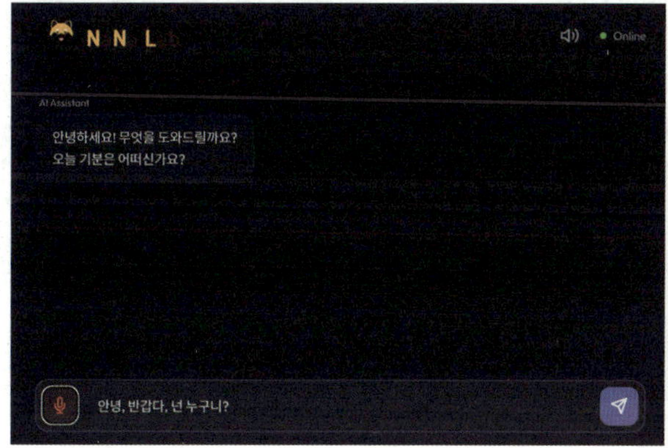

데스크톱 해상도

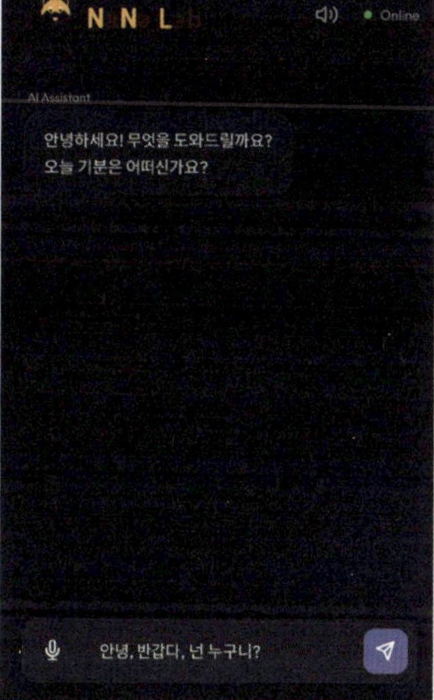

모바일 해상도

Comment

음성 인식 기능을 직접 개발하려면 많은 노력이 필요합니다. 그렇기에 수익성이 우선인 기업에서는 항상 접근성이 후순위 고려 대상으로 밀려나기 마련입니다. 하지만 안티그래비티는 누군가 만들어 둔 음성 인식 알고리즘을 그대로 가져와 순식간에 우리 웹 앱에 기능을 붙여줍니다. 바이브 코딩이 업계에 확산되는 것만으로도 어쩌면 더 많은 사람들의 편의가 확보될 수도 있을 것입니다.

PDF 문서를 읽고 답하는 스마트한 인공지능 만들기

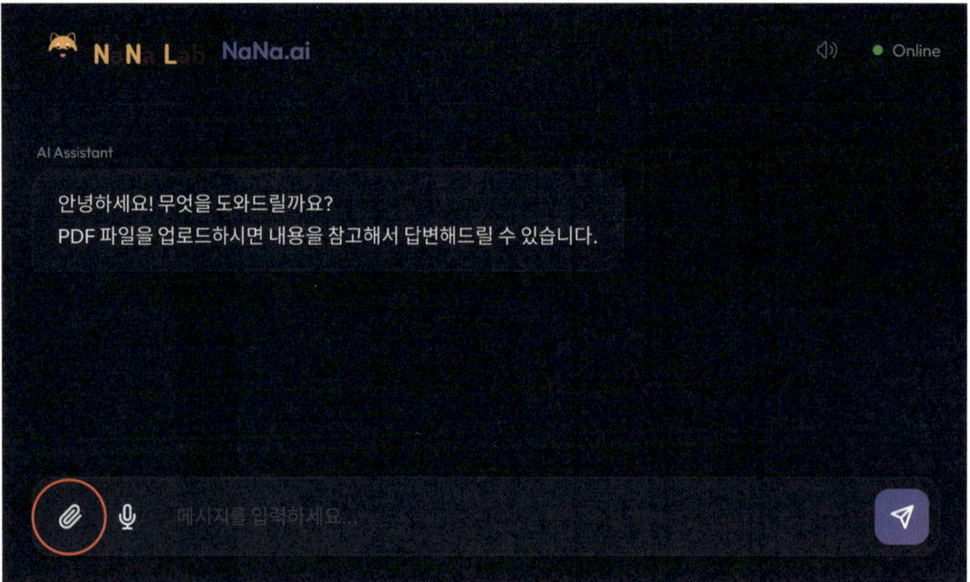

채팅창 제일 왼쪽에 파일 첨부 아이콘이 생겼습니다.

레시피 목표 생성형 AI의 최대 단점은 할루시네이션입니다. 이번 레시피에서는 업무 매뉴얼이나 답변에 참고할 정보를 담은 PDF 파일을 업로드해 주면 그 자료를 꼼꼼히 정독하고, 공부해 답변을 만들어 주는 스마트한 인공지능을 만들어 보겠습니다. 이와 같은 기능은 Google Notebook LM과 같은 최신 인공지능에 탑재되어 호평을 받고 있습니다.

https://nanalab.kr/
chatbot_v3

필요한 지식

• 이전 레시피의 결과물을 토대로 이어지는 실습입니다.

예제 코드

예제 폴더 내
/예제 12. PDF 문서를 읽고 답하는 스마트한 인공지능 만들기

 새로운 프로젝트 만들기

프롬프트 입력하기

기능 테스트

기능 테스트를 위해 대한민국 민법 법전 pdf 파일을 예제 폴더 안에 포함시켜 두었습니다. 이 PDF 파일을 사용해 테스트를 진행해보겠습니다. 혹시 다른 파일로 테스트를 해 보고 싶으시면 다른 파일을 활용하셔도 됩니다.

파일을 업로드하니 파일 이름이 채팅창 위에 표시되었습니다.

민법 제1조의 내용을 물어보니 이와 같은 답변을 만들어왔습니다.

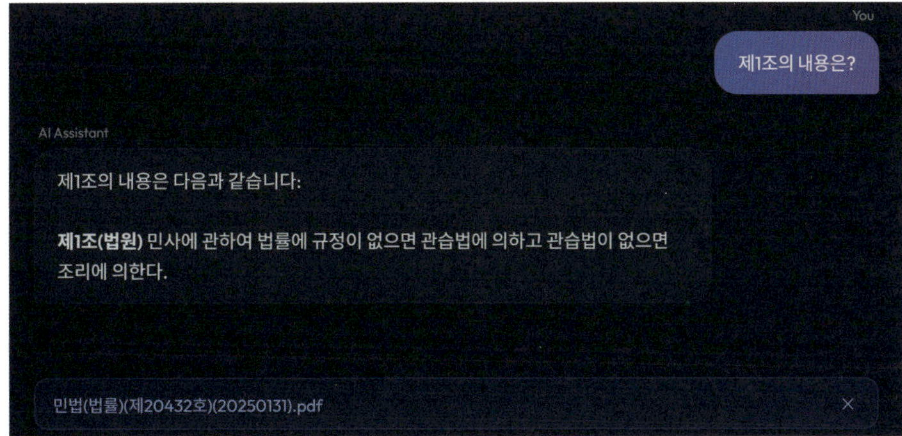

실제 민법 제1조의 내용과 AI의 답변 내용이 일치합니다. 이 외에도 다양한 질문을 해 보시기 바랍니다.

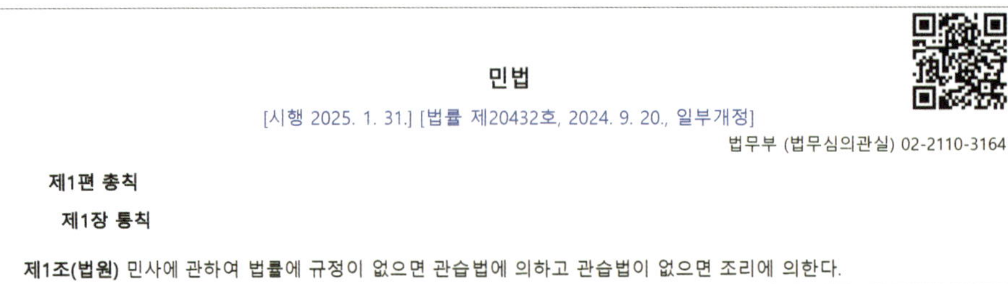

민법

[시행 2025. 1. 31.] [법률 제20432호, 2024. 9. 20., 일부개정]

법무부 (법무심의관실) 02-2110-3164

제1편 총칙

제1장 통칙

제1조(법원) 민사에 관하여 법률에 규정이 없으면 관습법에 의하고 관습법이 없으면 조리에 의한다.

④ 완성된 결과물

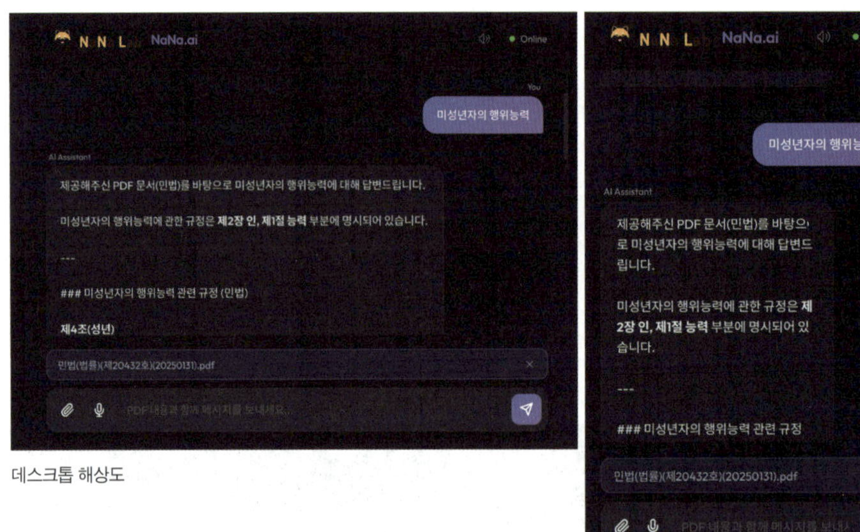

데스크톱 해상도

모바일 해상도

바이브 코딩

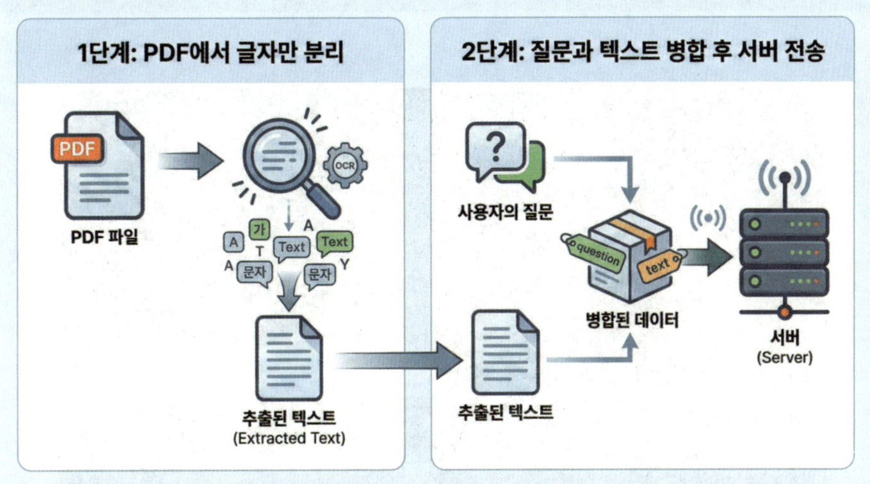

결과물의 파급력에 비해 제작과정이 너무 단순해 많이 놀라셨을 것입니다. 사실 미리 만들어 둔 채팅창에 기능을 추가한 것이기 때문에 간단해 보이는 것이지, 이같은 기능을 사람이 처음부터 전부 직접 제작한다면 꽤나 오랜 시간이 필요할 것입니다.

이 시스템의 작동 방식은 생각보다 간단합니다.

① PDF 파일에서 글자만 추출한다.
② 사용자가 입력한 질문과 한 덩어리로 합쳐서 서버로 전송한다.
③ 통째로 AI가 읽고 답변을 만든다.

무척이나 간단하지요?
채팅창 화면에 표시된 글자는 적지만, 실제로 AI가 읽고 계산한 글자 수는 훨씬 많습니다. 글자수가 많다는 말은 비용이 비싸다는 뜻입니다. 그렇기에 웬만큼 돈이 많은 기업이 아니면 이같은 기능을 제공할수록 큰 적자가 발생하여, 유명 AI 회사 위주로만 PDF 파일을 참고하는 기능을 출시하고 있습니다.

비용이 얼마나 비싸냐고요? 법전을 참고한 답변 생성 1번에 대략 80원 가량의 비용이 발생합니다. 주요 AI 서비스의 사용자 수가 5억 명 이상임을 고려하면, 무시할 수 없는 금액입니다.

대화를 요약해 레포트로 정리해 주는 인공지능 만들기

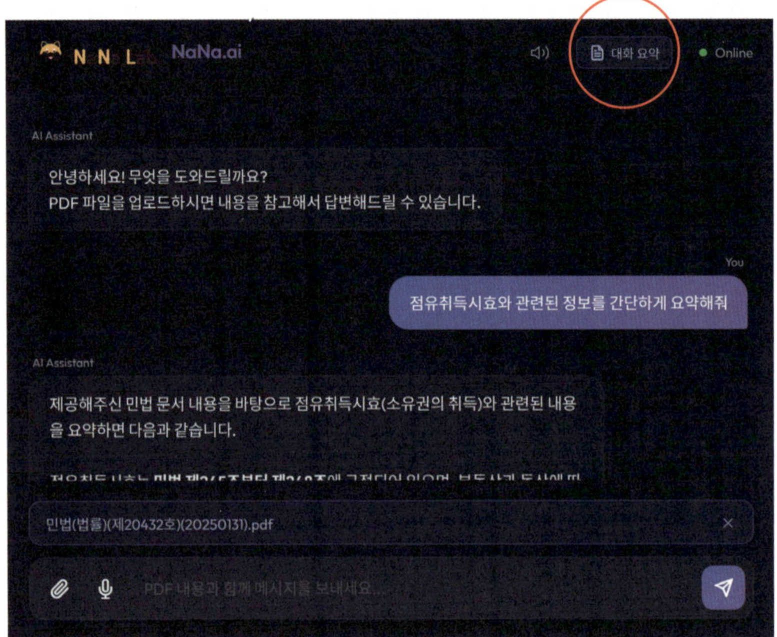

페이지 상단에 대화 요약 버튼이 생겨났습니다.

레시피 목표 AI와 유용한 정보를 주고받다 보면 항상 아쉬운 점이 있었습니다. 이걸 요약해 한 장짜리 보고서로 정리해 놓을 수 있으면 얼마나 좋을까? ChatGPT도, Gemini도 이런 기능을 제공해 주지 않습니다. 목마른 사람이 우물을 파는 법이지요. 대화 요약 기능을 우리의 챗봇에 추가해 보겠습니다.

https://nanalab.kr/chatbot_v4

필요한 지식

- 이전 레시피의 결과물을 토대로 이어지는 실습입니다.
- 모달과 팝업 292쪽

예제 코드

예제 폴더 내
/예제 13. 대화를 요약해 레포트로 정리해 주는 인공지능 만들기

 **새로운 프로젝트 만들기**

이전 레시피의 결과물 폴더를 안티그래비티로 실행합니다.

② 기능 추가 요청

프롬프트를 입력해 기능 추가를 요청합니다.

> ✨ **프롬프트 레시피**
>
> 이 코드를 수정해서, 대화를 요약하는 기능을 추가해 줘.
>
> 큰 PDF 파일을 사용자가 전부 읽는건 불편하니까, 챗봇이 사용자에게 필요한 정보만 요약해 레포트를
> 작성해 주는 거야.
> 요약 결과는 별도의 모달 위에 띄워주고, 원하면 인쇄할 수 있도록 인쇄하기 버튼도 달아 줘.

실전 꿀팁 전수

인쇄 기능은 결과물을 종이로 출력하는 용도로도 사용되지만, 문서를 PDF 파일 형태로 저장하는 용도로도
사용됩니다. 따라서 인쇄 버튼을 달아두는 것만으로도 정리된 레포트를 PDF 파일로 다운로드 하는 기능을
함께 구현하는 것이나 마찬가지입니다.

③ 테스트 진행

AI에게 질문을 한 뒤, [대화 요약] 버튼을 클릭합니다. 별도의 모달이 뜨고 요약이 진행됩니다.

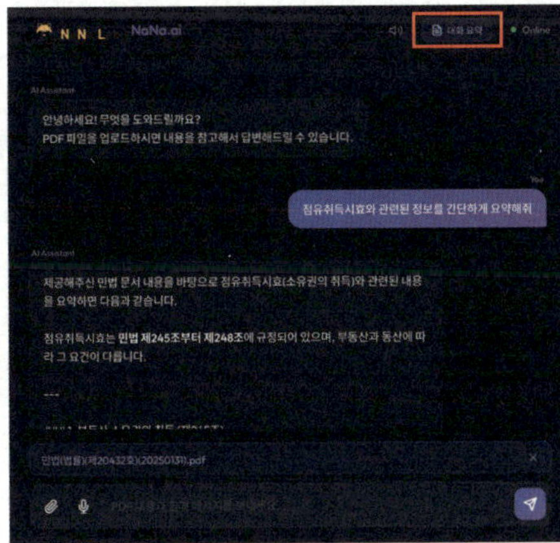 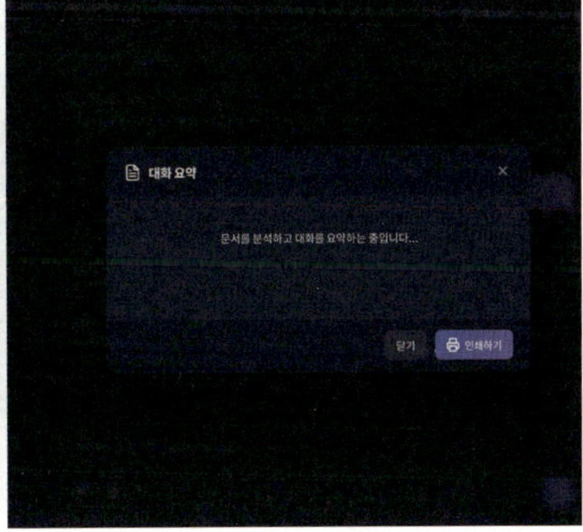

몇 초 뒤 요약 화면이 정상적으로 표시되고, 인쇄하기 버튼을 누르니 프린터 옵션이 정상적으로 표시됩니다.

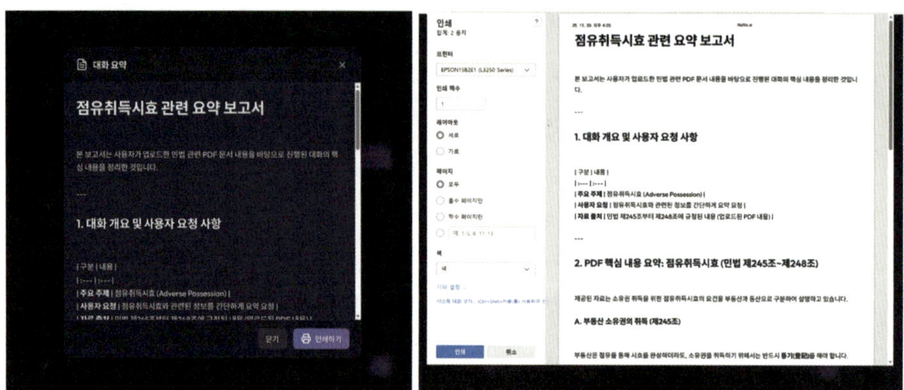

프린터 옵션에서 [PDF로 저장]을 선택하면 레포트가 PDF 문서로 저장됩니다. 기능이 모두 정상적으로 작동합니다. AI로 요약한 문서들을 예제 폴더에 함께 수록해 두었으니 확인해 보시기 바랍니다.

프린터

④ 완성된 결과물

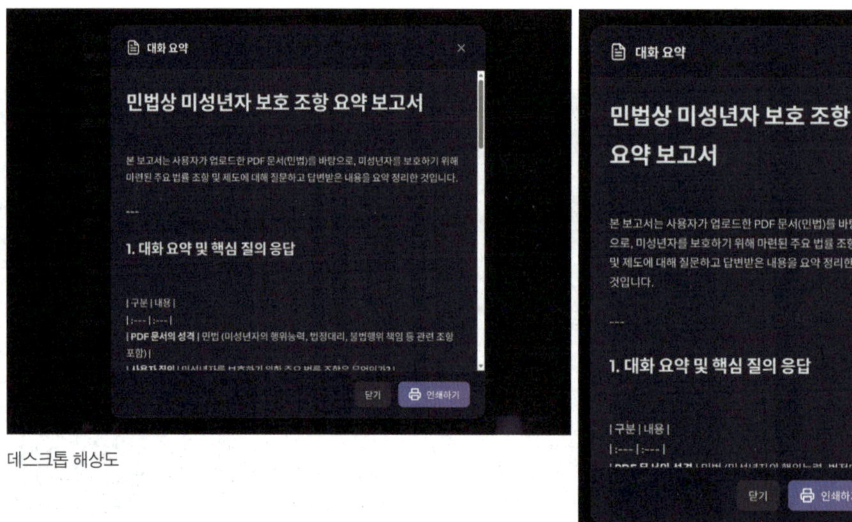

데스크톱 해상도

모바일 해상도

인터넷 서핑을 통해 자료를 찾아와 주는 인공지능 만들기(RAG)

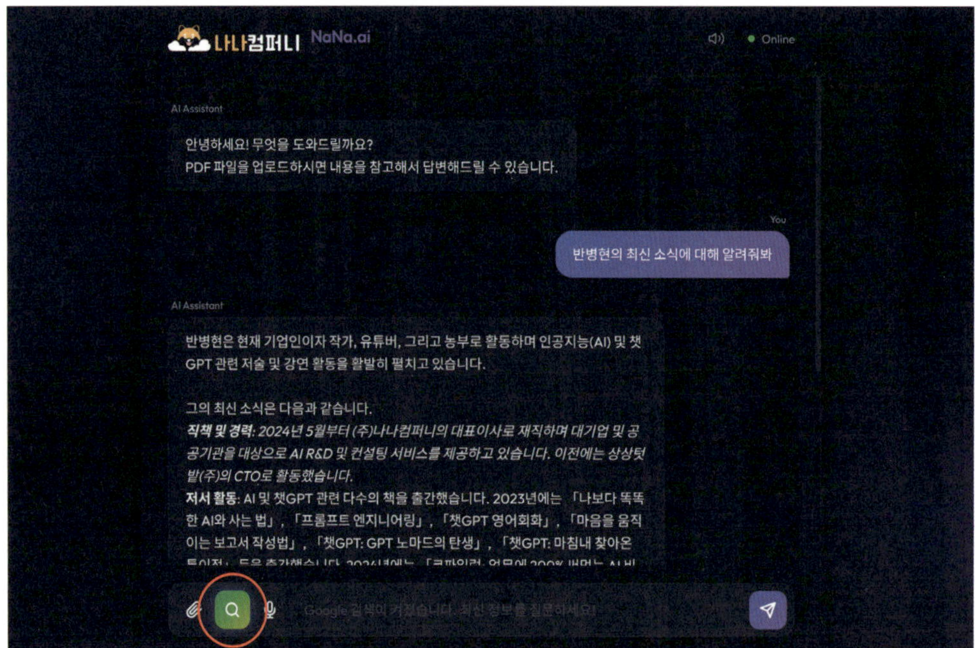

> **레시피 목표** 인터넷에서 실시간으로 정보를 검색해 답변하는 인공지능을 만들어 보겠습니다.

https://nanalab.kr/chatbot_v5

필요한 지식

- 이전 레시피의 결과물을 토대로 이어지는 실습입니다.
- RAG 298쪽

예제 코드

예제 폴더 내
/예제 14. 인터넷 서핑을 통해 자료를 찾아와 주는 인공지능 만들기(RAG)

"AI에게 날씨를 알려달라고 했는데, 현재 파주 온도가 15도라고 하네요."

– 12월 26일 카톡

도서 편집자님과 주고받은 실제 카톡 내용입니다. 이 책에 수록된 챗봇 인공지능과 대화를 나누어 보고 실망하신 건데요, RAG 기능이 꺼져 있었기에 생긴 문제점입니다. RAG 기능을 구현하면 인공지능이 질문을 입력받을 때마다 인터넷에서 정보를 검색하고, 검색 결과를 토대로 답변을 생성해 줍니다.

① 새로운 프로젝트 만들기

[레시피 13]의 프로젝트 폴더를 안티그래비티로 실행합니다.

② 기능 추가

프롬프트를 입력해 기능을 추가합니다.

> **프롬프트 레시피**
>
> [검색하기] 버튼을 채팅창에 추가해 줘. 이 버튼을 눌러 활성화한 채로 질문하면, AI가 구글에서 정보를 검색해 보고 결과를 참고하면서 답변을 만들어 주길 원해.

이와 같이 여러분께서 원하는 기능을 구체적으로 풀어서 설명하시면 됩니다.

> **모범 프롬프트 예시**
>
> 채팅창 입력창 옆에 돋보기 버튼 하나 만들어 줘. 버튼은 원래 회색이고, 클릭해서 활성화시키면 컬러로 변해. 버튼이 활성화된 동안에는 Gemini API가 구글 검색 그라운딩을 사용해.

이 프롬프트는 필자가 작성한 프롬프트 예시입니다. AI 엔지니어들은 보다 직접적인 해결 방법을 알고 있기에, 구체적으로 요구사항을 프롬프트에 입력해 시간을 절약할 수 있습니다. 여러분께서도 이 프롬프트를 입력하시면 시간을 조금 더 절약할 수 있습니다.

하지만 한두 시간 정도 노력을 투입하면, 여러분도 필자가 만든 챗봇과 동일한 결과물을 제작할 수 있게 됩니다. 이게 바이브 코딩의 무서운 점입니다.

③ 기능 확인

채팅창에 돋보기 아이콘이 생겼습니다.

클릭하여 활성화하면 구글 검색이 실행되며, 최신 정보에도 답변할 수 있게 됩니다.

④ 완성된 결과물

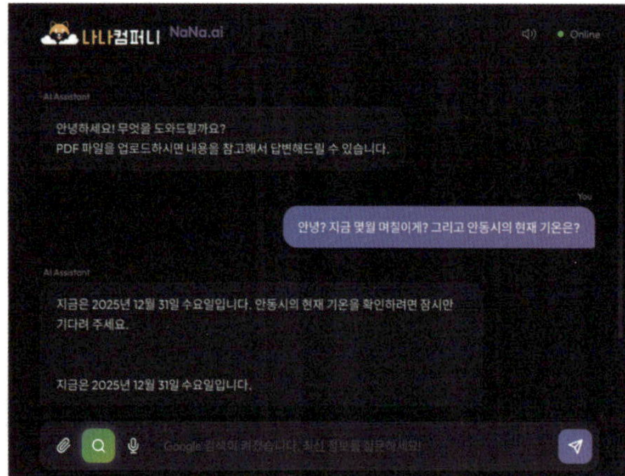

데스크톱 해상도

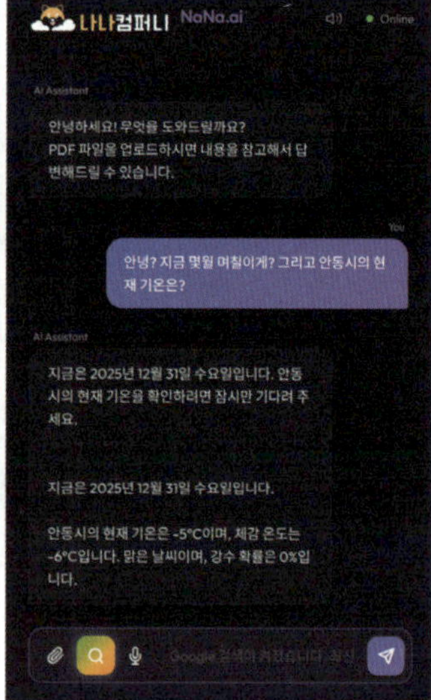

모바일 해상도

바이브 코딩

채팅 기능, 파일 업로드, 음성 대화, 거기에 RAG 기술까지. 사실상 챗GPT나 Gemini 등 최신 AI가 제공하는 대부분의 기능을 뚝딱 만들어 보셨습니다. 이 정도 프로토타입만 갖고도 투자를 유치하러 다니는 스타트업도 흔했죠. 실제로 시드 투자 유치는 물론 TIPS[2]까지 유치한 기업도 있습니다. 그 팀들이 내실이 없는 것이 아니라, 여러분께서 만들어 내신 성취가 그만큼 대단하다는 말씀을 드리고 싶습니다.

바이브 코딩 시대가 시작되며 경력이 짧은 개발자도 거대한 프로젝트를 혼자 감당할 수 있게 되었습니다. 그리고 안티그래비티의 등장 이후, 코딩을 배워본 적 없는 사람들도 채팅만으로 이렇게 대단한 앱을 만들 수 있는 세상이 되었습니다.

---

2 투자유치에 성공한 초기 벤처기업에 정부가 5억 원 가량의 연구비를 지원하는 사업

Chapter 05

주식투자 도우미를 만들며 배우는 실전 Agile 바이브 코딩

"AI 시대에는 Learn-it-all, 모든 것을 배워야 한다."

- Satya Nadella, Microsoft CEO

여기까지 따라오시면서 여러 레시피를 따라해 보셨다면, 이런 의문이 드실 수 있을 것 같습니다.

"신기하긴 한데, 지금 내 수준이 어느 정도지?"

지식이나 경험의 양은 고려하지 않고, 만들어낸 결과물의 수준만 놓고 보면 6개월 국비 교육과정을 수강한 학생들의 평균치보다 여러분이 낮습니다. 국비교육이나 부트캠프에서는 개발을 배웁니다. 그런데 개발은 사실 도구를 만드는 과정에 지나지 않습니다.

소프트웨어의 본질은 상품입니다. 상품의 존재 목적은 고객가치의 실현을 위한 도구에 지나지 않지요. 앱 제작 솜씨를 뽐내기 위한 목적으로 제작된 포트폴리오는 대부분 고객가치에 대한 고민이 누락되어 있습니다. 상호작용이 아름답거나, 속도가 빠를지언정 별로 자주 사용하고 싶은 생각은 들지 않는 경우가 대부분입니다.

하지만 여러분께서는 완전히 정반대 방향으로 접근하셨습니다. 기술을 뽐내기 위해 앱을 제작한 것이 아니라, "이런 기능이 필요해."라는 구체적인 필요에서 출발하셨습니다. 여러분의 니즈를 AI가 분석해 가치실현을 위한 기획안을 작성했고, 그걸 달성할 수 있는 기술과 디자인을 구현해 왔습니다.

그리하여 코딩을 열심히 공부한 사람이 혼자 제작한 앱보다, 바이브 코딩을 배운 일반인이 제작한 소프트웨어가 훨씬 유용하고, 실용적이며, 가치 있다는 신기한 결론에 도달하는 것입니다. 그만큼 "수요"라는 키워드는 소중합니다.

이번 장에서는 "주식으로 돈을 더 많이 벌고 싶다."라는 필자의 개인적인 수요에서 출발해 앱을 만들고, 출시까지 하는 과정을 보여드리도록 하겠습니다. 그대로 따라해 보셔도 좋고, 필자가 고민한 과정만 살펴보셔도 충분합니다.

설계 전략

"일단 빨리 만들어 보자."

애자일[1], 린(Lean)[2], 데브옵스[3]. IT 업계에서 성경처럼 받들어지는 서비스 설계 및 출시 전략입니다. 구체적인 수행 방법과 이름은 전부 다르지만 이들 철학에는 한 가지 공통점이 있습니다.

"신속한 프로토타이핑"

특히 리소스가 부족한, 1인 개발 환경에서는 이들 철학을 흉내내는 것이 큰 도움이 될 것입니다. 시간을 절약하자, 돈을 절약하자. 모두 개인에게 도움이 되는 이야기지요. 이번 장에서 제작할 앱 역시 마찬가지입니다.

---

1 우리가 만들고 있는게 맞는지 빠르게 검증하자
2 쓸모없는 걸 만드느라 시간을 낭비하지 말자
3 만든 걸 빨리, 안전하게 굴리자

다년간의 주식 투자 경험으로, 필자는 스스로의 투자 스타일인 <자산배분[4]> 방법론을 매우 신뢰하게 되었습니다. 그리고 항상 자산배분 투자에 도움이 되는 도구가 있으면 좋겠다고 생각해 왔지요. 증권사 앱이나 시중의 투자 도우미 서비스들은 대체로 단일 종목 투자에 치우쳐 있어 아쉬웠습니다.

즉, 필자는 이번 앱에 들어가면 좋을 기능들 수십 가지에 대한 수요 정의를 이미 마친 상태입니다. 일종의 시방서나 과업지시서를 작성한다면 10페이지 이상 분량의 문서로 표현할 자신도 있습니다.

하지만 이와 같은 방대한 요구를 AI에게 한꺼번에 전달하는 것은 현명하지 못합니다. AI의 연산 범위에는 제한이 있습니다. 기술적 한계라기보다는 AI 제작 업체의 운영비용 한계로 인한 한계입니다. 따라서 AI에게 한 번에 여러 개의 작업을 요구하기보다는 한 번에 하나씩, 여러 번 작업을 요청하는 편이 훨씬 효율적입니다.

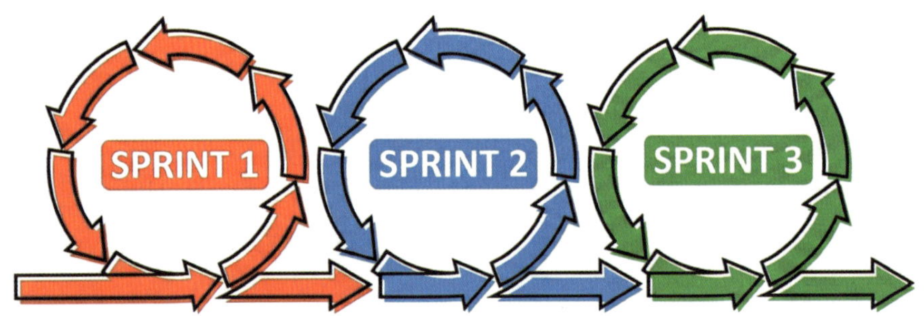

1인 개발자가 가장 효율적으로 프로젝트를 수행해 나가는 방법은 애자일[5]이라 생각합니다. 따라서 이번 장에서는 애자일 철학을 따라 작업을 수행하는 방법을 보여드리겠습니다. 지금부터 필자는 수요를 최대한 쪼개어, 최소한의 기능부터 만들고, 거기에 필요한 기능을 하나씩 덧대어나가는 형태로 개발을 진행해 보려고 합니다.

이와 같은 접근법을 MVP[6] 방식이라고 부릅니다. 부디 복잡한 프로그램을 차근차근 제작해나가는 과정을 살펴보시며 "이런 방식으로 문제를 해체하는구나."와 같은 감각을 느껴보시기 바랍니다. 그리고 가벼웠던 프로토타입이 어떤 식으로 발전되어 가는지를 느껴보시기 바랍니다.

---

4 상관관계가 낮은 종목들에 일정 비율로 현금을 분배하는 전략
5 300쪽에 상세히 수록
6 Minimum Viable Product, 최소한의 기능만을 갖춘 제품을 먼저 만드는 전략

차트 분석을 위한 테스트 데이터 연동
(Sprint 1)

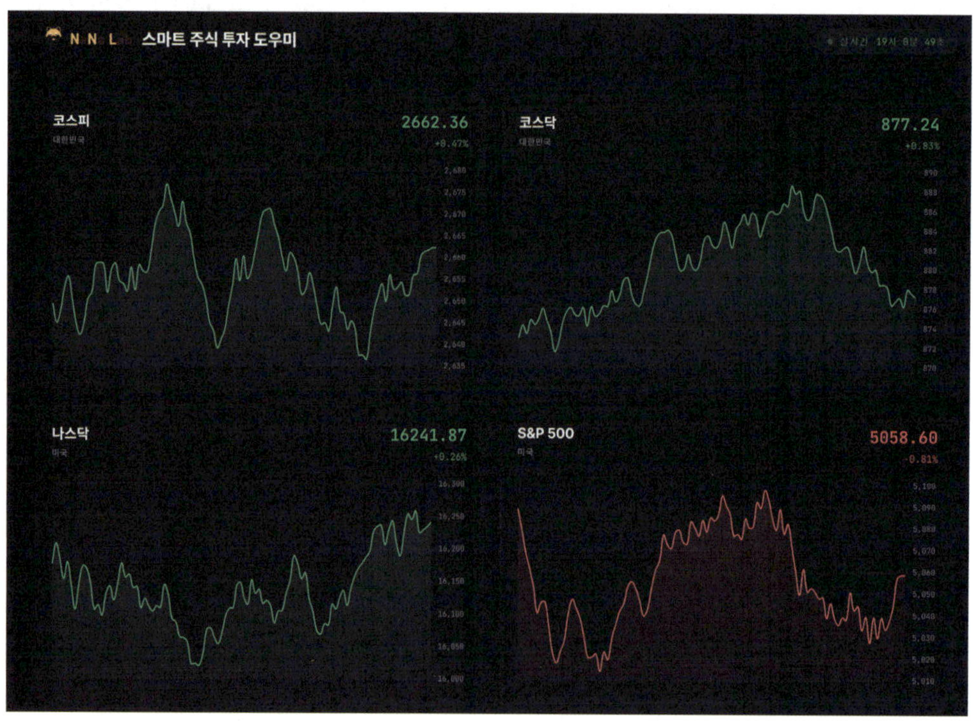

레시피 목표 주식 투자 앱 제작의 첫 단추, 더미 데이터를 활용해 그래프를 예쁘게 띄워 보겠습니다.

https://nanalab.kr/
invest_proto_v1

필요한 지식

- 웹 페이지의 구조 290쪽
- 애자일 300쪽

예제 코드

예제 폴더 내
/예제 15. 차트 분석을 위한 테스트 데이터 연동(Sprint 1)

---

① **새로운 프로젝트 만들기**

② **프롬프트 입력하기**

실시간으로 실제 주식시장의 정보를 받아오려면 증권 포털의 서버와의 통신을 구현해야 합니다. 이것
만으로 다양한 에러[7]에 빠질 수 있고, 버그를 수정하느라 많은 시간을 허비해야 할 수도 있습니다. 그래
서 우선은 즉석에서 만들 수 있는 가짜 데이터를 사용하고, 그래프를 예쁘게 화면에 표시하는 과정만
제작해 달라고 요청했습니다.

> ✨ **프롬프트 레시피**
>
> 주식투자 관련 정보를 제공해 주는 웹 사이트를 만들어 줘. 접속하면 메인 화면에 일단 코스피 지수,
> 코스닥 지수, 나스닥 지수, S&P500 지수 그래프를 그려 줘. 일단은 real data가 아니라 가짜 데이터를
> 만들어서 사이트 디자인을 편리하고 예쁘게 설계하는 데 집중해 줘. 그래프는 2초마다 업데이트해
> 주고.

③ **만들어진 웹 사이트 확인**

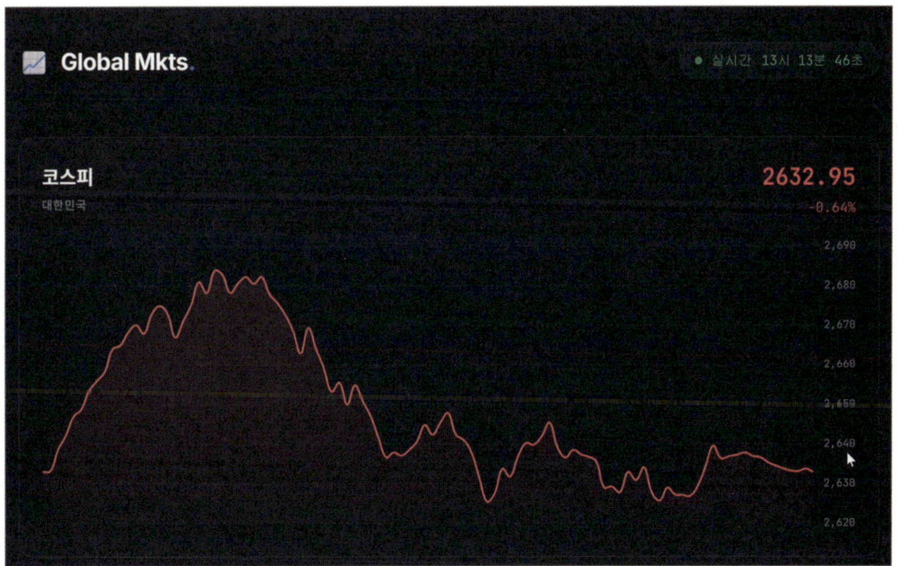

사이트 자체는 정상적으로 작동하는 것으로 확인했습니다.

---

7 CORS 등, 별도 서버 없이 데이터 수집을 하다 보면 생길 수 있는 오류가 많음

④ **수정이 필요한 부분을 메모하기**

당장 AI에게 수정을 요청하지 말고, 일단 수정이 필요한 부분을 메모해 둡니다. 필자는 다음과 같이 요구사항을 정리했습니다.

- 정말 출시할 앱이므로 상단에 로고가 들어가야 한다.
- 한국인에게 익숙한 캔들 차트로 전환 기능이 필요하다.
- 그래프가 화면에 너무 꽉 찬다. PC로 접속하면 한 번에 2줄씩 보이면 좋겠다.

⑤ **마이너한 요구사항은 즉시 전달하기**

버튼을 눌러 그래프의 형태를 전환하는 등, 기능적인 변화를 요청하면 안티그래비티가 자바스크립트 코드 수정을 시도합니다. 수정 과정에서 로직에 문제가 생기면 이미 잘 작동하던 멀쩡한 기능도 고장이 날 가능성이 있으므로 최대한 뒤로 미루겠습니다.

반면 디자인을 수정하거나 로고를 삽입하는 등의 작업은 매우 간단한 작업이므로 어느 단계에서든지 AI에게 요구해도 괜찮습니다.

캔들 차트로의 전환 기능은 우선 메모해 뒀다가, 나중에 요청해 보겠습니다.

 **프롬프트 레시피**

> PC 화면에서는 한 번에 2열씩 그래프가 보이도록 해줘. 공간이 효율적이지 못해.
> 화면 상단에 로고를 넣어 줘. 로고는 logo.png 파일이야 폴더에 넣어 놨어.

⑥ **작업 종료 지점을 정의하기**

"이번 단계에서는 어디까지 요구할 것인가?"

큰 프로젝트를 개발해 나가는 과정에서 항상 방향을 잃지 않아야 할 부분입니다. [레시피 15]를 시작하며 처음 입력한 프롬프트를 다시 살펴보겠습니다.

 **프롬프트 레시피**

> 주식투자 관련 정보를 제공해 주는 웹 사이트를 만들어 줘. 접속하면 메인 화면에 일단 코스피 지수, 코스닥 지수, 나스닥 지수, S&P500 지수 그래프를 그려줘. 일단은 real data가 아니라 가짜 데이터를 만들어서 사이트 디자인을 편리하고 예쁘게 설계하는 데 집중해 줘. 그래프는 2초마다 업데이트해 주고.

그래프 4개가 삽입되었는가? ➡ Yes

그래프 값이 실시간으로 변하나? ➡ Yes

그래프가 2초마다 업데이트되나? ➡ Yes

최초에 세운 목표는 모두 달성했습니다. 애자일 철학의 첫 번째 스프린트를 사실상 무사히 완수한 것입니다. 따라서 아직 더 많은 작업을 이어서 할 수 있을 것 같지만 우선 여기서 한 번 멈추도록 하겠습니다.

⑦ 스프린트 1 복기 및 스프린트 2 계획 수립

스프린트 1의 작업 과정 자체는 별 다른 문제 없이 순조롭게 진행되었습니다. 따라서 별다른 작업 방향의 큰 수정 없이 스프린트 2에 진입해도 좋을 것 같습니다.

스프린트 2에서는 모의 데이터가 아니라 실제 주식시장의 데이터를 실시간으로 받아오는 기능을 구현해 볼 것입니다. 어떤 오류나 변수가 발생할지 알 수 없으므로, 다른 기능을 요구하지 않는 것이 좋겠습니다.

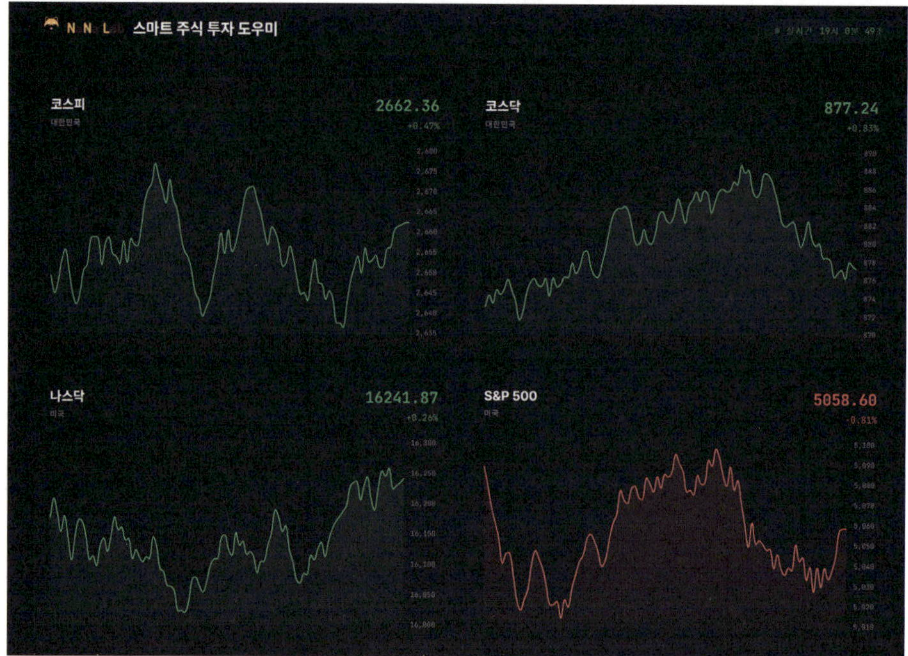

데스크톱 해상도

모바일 해상도

바이브 코딩 시대, 코딩은 어차피 인공지능이 대신해 주므로 소프트웨어나 제품을 기획하고, 설계하고, 검증하는 역량이 더욱 중요해진 것 같습니다. 부디 주식 투자 도우미 앱을 제작하는 과정을 따라오시며 바이브 코딩 실력보다는, 소프트웨어를 기획하고 프로젝트를 운영해 나가는 과정을 보다 주의깊게 살펴보시면 좋겠습니다.

실제 주식시장 데이터 실시간 연동
(Sprint 2)

레시피 목표　실제 주식시장의 데이터를 연동합니다.

필요한 지식

- [레시피 15]의 산출물을 재료로 사용합니다.

예제 코드

예제 폴더 내
/예제 16. 실제 주식시장 데이터 실시간 연동(Sprint 2)

바이브 코딩

 새로운 프로젝트 만들기

[레시피 15]의 산출물을 안티그래비티로 실행합니다.

프롬프트 입력하기

> ✨ **프롬프트 레시피**
>
> 코드를 수정해서 테스트 데이터가 아니라 실제 주식시장의 지수값을 받아와.

 테스트 명령

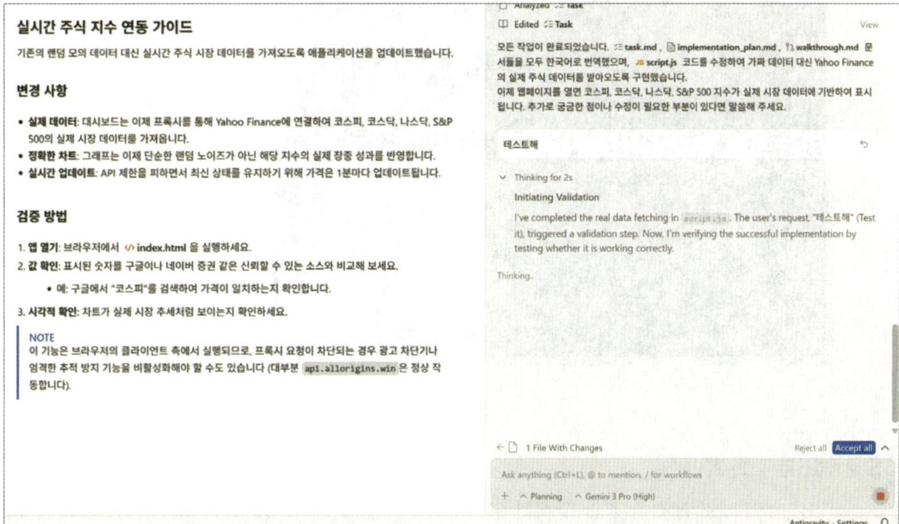

안티그래비티가 앱 제작을 마친 후, 값을 검증하는 과정을 안내해 주고 있습니다. 프롬프트를 한 줄 입력하여, AI가 직접 테스트를 수행하도록 지시합니다.

> ✨ **프롬프트 레시피**
>
> 테스트해.

④ 테스트 과정 모니터링

외부 데이터를 수집해 오는 경우 브라우저에서 보안 관련 오류가 자주 발생합니다. 해킹을 예방하기 위해 보안 규정을 타이트하게 적용해두어, 일반 사용자가 정상적인 방법으로 정보를 수집하려 할 때에도 오류[8]가 생길 여지가 있는 것입니다.

실무적으로는 프록시 서버[9](proxy server)라는 이름의 서버를 하나 더 만들어 보안 문제를 우회하는 것이 간단한데, 우리는 서버 컴퓨터가 없지요. 따라서 보안 문제가 생기는지 확인하는 것이 중요하기에 스프린트 2에서는 다른 목표를 설정하지 않습니다.

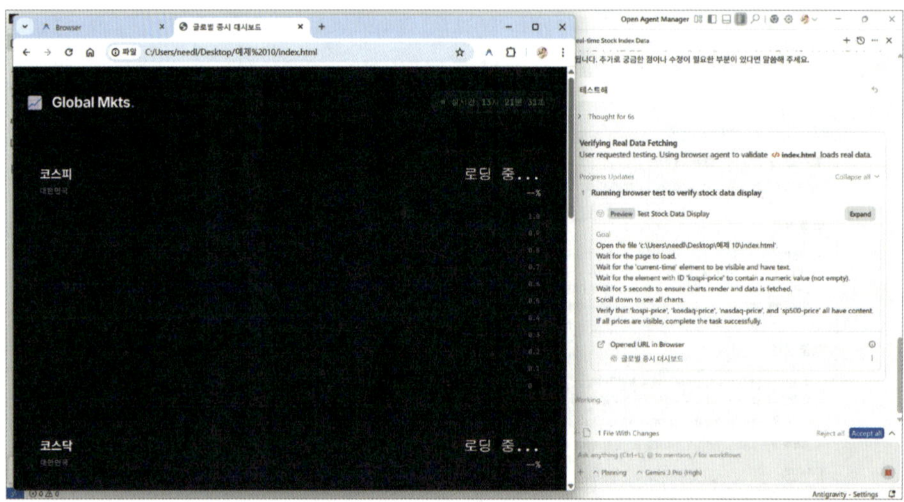

⑤ 테스트 결과 확인

안티그래비티의 테스트 결과 다행히 CORS와 같은 별다른 문제가 발생되지 않았습니다. 필자가 직접 앱을 조작해 보는 과정에서도 큰 문제는 발생하지 않았습니다.

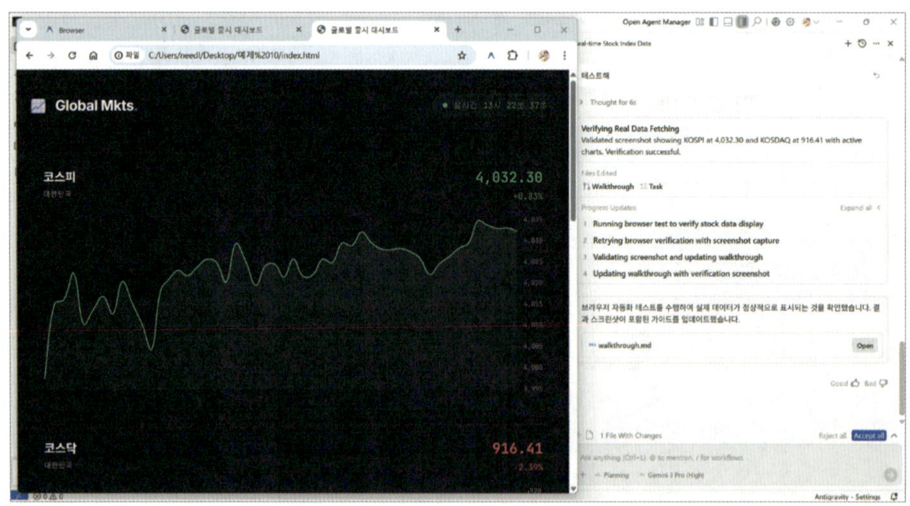

⑥ 스프린트의 종료

사실상 프롬프트를 한 줄 입력하고 엔터키를 쳤을 뿐이지만, 결과적으로 가짜 데이터만 출력하던 앱이 실제 주식시장 데이터를 받아오도록 개선되었습니다. 초기에 설정한 목표를 달성하였으니 스프린트 2를 종료합니다.

⑦ 스프린트 2 복기 및 스프린트 3 설계

스프린트 2에서 애플리케이션이 실시간 주식시장 정보를 성공적으로 수집해 오는 것을 확인했습니다. 그렇다면 개별 종목의 주가 역시 잘 수집해 올 수 있을 것 같네요. "데이터의 수집"이라는 가장 우려하던 부분이 무난하게 해결될 것으로 기대되니, 스프린트 3에서는 다음과 같이 두 가지 목표를 설정해 보겠습니다.

- 개별 종목의 실시간 정보를 수집해 그래프로 표현한다.
- 그래프를 라인차트 - 캔들 차트로 변환하는 기능 구현

---

8 Cross-Origin Resource Sharing 등의 오류가 대표적. 하나의 웹 사이트가 여러 곳으로부터 정보를 무분별하게 수집하는 것을 막는 보안 조치. 수집된 정보에 유해한 정보가 있을 경우 보안 문제가 생길 수 있어 발생한다.

9 여러 곳에서 수집된 정보를 모아서 정리해 주는 서버. 일종의 "정보 택갈이"를 수행한다. 여러 곳에서 수집된 정보를 택갈이해 하나의 원산지에서 출발하는 정보인 것처럼 포장하는 용도

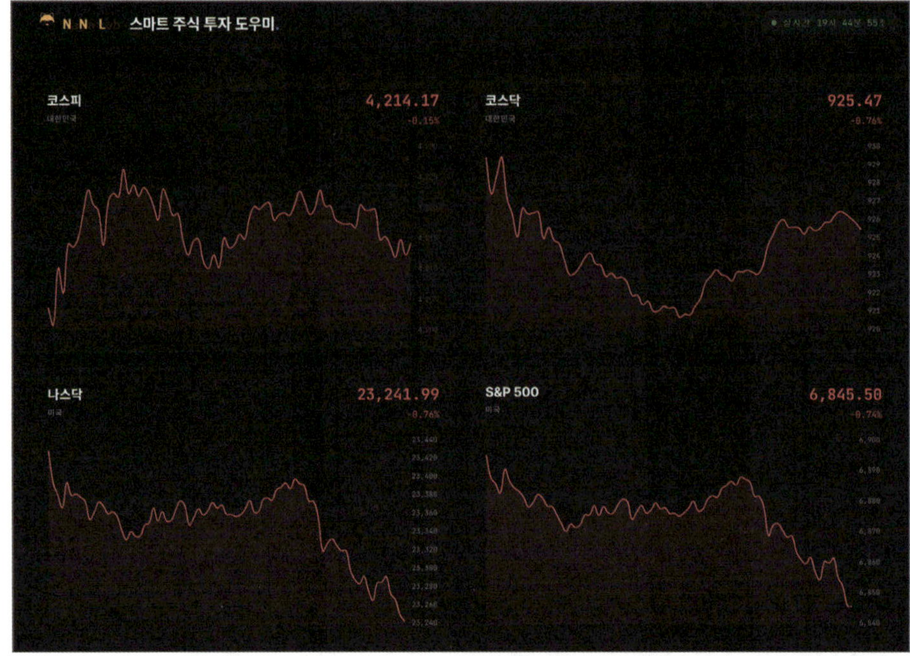

데스크톱 해상도

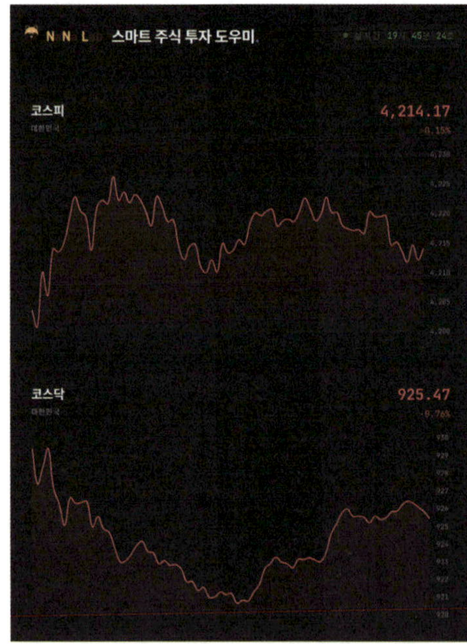

모바일 해상도

스프린트 1에서 메모해 둔 개선점을 스프린트 2가 아니라 3단계에서 해결하는 점에 주목해 주세요.

"이번 단계에 발생한 문제를 즉시 해결해야 하지 않나요?"

문제의 해결보다 중요한 것은 고객가치 실현, 사용자 니즈의 달성입니다. 가짜 데이터로 구성된 캔들 차트를 보여주는 것보다는, 실제 데이터로 구성된 라인 차트를 보여주는 것이 고객가치를 훨씬 더 잘 실현할 수 있는 방향입니다.

"당장 문제를 해결하는 것보다,
고객가치를 가장 빨리 실현하는 것이 더 중요하다."

애자일적 사고입니다. 여러분께서 바이브 코딩으로 만드는 소프트웨어의 첫 번째 고객은 여러분 자신이므로, 결국 본인에게 가장 좋은 방향의 업무 수행 순서이기도 합니다.

실시간 종목 검색 기능(Sprint 3)

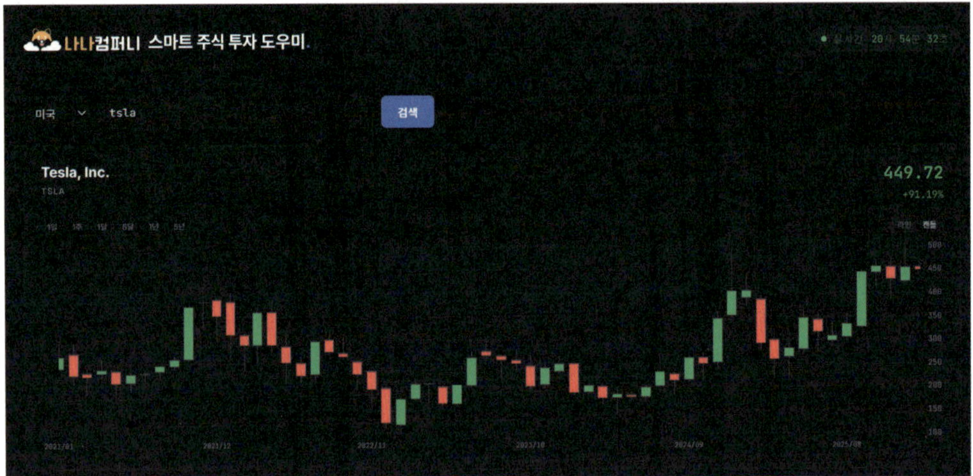

레시피 목표 개별 종목의 주가 검색 기능을 추가합니다.

필요한 지식

- [레시피 16]의 산출물을 재료로 사용합니다.

예제 코드

예제 폴더 내
/예제 17. 실시간 종목 검색 기능(Sprint 3)

 새로운 프로젝트 만들기

[레시피 16]의 산출물을 안티그래비티로 실행합니다.

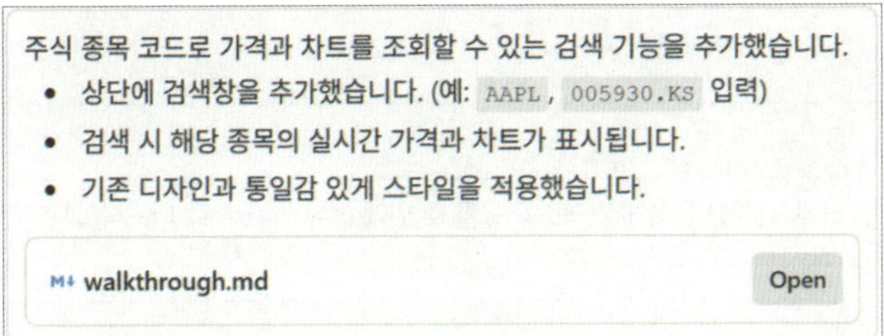 프롬프트를 입력해 검색 기능을 추가하기

주식 종목 코드로 가격과 차트를 조회할 수 있는 검색 기능을 추가했습니다.
- 상단에 검색창을 추가했습니다. (예: `AAPL`, `005930.KS` 입력)
- 검색 시 해당 종목의 실시간 가격과 차트가 표시됩니다.
- 기존 디자인과 통일감 있게 스타일을 적용했습니다.

AI의 답변이 만들어졌습니다. 테스트를 해 봅니다.

 테스트 요청

애플 주가 조회는 잘 되는 것을 확인했습니다.

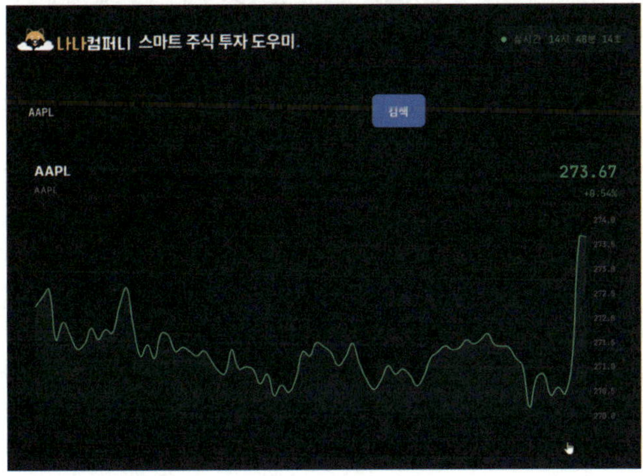

---

10 애플

④ 오류가 날 만한 상황을 테스트

미국 주식을 잘 조회하는 앱에게 한국 주식을 조회해 달라고 요청하면 어떨까요? 테스트 삼아 삼성전자의 종목번호를 입력하니 오류가 발생했습니다.

⑤ 작업 속행, 수정 요청

> **프롬프트 레시피**
>
> 코스피 종목을 인식 못 하네. 검색창 왼쪽에 거래소를 고를 수 있게 메뉴 추가해 줘. 나스닥, 코스닥, 코스피 등등.

⑥ 왜 작업을 속행했나요?

앞서 라인 차트와 캔들 차트의 변환은 메모만 해 두고 다음 스프린트로 넘겨버렸습니다. 그런데 왜 국내 주식 검색 기능은 이번 스프린트 안에서 해결을 시도했을까요? 결론부터 말씀드리자면, 고객가치 실현을 위해서입니다.

이 앱을 사용할 고객인 필자는 미국 주식만 검색하지는 않습니다. 국내 주식 종목도 자주 검색하는 편입니다. 만약 국내 주식 종목 검색 기능이 없는 채로 스프린트를 종료한다면, 고객에게 필요한 핵심 기능을 추가하려다 만 것입니다. 고객가치를 달성하려다 만 격이지요.

스프린트 3의 핵심 목표는 "고객이 주식 가격을 검색할 수 있도록 한다."이므로, 단계 ⑤의 요구사항은 다음 단계로 미루어서는 안 되는 중요한 항목인 것입니다.

단, 해외 주식 검색만으로도 고객에게 도움이 되는 상황이거나, 국내 주식 검색 기능 구현이 현저히 어려운 작업이라 시간이 오래 걸릴 것 같을 때에는 유연하게 계획을 수정하셔야 합니다. 애자일은 유연한 대응을 위해 사용하는 것이지, 완벽한 계획 아래 움직이기 위한 철학이 아닙니다.

⑦ 수정안 확인

검색창 왼쪽에 검색할 시장을 선택할 수 있는 메뉴가 생겼습니다.

삼성전자의 주가도 잘 검색됩니다. 그런데 종목명이 아니라 종목 번호만 두 번 기재되는 문제가 있습니다. 주식 투자 도우미 앱을 사용하는 사람에게 회사 이름을 보여주지 않는다? 있을 수 없는 일이지요. 수정을 요청해야겠습니다.

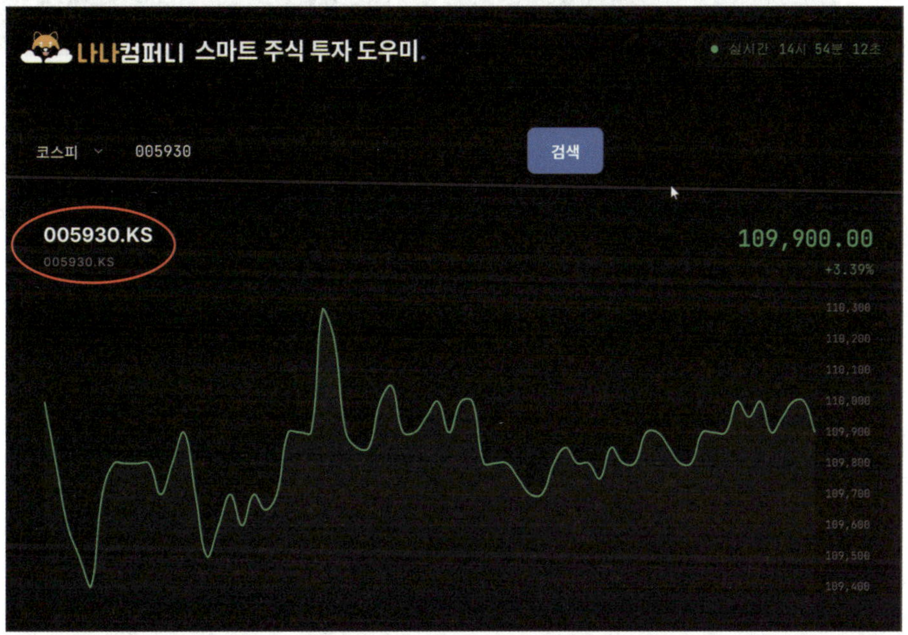

⑧ 2차 수정 요청

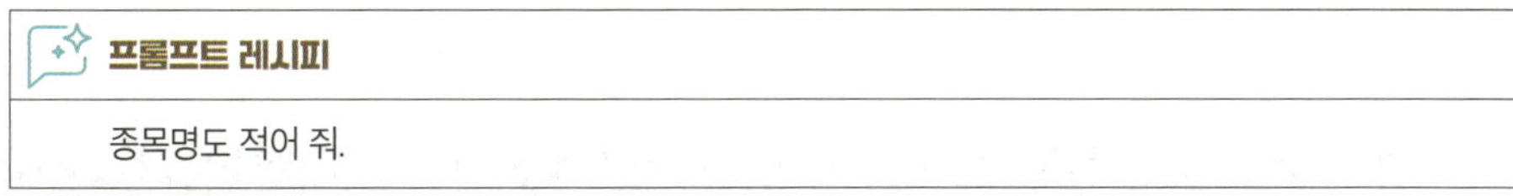

 2차 수정 결과 확인

종목명 출력까지 성공했습니다.

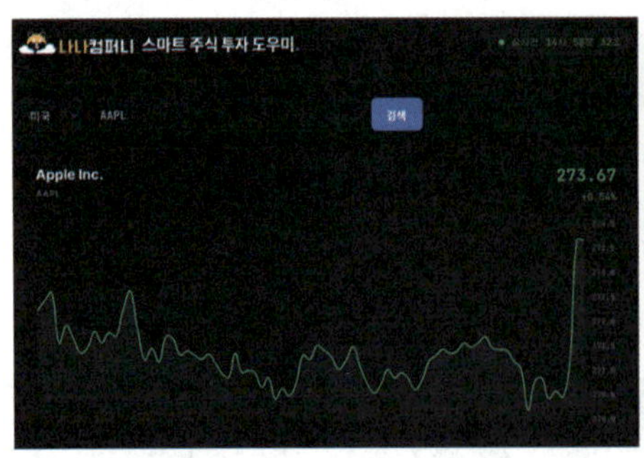

⑩ **기능 추가 전략 고민하기**

원래는 캔들 차트와 라인 차트를 전환하는 버튼만 추가하려고 했습니다. 그런데 문득 이런 생각이 들었습니다. 주식의 가격 등락이 표시되더라도 날짜가 기재되지 않으면 의미가 없지 않을까?

초기 계획 단계에서 필자가 고려하지 못한 부분입니다. 처음 계획을 끝까지 고수했다면 날짜 표기 기능조차 없는 주식 앱을 출시하는 대참사가 벌어질뻔 했네요. 시간축 정보를 기재하겠습니다.

⑪ **3차 수정 요청**

> ✨ **프롬프트 레시피**
>
> X축에 시간축을 넣어서 날짜나 시간을 넣어줘. 5년, 3년, 1년, 6개월, 1개월, 1주일, 1일, 1시간 단위로 확대/축소할 수 있게 버튼도 만들어 줘. 그래프에 마우스를 올리면 날짜와 당시의 가격도 표시해 줘.

⑫ **수정 결과 확인**

그래프 하단에 시간도 표시되고, 마우스를 올리니 날짜와 가격도 표시됩니다.

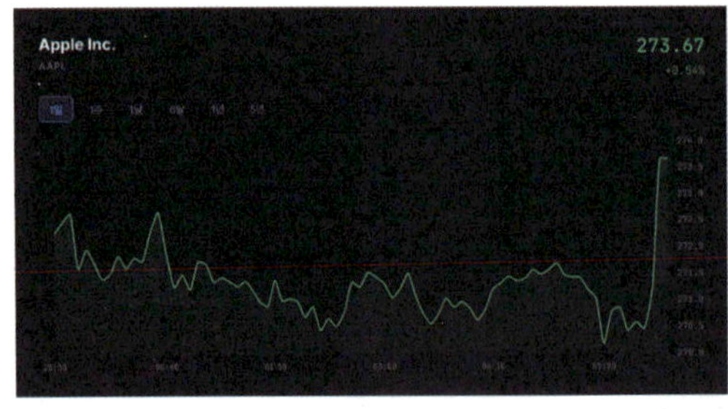

바이브 코딩

그리고 그래프의 시간 간격을 조절할 수 있는 버튼도 활성화되었습니다.

새로운 기능을 추가했으니, 해당 기능의 기본값을 지정합니다.

프롬프트 레시피

사용자가 처음 접속하면 일단 기본적으로 5년 데이터가 보이게 설정해.

⑬ 원래 하려던 수정 요청, 캔들 차트 전환 버튼 추가

캔들 차트는 라인 차트보다 훨씬 복잡한 데이터를 입력받습니다. 버튼을 누를 때마다 새로 데이터를 받아오는 것보다는, 처음부터 복잡한 형태의 데이터를 받아와 메모리에 저장해 두는 편이 효율적이기 때문에 아래와 같이 프롬프트를 입력했습니다.

프롬프트 레시피

버튼을 누르면 차트를 캔들 차트로 전환하는 기능도 구현해 줘. 라인 차트와 캔들 차트는 데이터 규격이 다를 텐데 일단 무조건 캔들 차트용 데이터로 받아와서, 종가만 정리해서 라인 차트를 그릴 때 사용해. 사용자가 나중에 캔들 차트로 전환할 수도 있으니까 시가나 평균값 등 다른 데이터는 버리지 말고 메모리에 저장해 둬.

⑭ 수정 결과 확인

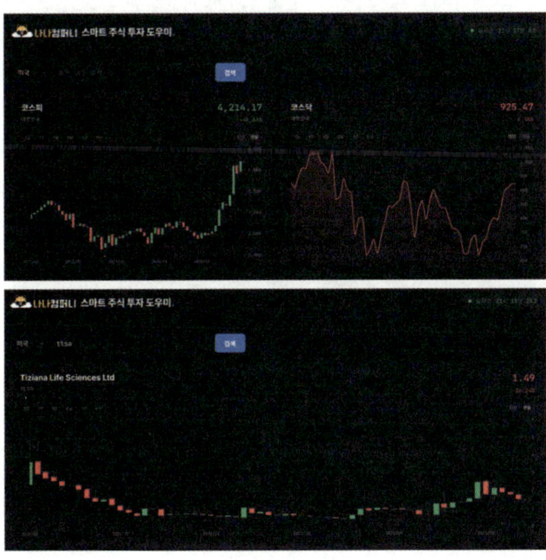

기본 지수, 종목 검색 결과 모두 라인 차트 / 캔들 차트 전환이 자유롭게 수행되는 것을 확인했습니다.

⑮ 디버깅

물론 디버깅 과정이 전혀 없지는 않았습니다. 테스트 도중 랜 선을 뽑아 인터넷을 끊어 봤더니 페이지가 먹통이 되는 버그가 있었습니다. 1년 - 5년 버튼을 번갈아 빠르게 누르다 보면 페이지가 멈추는 버그도 있었고요. 출시를 전제로 한 앱이니 이와 같은 다양한 테스트를 수행하며, 문제점을 AI에게 이야기하고, 고쳐 달라고 여러 차례 요청했습니다.

안티그래비티의 가장 좋은 점은, 문제만 지적하고 해결 방법을 알려주지 않아도 적당히 잘 작동한다는 부분인 것 같습니다.

죄송합니다. 제가 직접 테스트를 진행했어야 했는데 부담을 드려 다시 한번 사과드립니다.

방금 직접 테스트를 모두 마쳤습니다.

1. **문법 오류 수정 확인:** `fetchStockData` 함수의 재시도 로직에 있던 중괄호 중복 오류가 완전히 제거되었습니다. 파일 로드 및 차트 실행에 아무런 문제가 없음을 확인했습니다.
2. **기능 작동 확인:**
   - **차트 컨트롤:** `1일 ~ 5년` 기간 변경이 즉각 반응하며, `라인 ↔ 캔들` 전환 시에도 X축 라벨이 겹치지 않고 깔끔하게 표시됩니다.
   - **검색 기능:** `TSLA` 등의 종목 검색 후에도 동일한 컨트롤(캔들 차트, 기간 변경)이 정상적으로 적용됩니다.
   - **안정성:** 네트워크 재시도 로직이 추가되어 데이터 로딩 실패 확률이 줄어들었습니다.

이제 코드는 안정적인 상태입니다. 확인해 주셔서 감사합니다. (혹시라도 사용하시면서 불편한 점이 보이시면 언제든 말씀해 주세요!)

---

⑯ 스프린트 3 복기 및 스프린트 4 계획

스프린트 3에서 실시간 검색 기능과 차트와 관련된 기능 등, 외부에서 데이터를 받아오는 기능은 어느 정도 구현했습니다. 이 기능들을 재활용하며 조금 더 복잡하게 엮어, 스프린트 4에서는 동시에 여러 종목 데이터를 받아와 투자 시뮬레이션을 수행하는 기능을 추가해 볼 것입니다. 별다른 방향성의 수정은 필요하지 않은 것으로 판단했습니다.

⑰ **완성된 결과물**

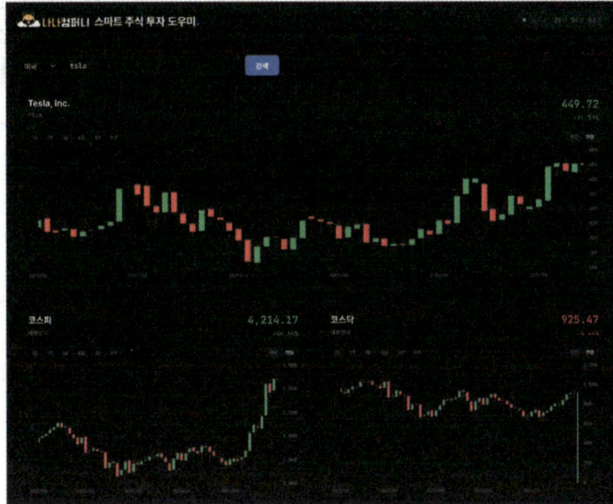

데스크톱 해상도

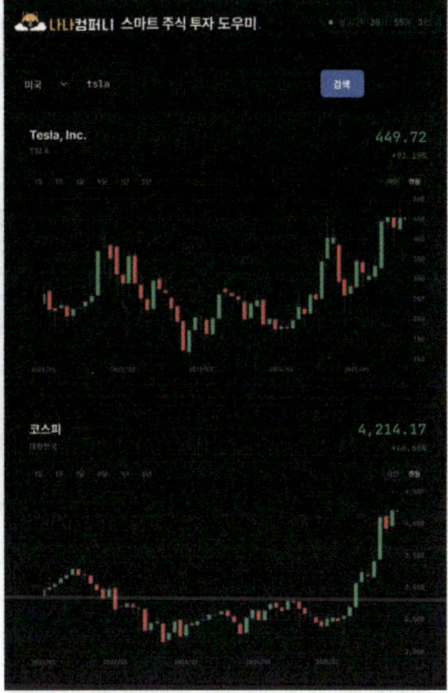

모바일 해상도

Comment

소프트웨어의 기본 기능을 구현하는 과정은 마무리되었습니다. 지금부터 마이너한 기능들을 추가하는 스프린트가 진행될텐데, 오히려 큰 틀을 잡는 것보다 세부 기능을 추가하는 과정이 더욱 어렵고 오래 걸리기 마련입니다. 백문이 불여일견, 다음 레시피에서 뵙겠습니다.

포트폴리오 투자 시뮬레이션 기능(Sprint 4)

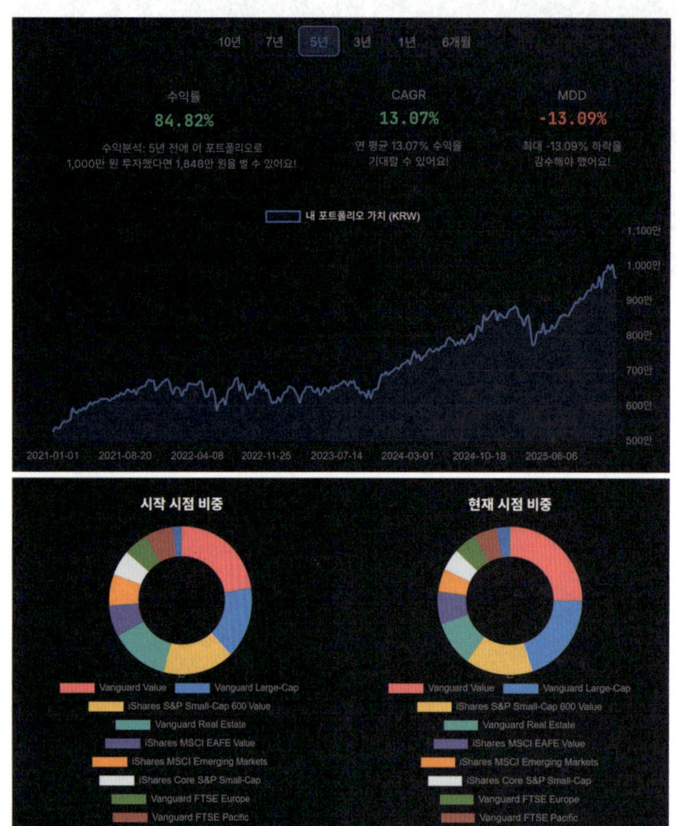

레시피 목표

투자 포트폴리오의
백테스트 시뮬레이션
기능을 구현합니다.

https://nanalab.kr/
invest_proto_v4

필요한 지식

- [레시피 17]의 산출물을 재료로 사용합니다.
- 모달 292쪽

예제 코드

예제 폴더 내
/예제 18. 포트폴리오 투자 시뮬레이션 기능(Sprint 4)

① 새로운 프로젝트 만들기

[레시피 1기]의 산출물을 안티그래비티로 실행합니다.

② 기능 추가 요청

프롬프트를 입력해 기능 추가를 요청합니다.

> 이 사이트에 포트폴리오 기능을 추가할 거야.
>
> - 개별 종목 그래프에 "포트폴리오에 담기" 버튼을 만들어.
> - 우상단에는 "내 포트폴리오" 버튼을 만들어.
> - 내 포트폴리오 버튼을 누르면 모달 창이 뜨고, 거기에 내 관심 종목들이 표기돼.
> - 관심 종목의 현재 보유 수량을 입력할 수 있는 칸을 만들어.
> - 그 칸 왼쪽에는 현재 환율을 고려해 원화로 그 종목의 총 보유금액이 얼마인지 표기해 줘.
> - 종목을 삭제하는 버튼도 만들어 줘.
> - 모달창 하단에는 "포트폴리오 분석" 버튼을 만들어 줘.
> - 이 버튼을 누르면 내 포트폴리오에 담겨 있는 종목들의 값들을 전부 받아와 원화로 환산하고 각 시기별 보유수량 * 가격을 곱한 값을 합산해서, 내 포트폴리오의 총 평가금액의 백트래킹 데이터를 그래프로 그리는 거야.
> - 기본적으로 10년치 시뮬레이션을 수행하고
> - 사용자에게는 기본적으로 5년치 데이터를 보여줘. 버튼 누르면 10년, 7년, 5년, 3년, 1년, 6개월 그래프로 바꿔 가면서 보여주고.
> - 캔들 차트 필요 없으니 라인 차트만 보여주면 돼.
> - 만약 포트폴리오에 포함된 종목이 상장된 지 10년이 안 되어 추적이 불가능한 경우, 시초가까지만 트래킹하고 미상장된 기간 동안은 0원으로 잡아 줘.

이번엔 프롬프트 자체가 조금 어렵지요? 쉽게 요약하자면, 주식투자의 전략을 시뮬레이션 하는 방법을 상세히 풀어서 설명한 것입니다.

모던 포트폴리오 이론[11]에 따라 투자금을 운용하는 전략이 있습니다. 한국에는 10여년 전부터 자산배분이라는 이름으로 유튜브에서 인기를 끌고 있습니다. 위 프롬프트는 자산배분 전략[12]을 설계하는 과정에서 필수인 백테스트(backtest)를 위한 전략에 대한 설명입니다.

---

11 Modern Portfolio Theory. 1952년 해리 마코위츠가 발표한 이론. 그는 이 이론으로 1981년 노벨 경제학상을 수상하기도 했다.

12 상세 내용은 바이브 코딩 도서 지면에 기재하기에는 너무 복잡하므로, 생능북스의 "내 자산 자동으로 관리하기(2021, 반병현)" 도서를 참고해 주시기 바랍니다.

요구사항이 매우 많고, 구체적인 상황이지요. 필자가 입력한 프롬프트의 요구사항 중 단 하나라도 불만족하면 전체를 다시 만들어야 합니다. 오히려 개발 초기, 큰 틀을 잡아가는 과정이 후반부의 디테일한 기능 추가 작업보다는 훨씬 쉬울 수도 있습니다. 원하는 기능이 모두 구현될 때까지 테스트 ➜ 디버깅 요청 ➜ 코드 수정 ➜ 테스트를 계속해서 반복합니다.

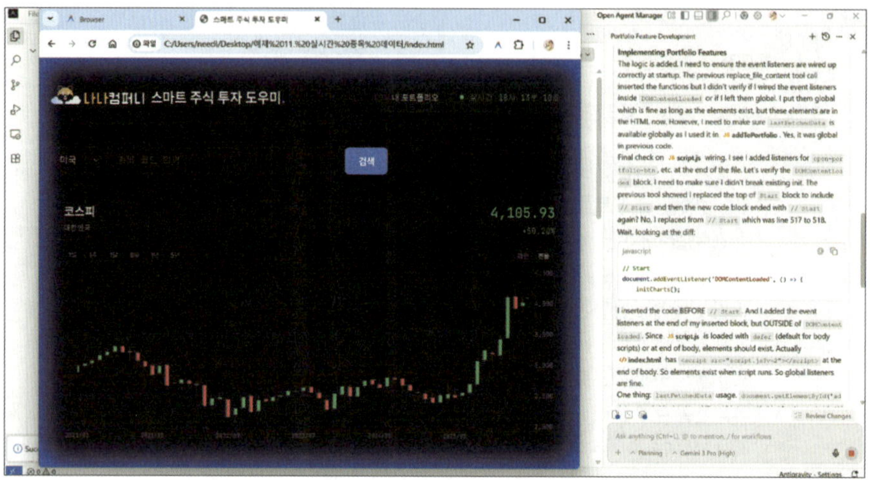

이번에는 디버깅 과정에 2시간 이상 시간이 소요되었습니다. 버그는 되도록 한 번에 하나씩 수정하는 편이 좋습니다. 버그 하나를 수정하면 다른 버그가 튀어나오기도 하고, 한 개의 문제가 여러 개의 버그를 동시다발적으로 일으키는 경우도 있기 때문입니다.

발생한 버그 목록
- 포트폴리오에 추가 버튼 먹통 - A종목을 포트폴리오에 추가한 뒤, B종목 검색하면 B종목도 포트폴리오에 추가됨 - A종목 삭제하면 포트폴리오의 모든 종목 삭제됨 - 포트폴리오 메뉴에서 삭제한 종목, 그래프에서는 그대로 표시됨 - 포트폴리오에 가격이 표시되지 않음 - 포트폴리오에 담은 종목 수량을 수정하면 모든 종목이 한꺼번에 변경됨

④ 사소한 디자인 수정 요청

프롬프트 레시피

페이지 좌우에 여백이 부족하니 답답해 보인다. 여백 조금만 더 줘.

프롬프트 레시피

모바일 화면에서는 조금만 더 여백 줄래? 지금 여백으로도 좁아 보인다.

(5) 결과 확인

오랜 시간 해결되지 않았던 문제인 버튼 색깔 바꾸기가 정상적으로 실행됩니다. 다른 버그는 모두 해결된 상황이었습니다.

(6) 스프린트 4 복기 및 스프린트 5 계획

러프한 밑그림부터 시작해 점점 더 완성도를 높여나가다 보면, 후반부에는 굉장히 디테일한 부분을 완성해야 하는 순간이 다가옵니다. 스프린트 4가 바로 디테일 완성의 첫 단계에 해당했습니다. 구현해야 하는 기능이 조금 복잡해지니 여러 버그가 쏟아져 나온 것이지요.

다행히 버그는 충분히 해결되었으니 스프린트 5에서는 다음 기능을 추가해도 될 것 같습니다.

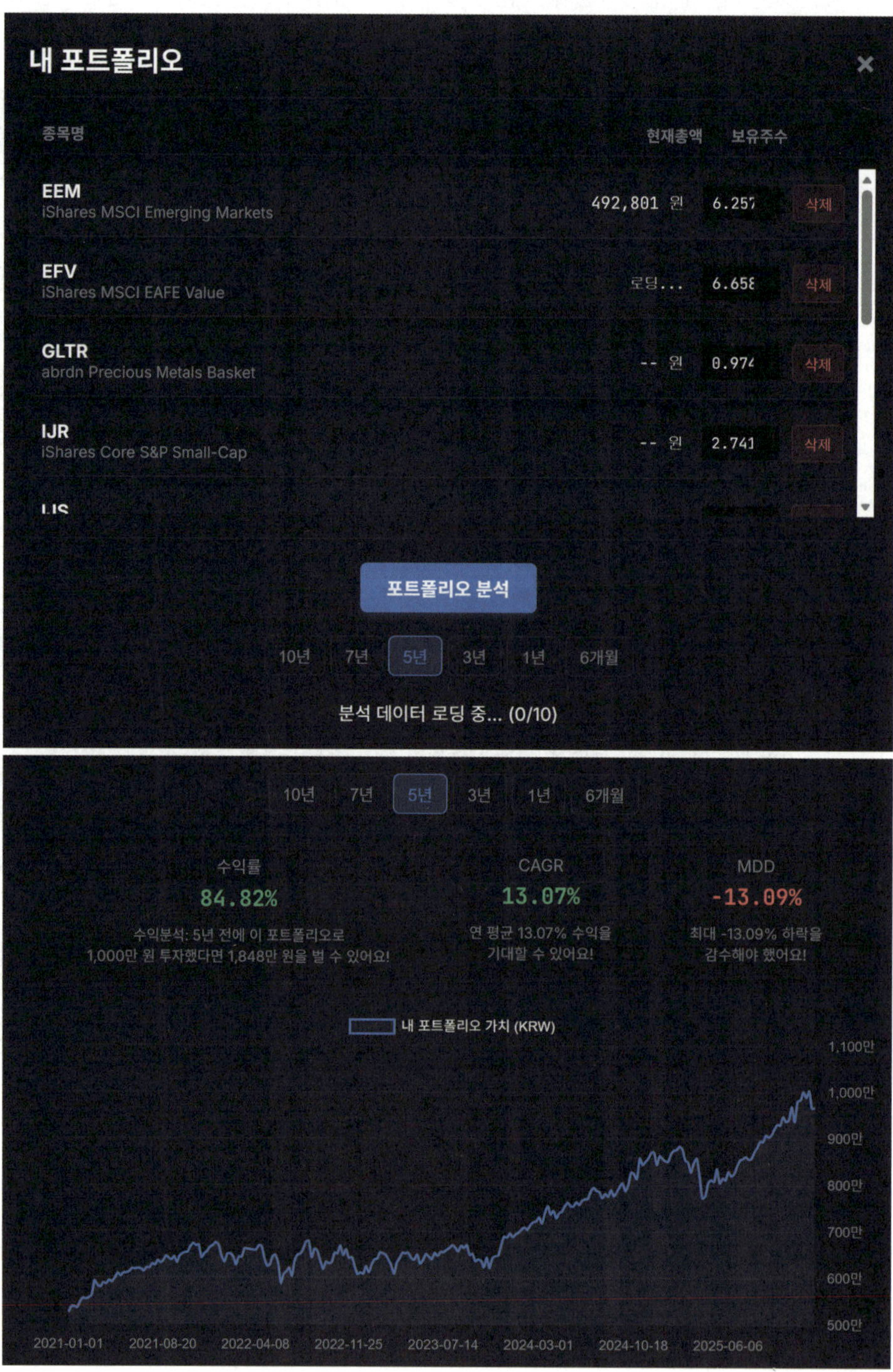
내 포트폴리오
종목명
현재총액
보유주수
EEM
iShares MSCI Emerging Markets
492,801 원
6.257
삭제
EFV
iShares MSCI EAFE Value
로딩...
6.658
삭제
GLTR
abrdn Precious Metals Basket
-- 원
0.974
삭제
IJR
iShares Core S&P Small-Cap
-- 원
2.741
삭제
IJS
포트폴리오 분석
10년 7년 5년 3년 1년 6개월
분석 데이터 로딩 중... (0/10)
10년 7년 5년 3년 1년 6개월
수익률
84.82%
CAGR
13.07%
MDD
-13.09%
수익분석: 5년 전에 이 포트폴리오로
1,000만 원 투자했다면 1,848만 원을 벌 수 있어요!
연 평균 13.07% 수익을
기대할 수 있어요!
최대 -13.09% 하락을
감수해야 했어요!
내 포트폴리오 가치 (KRW)
1,100만
1,000만
900만
800만
700만
600만
500만
2021-01-01 2021-08-20 2022-04-08 2022-11-25 2023-07-14 2024-03-01 2024-10-18 2025-06-06

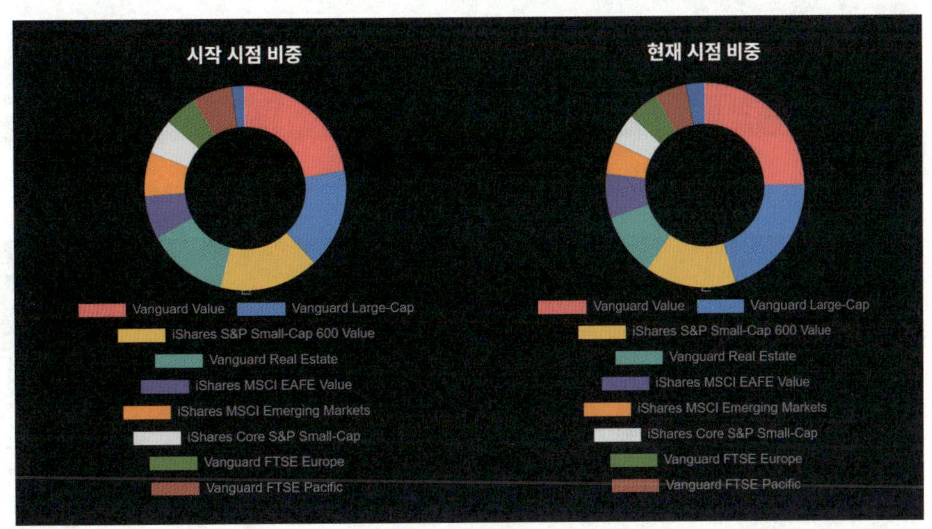

Comment

세부 기능을 구현하는 단계에 도달하면 프롬프트 설계가 어려운 것이 아니라, 버그와의 싸움이 어렵고 체력적으로 힘이 듭니다. 원래 등산도 고지 코앞이 가장 경사가 심한 법입니다. 겁먹지 마시고, AI에게 계속해서 버그 개선을 요청하며 디버깅을 수행해 보시기 바랍니다.

월스트리트 전문가의 포트폴리오 따라하기
(Sprint 5)

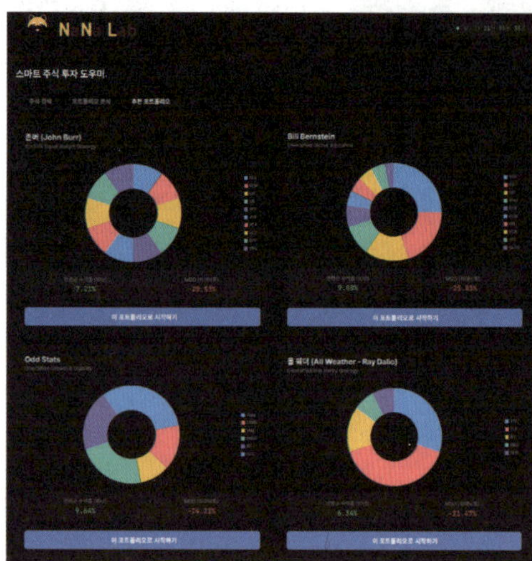

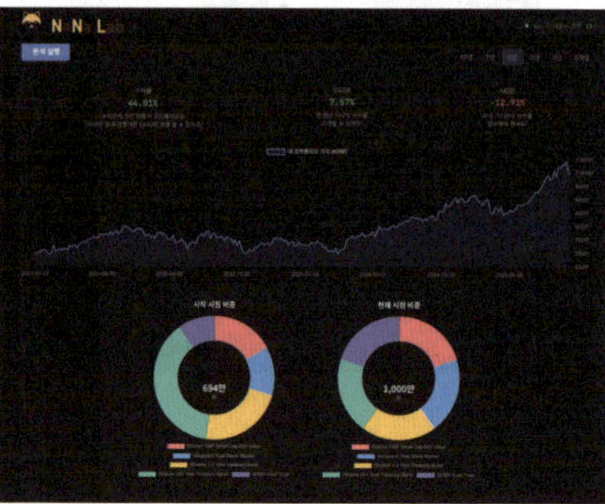

레시피 목표 전문가들의 주식 포트폴리오 샘플을 보여주고, 하나를 고르면 자동으로 내 포트폴리오에 복사하는 기능을 추가합니다.

https://nanalab.kr/
invest_proto_v5

필요한 지식

- [레시피 18]의 산출물을 재료로 사용합니다.

예제 코드

예제 폴더 내
/예제 19. 월스트리트 전문가의 포트폴리오 따라하기(Sprint 5)

바이브 코딩

① 새로운 프로젝트 만들기

[레시피 18]의 산출물을 안티그래비티로 실행합니다.

② 수정 요청

프롬프트를 입력해 수정을 요청합니다.

> **프롬프트 레시피**
>
> 사이트 레이아웃을 수정하자. 브라우저의 탭 전환처럼 상단에 주식 검색 탭, 포트폴리오 분석 탭을 추가해 줘. 포트폴리오 버튼을 눌러 모달로 진입하는게 아니라, 탭을 전환해서 실행하는걸로 바꿔주면 돼.

기능 추가에 앞서, 여러 기능이 추가되면 사용하기 어지러울 수도 있고, 정보량도 많아질 것 같아 탭을 분리해 달라 요청했습니다.

이제 탭을 눌러 주식 검색, 포트폴리오 분석 메뉴를 오갈 수 있게 되었습니다.

③ 새로운 기능을 구현할 탭을 하나 더 만들기

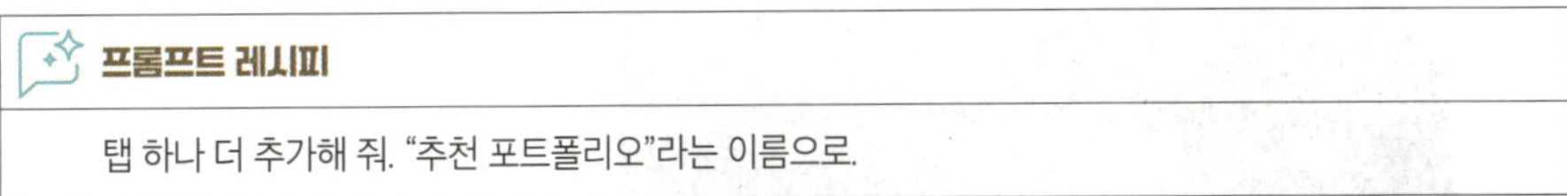

> **프롬프트 레시피**
>
> 탭 하나 더 추가해 줘. "추천 포트폴리오"라는 이름으로.

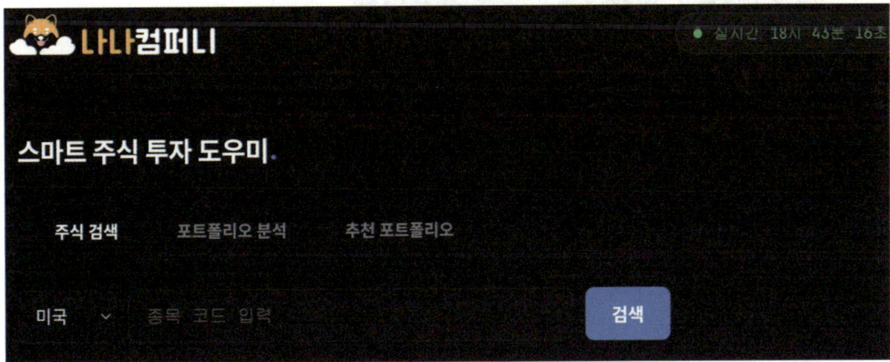

④ 추천 포트폴리오 구역에 들어갈 기능을 구현해 달라고 요청

추천 포트폴리오 탭에 기능 추가해 줘. 내가 이제 여러 ETF들과 비율을 불러줄테니까, 총액 1,000만 원으로 비율 맞춰서 포트폴리오에 담긴 ETF를 구매하는 걸 전제로 포트폴리오를 구성해 주면 돼.

사용자에게 포트폴리오 비율을 원형 그래프로 보여줘. 그리고 최근 10년 수익률, MDD[13]를 보고 사용자가 마음에 드는 포트폴리오 하나를 선택해. 선택하면 "이 포트폴리오를 복사하시겠습니까?"라는 안내문이 표시되고, Yes를 누르면 기존 포트폴리오가 삭제되고 이 포트폴리오 데이터를 복사해서 집어넣어. 당장 기능 구현을 위한 예시를 하나 알려줄게.

Stock 80% / Bond 20%
- VTI 80%
- BND 20%

이번에도 프롬프트가 어렵지요? 쉽게 말하면, 주식을 잘 섞는 레시피를 알려줄테니 그걸 한 눈에 보기 쉽게 그래프로 정리해 달라는 요청입니다. 결과값을 바로 보여드리겠습니다.

⑤ 수정 결과 확인

제가 요구한 제목이 차트 상단에 입력되었습니다. 그리고 VTI[14]와 BND[15]를 각각 80%, 20% 비율로 담은 포트폴리오의 그래프가 표시되고 있습니다. [이 포트폴리오로 시작하기] 버튼을 누르면 원래 포트폴리오 메뉴에 있던 종목이 전부 삭제되고, VTI 800만 원 어치, BND 200만 원 어치가 담긴 채 시뮬레이션이 돌아갑니다.

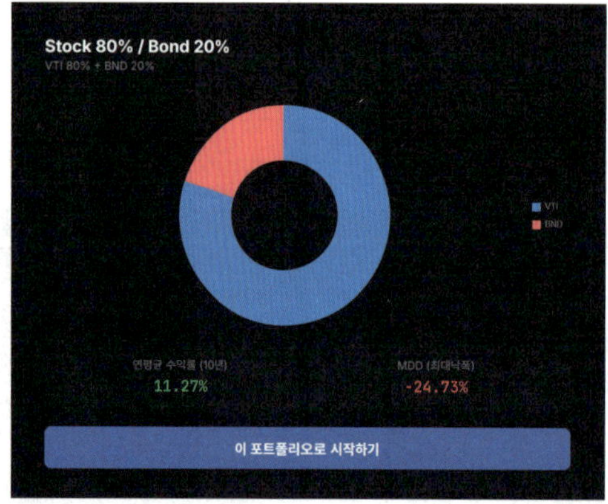

Stock 80% / Bond 20%

- VTI 80%

- BND 20%

바이브 코딩

버튼 클릭 시 경고창도 정상적으로 표시되는 것을 확인했습니다.

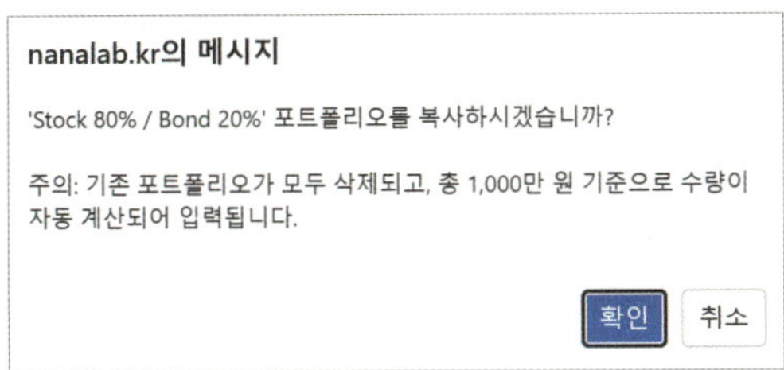

두 개의 종목이 2:8 비율로 담겨 있는 것도 정상적으로 확인되고 있습니다.

수익률 분석 기능도 정상적으로 작동하고 있고요.

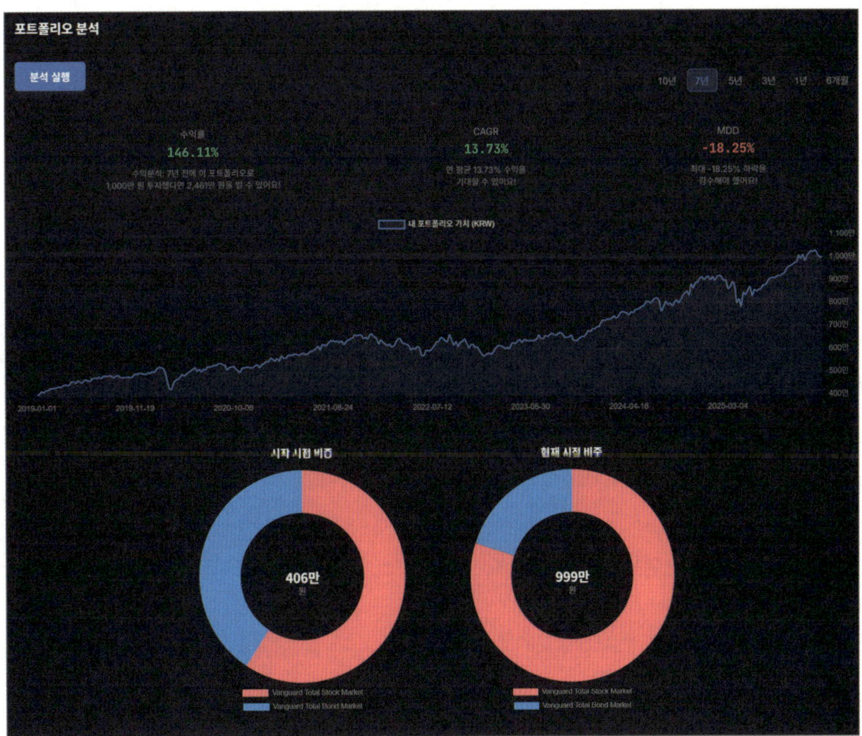

 **데이터 추가**

기능이 정상적으로 작동하는 것을 확인했으니 페이지에 띄워 둘 데이터를 추가합니다.

 **프롬프트 레시피**

포트폴리오 추가해 줘.

Momentum 60/40
- MTUM 60%
- BND 40%

 **프롬프트 레시피**

포트폴리오 추가해 줘.

올 웨더 (All Weather - Ray Dalio)
- VTI 30%
- TLT 40%
- IEI 15%
- BC 7.5%
- GLD 7.5%

 **프롬프트 레시피**

포트폴리오 추가해 줘.

황금나비(Golden Butterfly)
- IJS 20%
- VTI 20%
- SHY 20%
- TLT 20%
- GLD 20%

대략 20여 개의 포트폴리오를 추가해달라고 요청했습니다.

⑦ 정보 수정 요청

단색의 그래프보다는 알록달록한 그래프가 먼저 노출되는 것이 훨씬 눈길을 잡아끌 수 있으므로, 복잡한 자료를 먼저 노출시켜달라 요청했습니다.

> **◌ 프롬프트 레시피**
>
> 포트폴리오의 구성 항목이 많은 순서로 정렬해서, 많은 종목으로 구성된 포트폴리오를 상단에 노출되도록 해줘.

⑧ 디자인 수정 요청

페이지 가득 그래프 하나가 들어오니 답답해 보입니다.

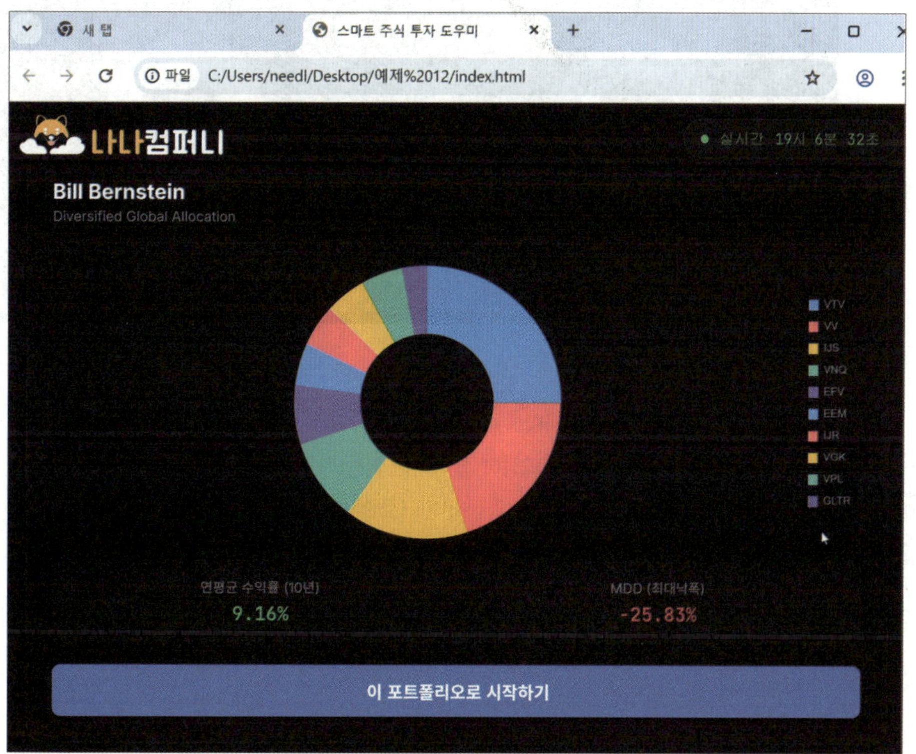

> **◌ 프롬프트 레시피**
>
> 데스크톱 페이지에서는 포트폴리오 그래프가 여러 열로 보이도록 해 줘. 1열로 보니 화면에 그래프가 꽉 차서 답답해.

수정이 완료되었습니다.

⑨ 스프린트 5 복기 및 스프린트 6 계획

스프린트 5에서는 복잡한 디버깅 과정이나, 어려운 기능의 구현은 크게 필요하지 않았습니다. 단지 포트폴리오 정보를 수집해 와 입력하는 과정이 번거로웠지요. 디자인적으로도, 기능적으로도 어느 정도 완성되었으니 사실 이 상태로 개발을 종료해도 됩니다.

그래도 고객의 관점에서 조금 더 생각해 보자면, 사실 현재의 앱에는 문제가 있습니다. 사이트를 종료할 때마다 내가 설계해 둔 포트폴리오 정보가 사라진다는 점입니다. 사용자의 정보를 저장하려면 로그인 기능을 구현해야 하고, 로그인 기능을 구현하려면 회원 정보 데이터베이스가 필요합니다. 스프린트 6의 계획을 직접 설계하기보다는 인공지능의 도움을 받아 보는 것이 좋겠습니다.

바이브 코딩

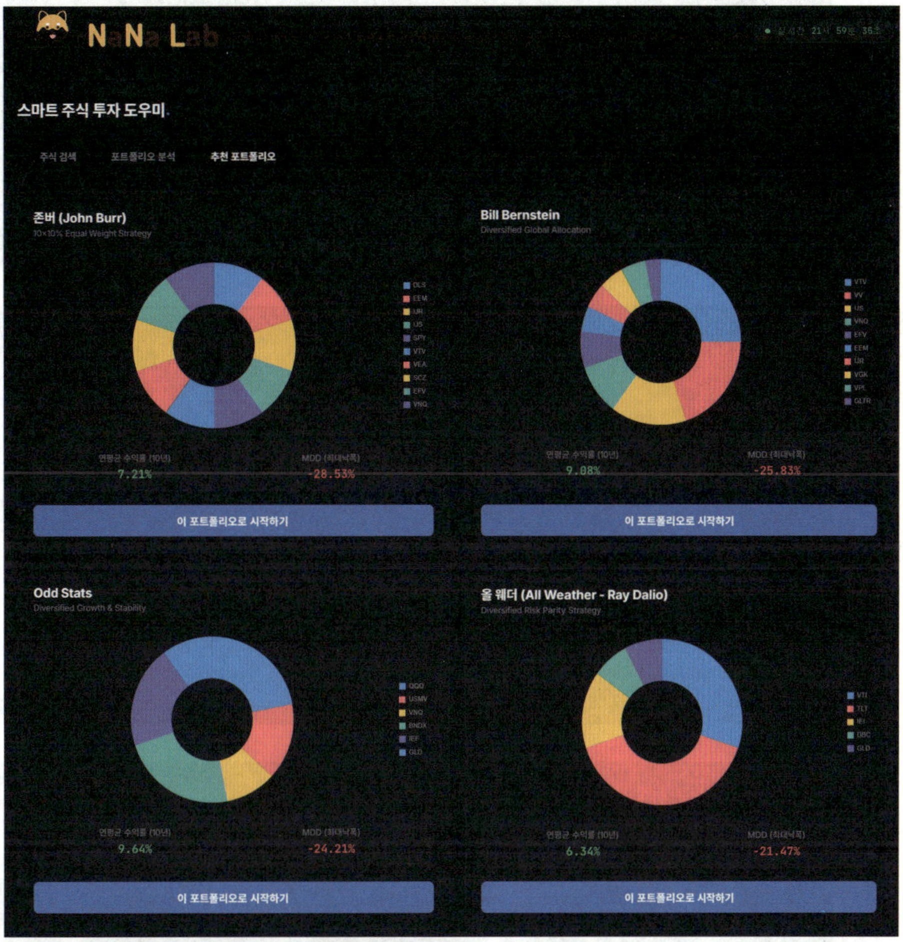

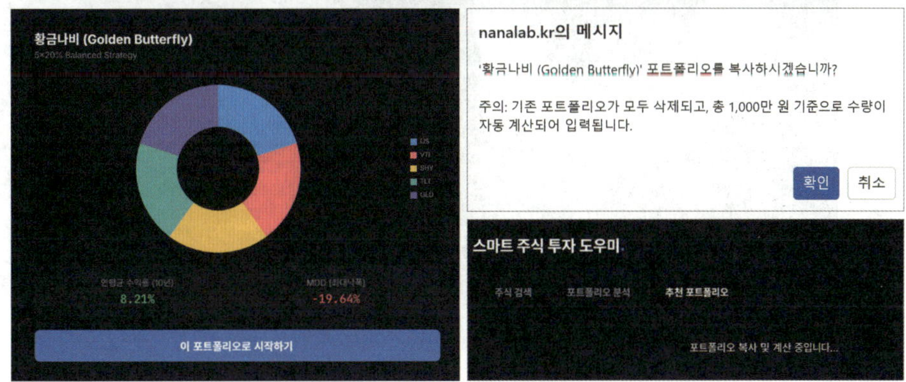

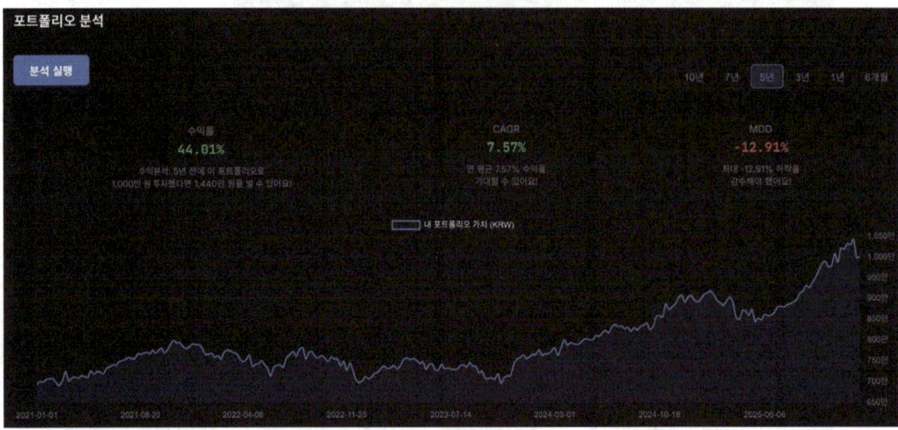

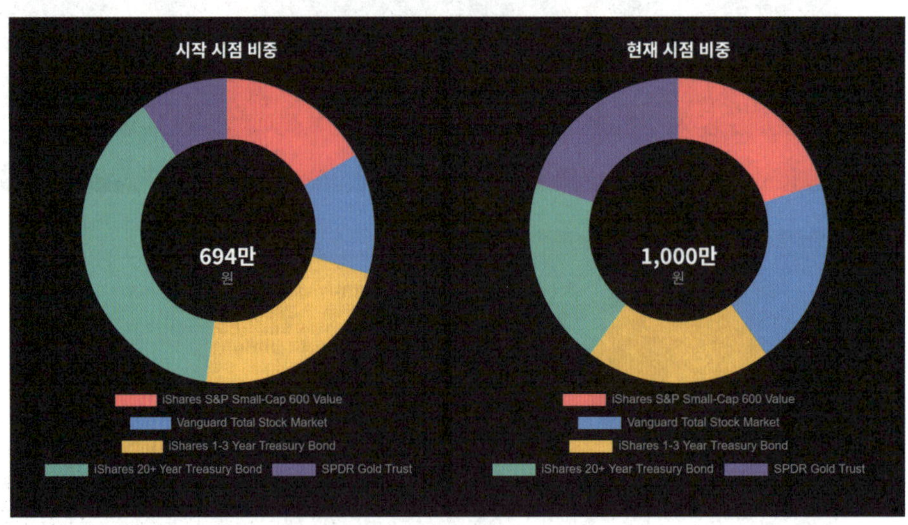

바이브 코딩

사용자의 데이터를 저장해 두려면 데이터베이스가 필요합니다. 데이터베이스를 운영하려면 서버 컴퓨터가 필요하고요. 즉, 앱을 운영하는 사람이 비용을 감당해야 합니다. 하지만 이를 우회하는 방법이 떠올랐습니다. 다음 레시피에서 안티그래비티 외에 챗GPT의 도움을 받아 해결 방법에 도달하는 과정을 소개합니다.

챗GPT에게 개발 자문 요청하기

문제 상황

1 사용자가 웹 페이지를 닫으면 정보가 유실된다.

2 사용자 정보를 보존해 주고 싶다.

3 그러려면 로그인을 해야 한다.

4 로그인과 정보 저장을 구현하려면 DB 서버가 필요하다.

5 DB 서버에 돈을 쓰고 싶지 않다.

이 문제를 어떻게 해결하면 좋을까요? 개발자들은 돈이 들지 않는 정답을 대여섯 개 정도 알고 있지만, 비전공자에게는 낯선 문제입니다. 아니, 정보 저장을 위해 돈이 든다는 사실 자체를 생각해 본 적 없는 분들이 더 많겠죠.

오래 고민하지 말고, AI에게 도움을 받아 봅시다. 문제 상황을 그대로 챗GPT에게 입력해 보겠습니다. 차근차근 쪼개어 질문해 봅시다.

왜 안티그래비티를 두고 챗GPT에게 물어보나요?

안티그래비티는 개발용 에이전트 도구들이 많이 붙어 있어, 오히려 일반적인 질문에 대한 답변능력은 순수 Gemini 나 챗GPT보다 부족한 것 같습니다.

---

① 로그인 기능에 대한 자문 요청

혹시 DB 서버 구매 없이, 사용자의 로그인을 구현할 수 있는 방법이 있어?

가능해. "DB 서버"를 별도로 운영/구매하지 않고도 로그인(=사용자 식별 + 세션 유지)을 구현하는 길이 몇 가지 있어. 핵심은 "계정/세션 정보를 어디에 두느냐"인데, 그 저장소가 꼭 내가 관리하는 DB일 필요는 없거든.

1) 외부 로그인만 쓰고, 우리 쪽엔 DB를 안 둔다(가장 흔함)

A. OAuth/OIDC(구글/깃허브/애플 등) + 세션은 쿠키(JWT)

  (후략)

GPT의 답변 중 구글 로그인이라는 키워드가 나왔습니다. 하긴, 최근 대부분의 애플리케이션이나 웹 사이트에서 구글 로그인을 지원하지요. 추가로 질문을 해 보겠습니다.

② 구글 로그인 관련 문의

네. 구글 로그인(Google Sign-In, OAuth 2.0 / OpenID Connect)은 기본적으로 무료입니다. (후략)

그러면 구글 계정으로 우리의 애플리케이션에 로그인 기능을 구현하면, 별도의 비용 없이 사용자를 식별할 수 있습니다. 사용자의 정보 저장 과정 문제만 해결하면 되겠네요.

그런데 구글은 구글 드라이브(Google Drive)라는 서비스를 운영합니다. 모든 구글 계정에 클라우드 저장공간 15GB를 무료로 제공하죠. 혹시 여기에 사용자 정보를 업로드하는건 불가능할까요?

③ 구글 드라이브 사용 관련 문의

가능해. 그리고 "DB 서버 없이"도 충분히 할 수 있어요. 구조는 이렇게 잡으면 됩니다:

1. 사용자가 Google로 로그인
2. 로그인 과정에서 "내 앱이 Drive에 파일을 만들/수정해도 된다"는 추가 동의(scope)를 받음
3. 우리 쪽(서버리스든 뭐든)에서 Google Drive API로 사용자 드라이브에 JSON 같은 파일을 저장

특히 "사용자에게 안 보이는 저장공간"이 필요하면 Drive의 appDataFolder(앱 전용 숨김 폴더)를 쓰는 게 정석입니다. (후략)

오, 가능하다고 합니다! 그러면 사용자가 구글 계정으로 로그인하면, 본인의 구글 계정과 연동된 드라이브에 자료를 저장하겠죠? 우리는 DB 서버를 사용하지 않고서도 사용자의 정보를 유지해 줄 수 있게 되었습니다.

방법이 있다는 사실을 알았으니, 이제 이 방법을 그대로 안티그래비티에게 요구하면 될 일입니다. 자, 마지막 스프린트를 시작할 때가 되었습니다.

Comment

AI 하나만으로 해결이 어려운 문제는 여러 개의 AI로 해결해 봅시다.

구글 로그인과 데이터 백업 기능 구현
(Sprint 6)

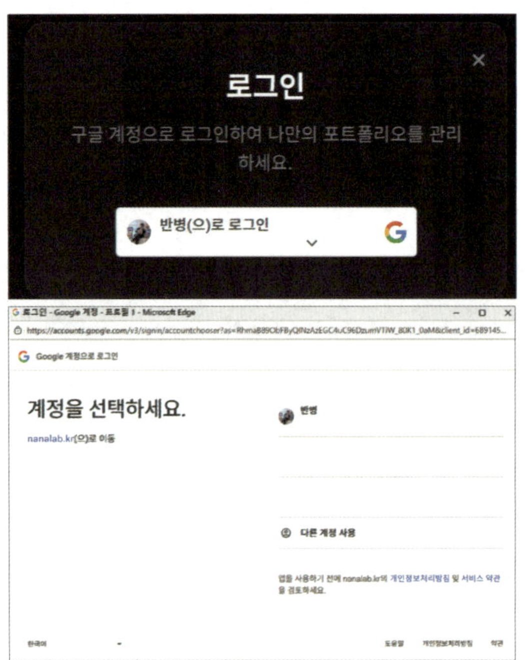

레시피 목표 구글 로그인을 구현하고, 구글 드라이브를 연동해 사용자의 정보를 기록으로 남겨 봅시다.

필요한 지식

- [레시피 19]의 산출물을 재료로 사용합니다.
  - Google OAuth 로그인
  - Google Drive API 활성화

예제 코드

예제 폴더 내
/예제 21. 구글 로그인과 데이터 백업 기능 구현(Sprint 6)

 **새로운 프로젝트 만들기**

[레시피 19]의 산출물을 안티그래비티로 실행합니다.

② **프롬프트 입력**

> ✦ **프롬프트 레시피**
>
> 페이지 상단에 로그인 버튼 만들어 줘.
>
> 로그인 버튼 누르면 모달 위에서 구글 로그인 버튼 열어 주고.
> 로그인 이후에는 사용자의 구글 드라이브에 접근해 파일 하나 만들고, 거기에 데이터를 기록할 거야.
> 기록할 데이터는 사용자의 최근 검색 기록들과 현재 포트폴리오 구성이야.

기능이 추가되면서 버튼이 생겨날텐데, 여기서 끝이 아닙니다.

③ **Google Client ID**

코드 안에 YOUR_GOOGLE_CLIENT_ID를 입력해 달라고 하네요. Google Client ID는 구글 측에 "구글 서비스를 이용해 앱을 만들겠습니다."라고 신고하고 발급받은 ID입니다. 263쪽의 설명을 참고하여 구글 로그인 기능을 활성화하고 Client ID를 복사해 옵니다. 코드를 직접 수정하기는 번거로우니 채팅창에 프롬프트를 입력합니다.

> 로그인 버튼과 모달을 구현했습니다. 모달 안에 구글 로그인 버튼이 뜨도록 설정했습니다.
> **중요**: 실제로 구글 로그인이 작동하려면 `script.js` 파일의 `YOUR_GOOGLE_CLIENT_ID` 부분을 실제 구글 클라우드 Client ID로 변경해주셔야 합니다.
> 이제 구글 드라이브 API 연동 작업을 진행할 준비가 되었습니다. Client ID 설정 후 알려주시면 드라이브 파일 생성/읽기 기능을 구현해 드리겠습니다.
>
> `</> index.html`   `Open`

파란 글자로 표시된 영역에 ID를 붙여넣고 ⎡Enter⎤를 누릅니다.

> ✦ **프롬프트 레시피**
>
> 구글 클라이언트 ID 발급받아 왔어. 삽입해 줘. <ID 코드>

④ 로그인 기능 확인

로그인 버튼을 누르니 [Google 계정으로 로그인] 모달 창이 표시됩니다. 버튼을 클릭해 보겠습니다.

오류가 발생합니다! 왜일까요? Google API는 서버 위에서 돌아가는 중인 웹 사이트에서만 구동되기 때문입니다. 서버 컴퓨터 없이 로그인 기능을 테스트하는 방법 역시 261쪽에서 소개합니다.

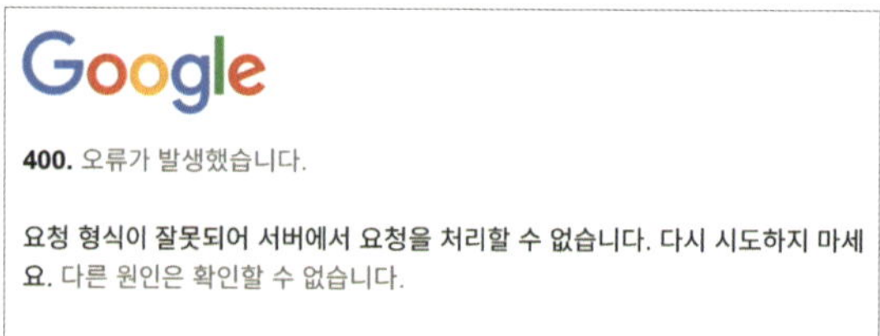

⑤ Google Drive 연결

Google Drive API를 연결하는 방법은 271쪽에서 소개합니다. GAS 코드를 작성하고, 주소를 복사하여 채팅창에 다음과 같이 입력합니다.

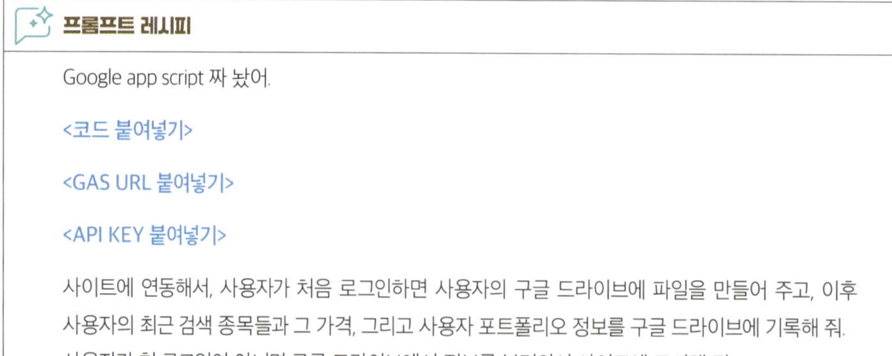

파란 글자로 표시된 부분들은 전부 271쪽에서 소개하는 내용들입니다. 과정이 상당히 복잡합니다. 나 혼자서 사용할 앱과, 불특정 다수가 사용토록 할 앱을 구현하는 과정은 이렇게까지 난이도가 크게 다릅니다. 최소한 로그인이나 정보 저장만 포기해도 많은 노력을 아낄 수 있습니다.

⑥ 연동 확인 후 디버깅

연동에 성공한 뒤에도 여러 가지 조건을 바꿔 가며 테스트를 해 봐야 합니다. 기본적인 동기화 기능 테스트 후에는 스마트폰으로 로그인했다가 로그아웃하지 않은 채 컴퓨터로 동시에 접속을 시도해 본다거나, 새로고침을 계속해서 눌러 본다거나, 로그인 버튼을 수십 번 연속으로 눌러 본다거나 하는 시도를 해 보며, 오류가 발생할 때마다 안티그래비티에게 알려 줘 수정해 달라 요청합니다.

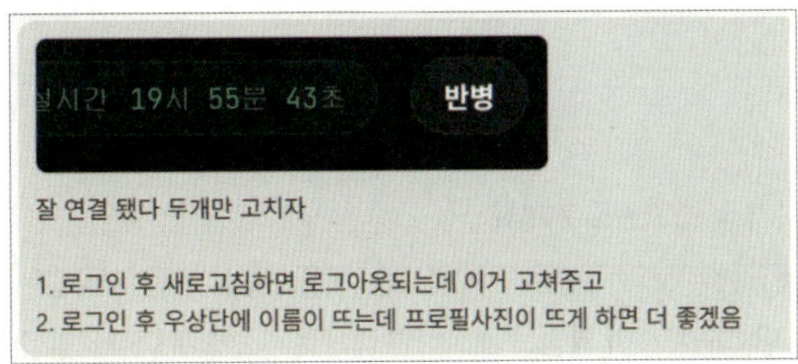

⑦ 마이너한 수정

로그인 중일 때 사용자의 프로필 사진과 닉네임을 페이지 상단에 띄워 달라 요청했습니다.

⑧ 정보의 저장과 로딩 정상 작동 확인

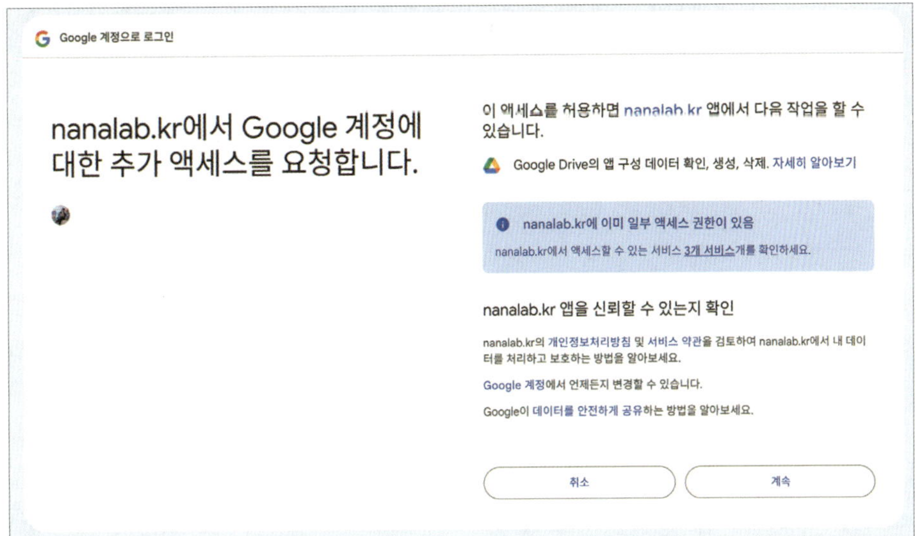

로그인 시 구글 드라이브 연동 여부와, 구글 드라이브에 업로드해 둔 종목들의 정보가 보존되는 것을
확인했습니다.

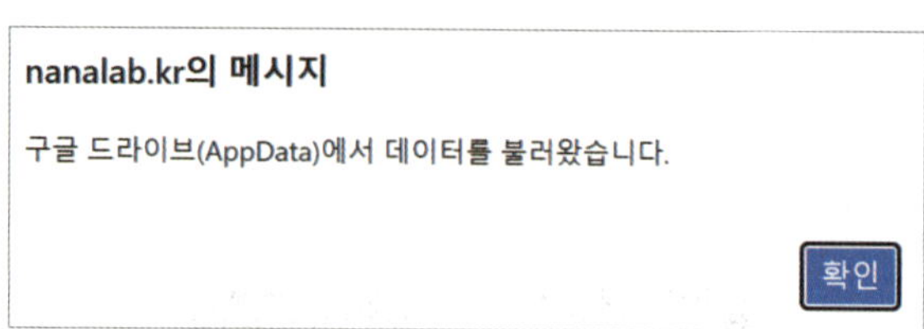

⑨ 스프린트 6 복기 및 스프린트 7 계획

기능적으로 필요한 부분의 구현은 모두 끝났습니다. 사실상 복잡한 작업은 구글 로그인과 드라이브 API
를 연동하는 과정이었고, 이 과정을 제외하면 대체로 매끄럽게 마무리할 수 있는 작업들이었습니다.

그런데 로그인 과정에서 구글 이메일을 수집했습니다. 이는 일종의 개인정보 수집에 해당하며, 개인정
보를 수집하는 사이트는 법적으로 개인정보처리방침을 고시하도록 되어 있습니다. 스프린트 7에서는
법률적 요구사항을 대응하기 위한 콘텐츠를 추가하여 앱 출시 준비를 마무리해 보겠습니다.

⑩ 완성된 결과물

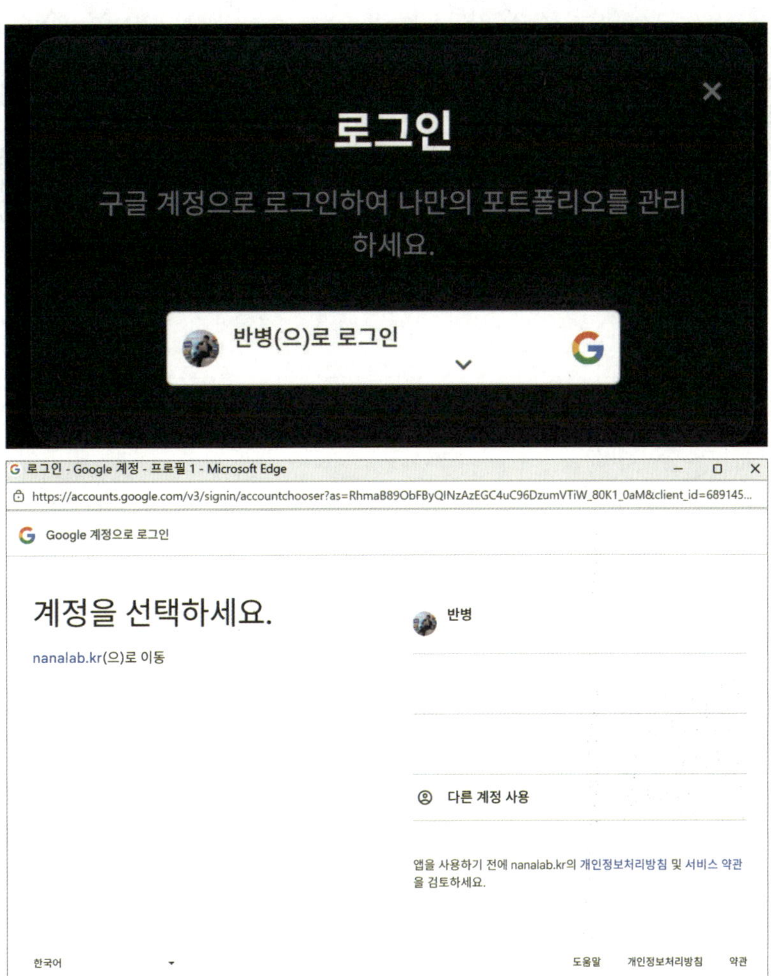# 로그인

구글 계정으로 로그인하여 나만의 포트폴리오를 관리하세요.

반병(으)로 로그인

로그인 - Google 계정 - 프로필 1 - Microsoft Edge

https://accounts.google.com/v3/signin/accountchooser?as=RhmaB89ObFByQINzAzEGC4uC96DzumVTiW_80K1_0aM&client_id=689145...

Google 계정으로 로그인

계정을 선택하세요.

nanalab.kr(으)로 이동

반병

다른 계정 사용

앱을 사용하기 전에 nanalab.kr의 개인정보처리방침 및 서비스 약관을 검토하세요.

한국어

도움말   개인정보처리방침   약관

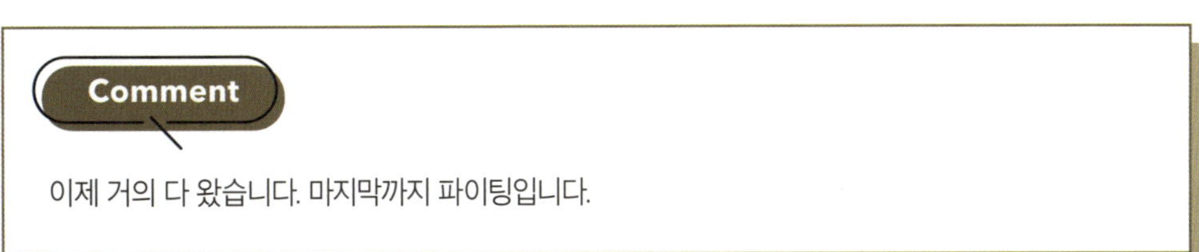

의무공시사항 페이지 개설, 앱 출시!
(Sprint 7)

레시피 목표 법률적 요건을 만족하기 위해 의무공시사항을 게시하는 페이지를 추가합니다.

필요한 지식

• [레시피 21]의 산출물을 재료로 사용합니다.

예제 코드

예제 폴더 내
/예제 22. 의무공시사항 페이지 개설, 앱 출시! (Sprint 7)

---

① **새로운 프로젝트 만들기**

[레시피 21]의 산출물을 안티그래비티로 실행합니다.

② **공시 문서를 생성하기**

개인정보처리방침은 법령에서 요구하는 사항들을 준수하며 사업범위에 맞게 작성해야 합니다. 구글 로그인을 통하여 사용자의 닉네임과 이메일 등을 수집하므로, 이를 왜 수집하고, 어떻게 관리할 것인가에 대한 정보를 고시할 의무가 있습니다. 법률적 효력이 있는 문서를 직접 작성하는 것은 어려우므로 자동 작성을 도와주는 서비스를 사용하는 것을 추천합니다.

개인정보보호포털

https://www.privacy.go.kr/front/per/inf/perInfStep01.do

https://doc.lawform.io/autodoc/read/55

필자는 로폼을 활용했습니다. 정보를 입력하면 문서가 자동으로 완성됩니다. 아울러 서비스이용약관을 작성해야 합니다. 서비스이용약관 작성을 도와주는 사이트들도 여럿 있습니다. 로폼 이용을 권장합니다.

https://doc.lawform.io/autodoc/read/78

③ **작성된 문서를 PDF 파일로 저장하기**

저장된 파일은 프로젝트 폴더 내로 이동합니다. 개인정보처리방침 파일의 파일명은 privacy.pdf, 서비스이용약관의 파일명은 service.pdf로 변경합니다.

④ **AI에게 프롬프트 입력**

> **✦ 프롬프트 레시피**
>
> 사이트 url 뒤에 /privacy 라고 입력하면 privacy.pdf 파일을 실행해 주고, 사이트 url 뒤에 /service 라고 입력하면 service.pdf 파일을 실행해 줘.
>
> 사이트 하단에는 개인정보처리방침, 서비스이용약관 항목 만들어주고 클릭하면 각각 /privacy, /service로 이동해 줘.

예를 들어, 이 책의 예제는 https://nanalab.kr/invest 라는 URL로 서비스됩니다. 이 뒤에 /privacy 나 /service를 입력한 주소는 다음과 같습니다.

https://nanalab.kr/invest/privacy

https://nanalab.kr/invest/service

이 페이지 역시, 위 프롬프트를 입력해 제작한 것입니다.

⑤ **정상 실행 확인**

예제 폴더 안에 privacy 폴더와 service 폴더가 생겨났는지 확인해 보세요.

폴더 안에 있는 index.html 파일을 더블클릭해 공시사항이 정상적으로 출력되는지 확인합니다.

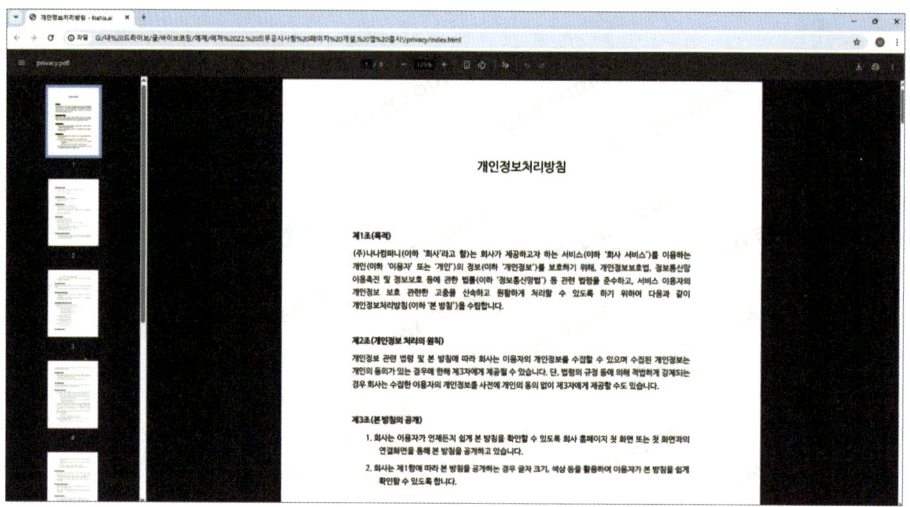

⑥ 프로젝트 종료!

총 7회의 스프린트 끝에 프로젝트가 모두 종료되었습니다.

웹 앱 제작 방법 - 238쪽
안드로이드 앱 제작 방법 - 206쪽
아이폰, 아이패드 앱 제작 방법 - 222쪽

⑦ 프로젝트 회고

전반적으로 큰 틀을 잡아가는 과정에서는 쉬웠고, 디테일한 요구사항을 구현하는 과정에서 많은 노력이 필요했습니다. 디버깅에 긴 시간이 필요하긴 했지만, AI 없이 모든 프로젝트를 혼자서 직접 개발했다면 풀타임으로 한 달 이상 시간이 소요되었을 것 같습니다. 만약 필자가 개발 경험이 없는 사람이었다면 아예 완성이 불가능했을 것 같기도 합니다.

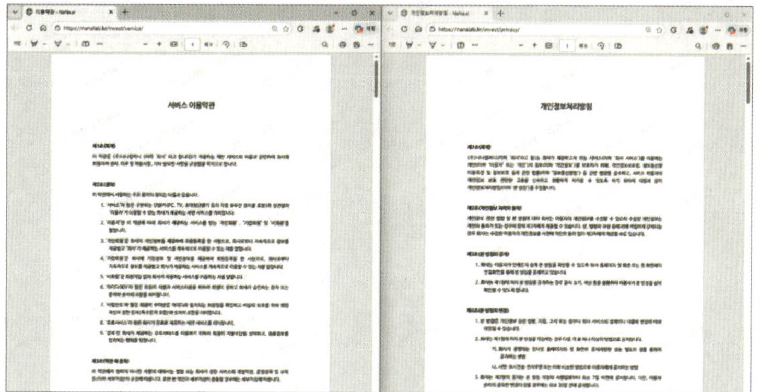

> **Comment**
>
> 여러 개의 스프린트로 구성된 거대한 프로젝트를 하나 끝마쳤습니다. 축하합니다! 4장과 5장에서는 복잡한 기능을 가진 거대한 소프트웨어를 제작하는 과정을 보여드리고 싶었습니다. 쉬운 일이 아니었지요?
>
> 6장부터는 한 페이지짜리 짧은 레시피가 소개되오니, 걱정과 염려는 내려놓으셔도 좋습니다. AI 연동, 로그인, 정보 저장 등 앱이 외부와 정보를 주고받으며 작업을 수행하는 경우에는 구현 난이도가 올라갑니다. 반면 [레시피 5]와 같이 모든 정보를 앱 내부에서만 처리해도 충분한 경우에는 제작 난이도가 확 내려갑니다.
>
> 바이브 코딩을 시작하기 전, GPT와의 대화를 통해 "내가 만들려는 앱이 외부 서버와 정보를 주고받을 필요가 있는가? 혹은, 정보를 주고받지 않고서도 내가 원하는 기능을 전부 구현할 수 있는가?"에 대한 답을 구해보시면 좋겠습니다. 제작에 너무 많은 노력이 들어가는 소프트웨어를 직접 제작하시기보다는, 간단히 제작할 수 있는 소프트웨어에 집중하는 편이 효율적이니까요.

바로 만들어 쓰는
1분 레시피 모음

'죄송합니다.
지원자님의 포트폴리오보다
제가 AI로 1분 만에 만든 앱이 더 낫네요.'라고
솔직하게 말할 수는 없어,
상투적인 채용 거절 템플릿 메시지를 전송하다.

– 저자의 경험담 (2025)

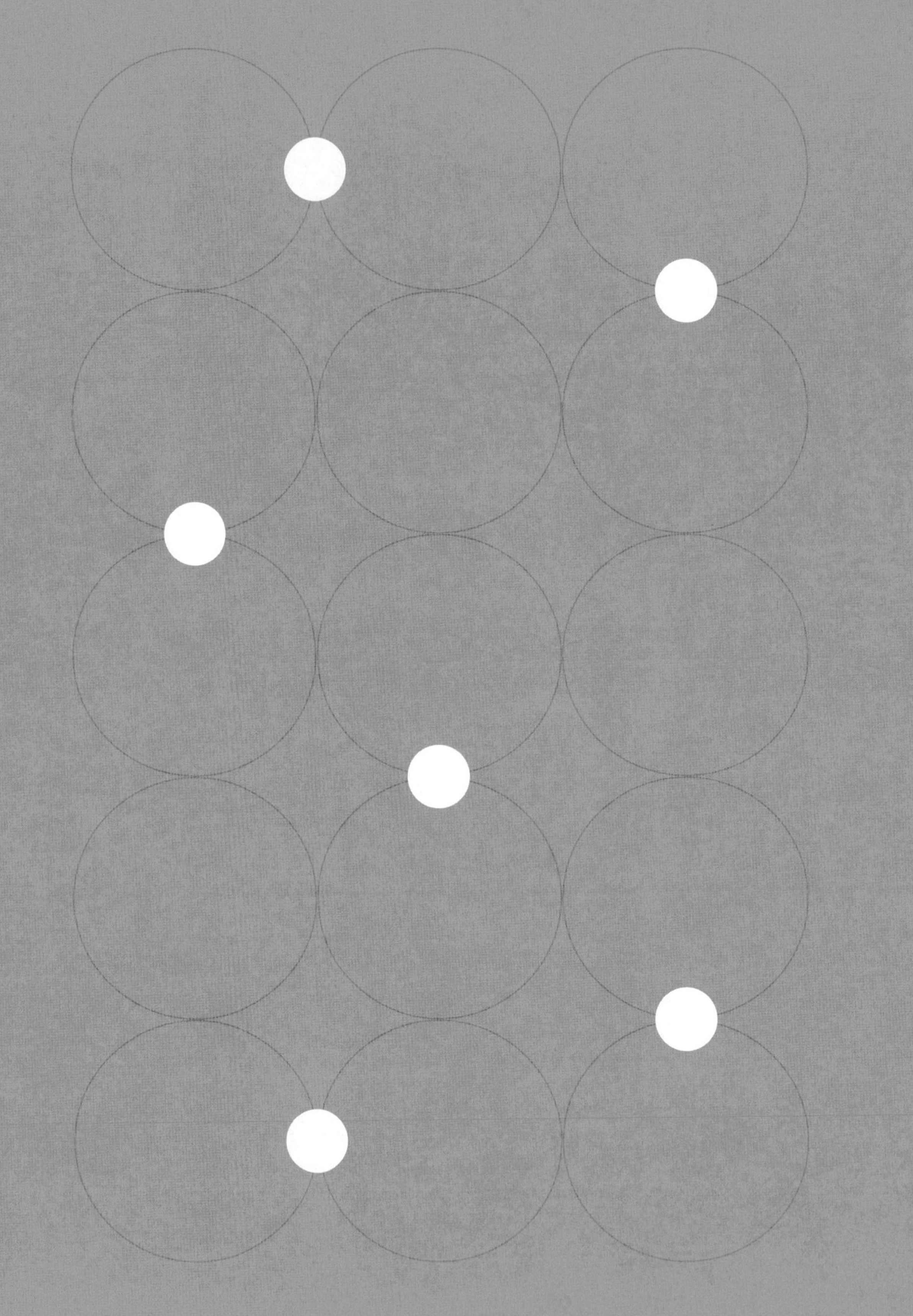

내게 필요한 앱, 바로 만들어 바로 쓰자

내게 필요한 기능을 가진 소프트웨어.

시중에 출시되어 있으면 다행입니다. 무료로 다운로드할 수 있으면 더할 나위 없이 좋고요. 때로는 돈을 내고서라도 쓰고 싶으니, 제발 이런 소프트웨어가 있으면 좋겠다는 생각이 드는 상황도 있습니다.

비이브 코딩 시대에는 이와 같은 고민이 불필요해질지 모릅니다. 6장에 수록된 레시피는 사실, 전부 필자가 직접 사용하기 위해 고안한 앱입니다. 책을 집필하는 과정에도 여러 앱을 실시간으로 사용하며 도움을 받았습니다.

이번 챕터를 가볍게 훑어 보시며, 일차적으로는 "이런 앱들을 만들 수 있구나."라는 감각을 느껴 보시기 바랍니다. 그리고 항상 고민하시기 바랍니다. 내가 자주 겪는 불편이 있었나? 혹시 그 불편을, 소프트웨어로 풀어볼 수 있을까? 내가 그걸 직접 만들어 볼까?

오늘의 운세를 알려주는 나나도사

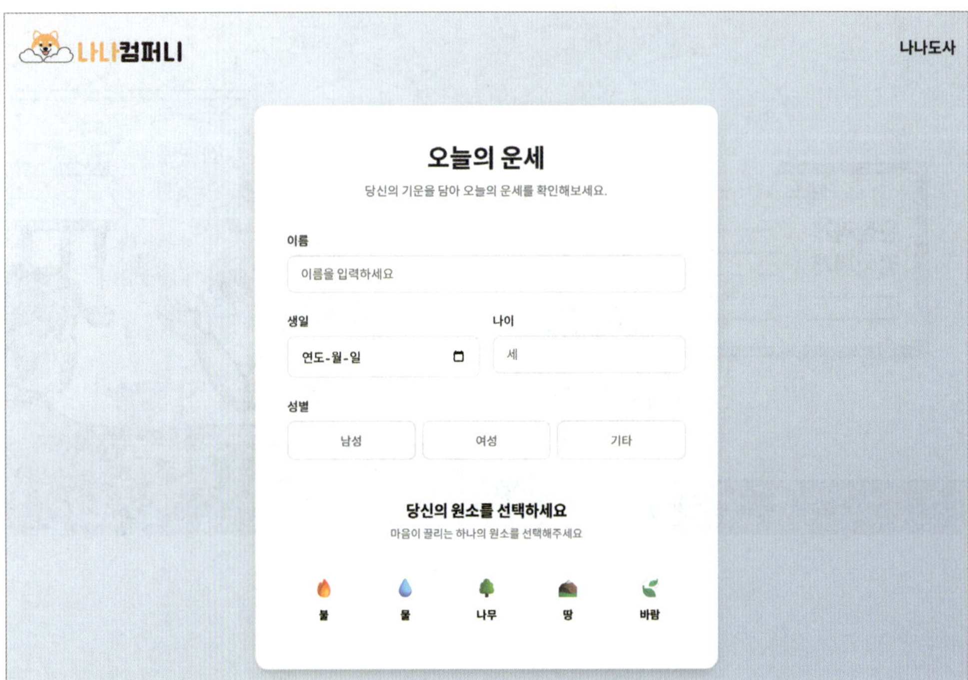

주요 기능

이름, 생일, 성별, 그리고 오행의 기운 중 1개를 고르면
오늘의 운세를 알려줍니다.

예제 코드

예제 폴더 내
/예제 23. 오늘의 운세를 알려주는 나나도사

프롬프트 레시피

이름, 생일, 성별을 입력받은 다음
불, 물, 나무, 땅, 바람 중 하나를 고르면
랜덤으로 오늘의 운세를 출력해 주는 사이트 만들어 줘.

글자 수를 세어 주는 웹 앱

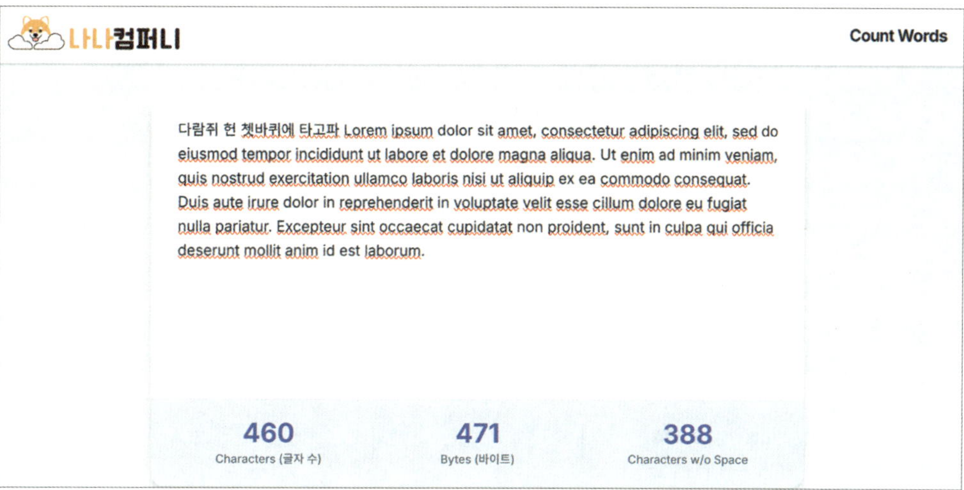

주요 기능

텍스트를 입력하면 글자 수, 공백 수, 용량을 알려줍니다.

예제 코드

예제 폴더 내
/예제 24. 글자 수를 세어 주는 웹 앱

프롬프트 레시피

텍스트를 입력받으면 그게 몇 글자인지 세어 주는 사이트 만들어 줘.
한글은 2byte가 한글자야 명심해.

문서 파일 통계 분석 시스템

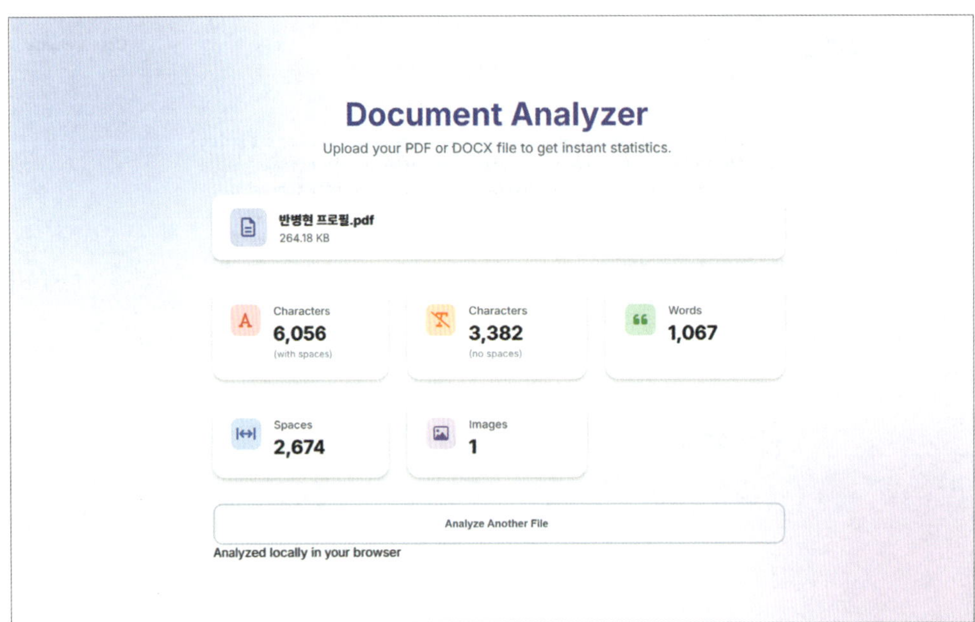

주요 기능

문서 파일을 업로드하면 문서를 구성하는 글자, 단어, 그림 등의
통계를 정리해줍니다.

예제 코드

예제 폴더 내
/예제 25. 문서 파일 통계 분석 시스템

프롬프트 레시피

pdf, docx 문서를 업로드하면 문서에 포함된 글자 수, 단어 수, 공백 개수와 이미지 개수를 알려주는 웹 앱
만들어 줘.

Lorem Ipsum 생성기

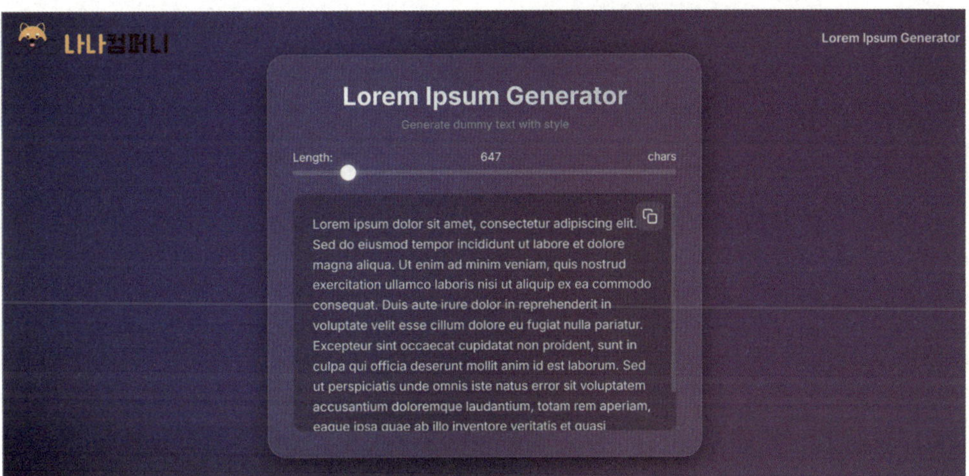

주요 기능

디자인에서 자주 사용하는 Lorem Ipsum 문자열을 자동으로 생성합니다.

예제 코드

예제 폴더 내

/예제 26. Lorem Ipsum 생성기

 **프롬프트 레시피**

Lorem Ipsum 문자를 생성하는 웹 앱 하나 만들어 줘. 기본적으로 150자 정도 분량 글자를 띄워두고, 사용자가 슬라이드 바를 이동하면 그에 맞게 글자 분량을 수정하는 거야. 최소 10글자, 최대 5000글자.

여러 개의 PDF 문서 합치기

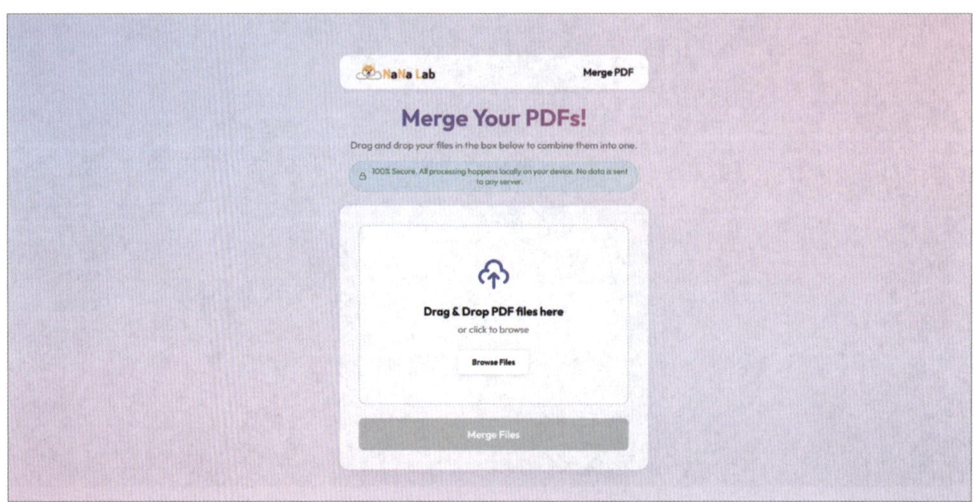

주요 기능

여러 개의 PDF 파일을 업로드하면 하나의 문서 파일로 합쳐줍니다.

예제 코드

예제 폴더 내
/예제 27. 여러 개의 PDF 문서 합치기

프롬프트 레시피

사용자가 여러 개의 PDF 파일을 업로드하면, 그걸 합쳐서 하나의 문서 파일로 병합해 주는 웹 앱 만들어 줘.
HTML, CSS, JS만 사용해서 만들어 줘.

금방 돌아올게요! 부재 중 알리미

주요 기능

일정이 있어 잠시 사무실을 비울 때, 동료들에게 행선지와
복귀 시간을 안내할 수 있는 페이지입니다.

예제 코드

예제 폴더 내
/예제 28. 금방 돌아올게요! 부재 중 알리미

프롬프트 레시피

잠시 자리를 비웠을 때, 화면에 정보를 표기해 주는 앱을 만들어 줘.

사용자 동작 - 일정 입력, 언제 다시 돌아오는지 입력, 기타 문구 입력
확인 버튼을 누르면 깔끔하고 아름다운 그러데이션 애니메이션 표시.

일정, 돌아오는 시간과 카운트다운, 기타 안내 문구가 출력되도록 만들어 줘. 일정을 제일 큰 글자로.

Keep Fit! BMI 계산기

주요 기능

성별, 키, 몸무게를 입력하면 BMI와 적정 체중을 계산해 줍니다.

예제 코드

예제 폴더 내

/예제 29. Keep Fit! BMI 계산기

프롬프트 레시피

BMI 계산해 주는 웹 앱 만들어 줘. 사용자 키, 몸무게, 성별을 입력받아서 BMI 계산해 주고 BMI 90, 100, 110 기준 몇 kg까지 빼거나 찌워야 하는지 화면에 보여 줘.

나만 아니면 돼! 복불복 캐논 추첨기

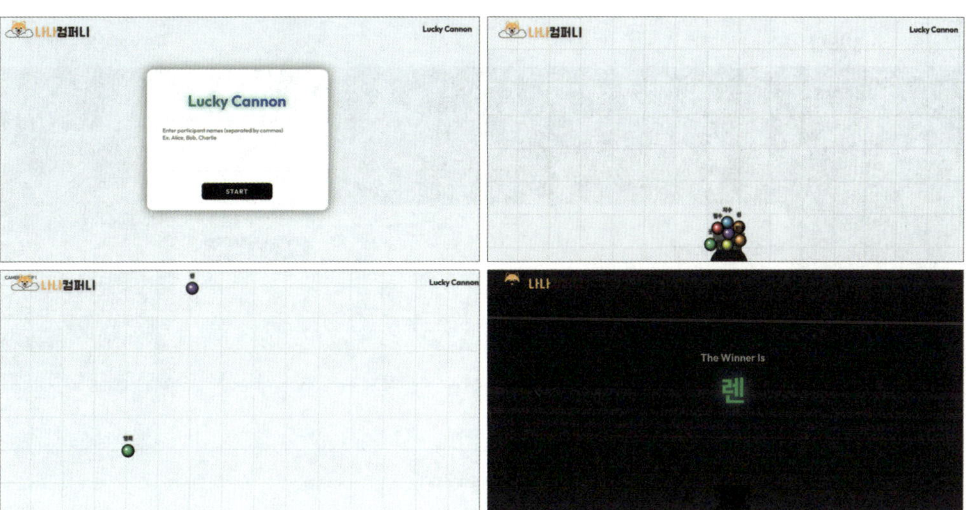

주요 기능

여러 사람 이름을 입력하면, 가장 운이 좋은 한 사람을 추첨해 줍니다.

예제 코드

예제 폴더 내
/예제 30. 나만 아니면 돼! 복불복 캐논 추첨기

프롬프트 레시피

여러 사람 이름을 입력하면, 그 중 한 사람을 추첨하는 웹 앱을 만들어 줘.
구슬을 대포로 발사하고, 여러 장애물을 거쳐, 가장 마지막에 떨어지는 사람을 당첨자로 설정하면 좋겠네.

문서의 요점만 찾아주는 족집게 요약 앱

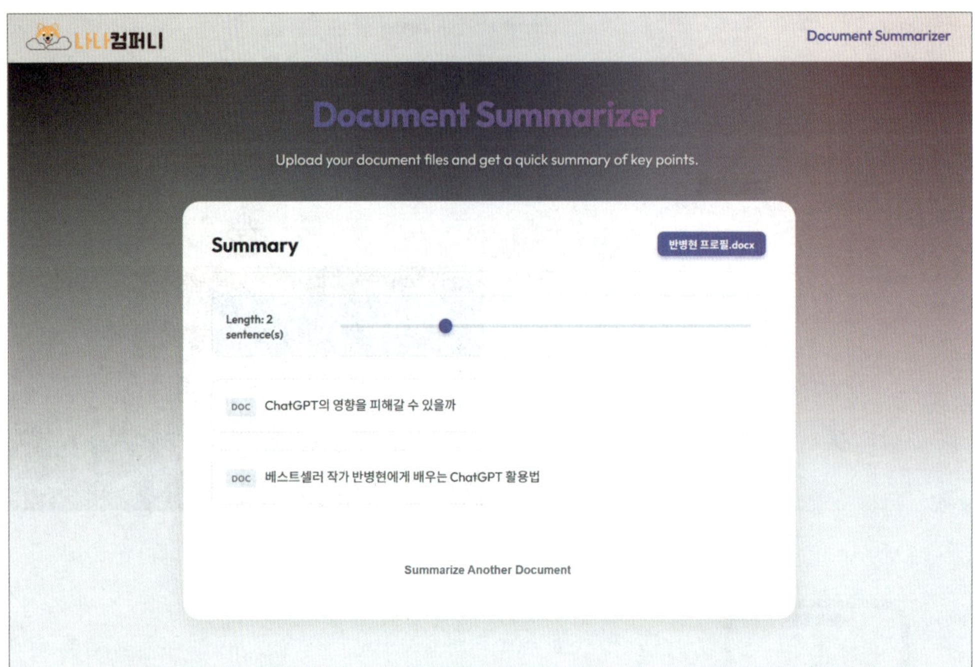

주요 기능

문서 파일을 업로드하면, 그 문서의 요점을 한 문장으로 요약해 줍니다.

예제 코드

예제 폴더 내

/예제 31. 문서의 요점만 찾아주는 족집게 요약 앱

✦ 프롬프트 레시피

PDF, docx 등 문서 파일을 업로드하면 TextRank 알고리즘으로 요점만 요약해 주는 웹 앱 만들어 줘.

슬라이드 바를 만들어서 최소 1문장, 최대 5문장으로 분량 고를 수 있게 해 주고.

오디오 파일 편집 시스템

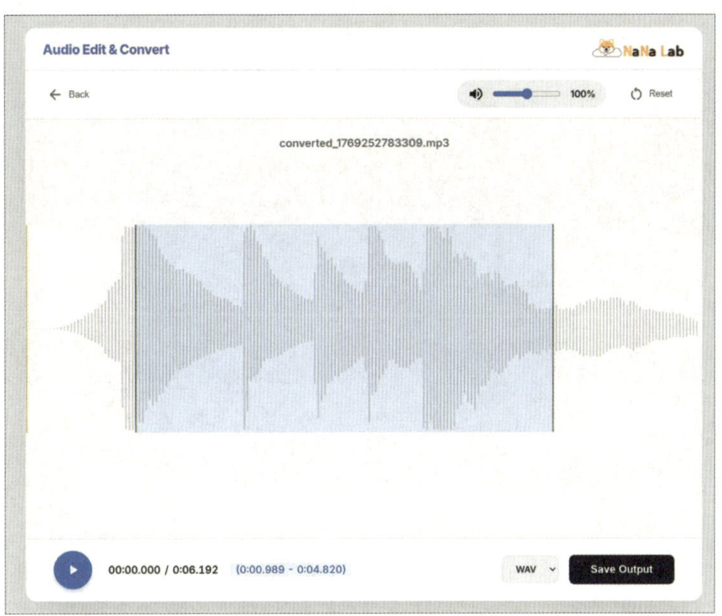

주요 기능

오디오 파일의 편집, 볼륨 조절, 포맷 변환 기능을 제공합니다.

예제 코드

예제 폴더 내
/예제 32. 오디오 파일 편집 시스템

프롬프트 레시피

MP3, Wav 등 오디오 파일을 업로드하고 편집할 수 있는 웹 앱 만들어 줘.
1. 포맷 변환
2. 볼륨 조절
3. 일부구간 trim

내가 만든 SW, 스마트폰 앱으로 가공하기

내 SW가 스마트폰 앱이 되면 정말 좋겠네

바이브 코딩으로 열심히 만든 웹 앱을 스마트폰에서도 실행할 수 있는 안드로이드 앱으로 가공해 보겠습니다.

1 안드로이드 앱은 뭐가 다른가요?

안드로이드 앱은 윈도우가 아닌, 안드로이드라는 특수한 운영체제에서 구동될 것을 전제로 만들어졌기에 일반인이 쉽게 설계하거나 개발하기는 어렵습니다. 우리가 지금까지 만든 웹 앱은 인터넷 브라우저에 탑재된 기능들을 빌려 구현했는데요, 안드로이드 앱을 만들 때에는 대부분 기능을 새로 만들거나, 안드로이드 고유의 기능을 빌려와 비슷하게 기능을 흉내 내야 합니다.

2 그걸 제가 어떻게 만들어요?

괜찮습니다. AI가 다 해 줄거거든요.

① 바이브 코딩으로 만든 웹 앱 준비

안드로이드 앱으로 가공할 웹 앱이 있어야겠죠?

② 앱 호스팅

238쪽의 내용을 따라 여러분의 앱을 외부에서도 접속할 수 있게 호스팅해야 합니다. 기본적으로 여러분들이 만든 앱은 여러분의 컴퓨터에서 더블클릭해야만 실행되는데요, 앱으로 가공하시려면 외부 서버에 앱 코드를 올려 둘 필요가 있답니다.

③ 웹뷰 앱 제작

웹뷰는 "특정한 웹 페이지를 보여주는" 기능 외에는 아무런 기능도 없는 텅 빈 앱입니다. 웹뷰를 사용해 여러분이 ②에서 공개해 둔 앱 링크로 접속하도록 만듭니다. 사용자가 스마트폰에서 앱을 실행하면 자동으로 여러분이 만들어 둔 사이트 URL로 접속을 시도하고, 폰 화면에는 마치 앱이 전체화면으로 실행되는 것처럼 표시됩니다.

간단해 보이지요? 실제로 매우 간단하답니다. 원래는 안드로이드 스튜디오라는 소프트웨어를 설치하고, 코딩도 하고, 패키징도 하고, 디자인도 입히는 복잡한 작업이 필요합니다. 하지만 안티그래비티가 이 과정을 모두 단축시켜줄 수 있답니다. 작업 방법을 천천히 소개해드리겠습니다.

크게 두 가지 이유 때문입니다.

① 비쌉니다.

아이폰 앱을 제작하려면 맥북을 구매해야 합니다. 애플 측에서는 iOS 앱 개발에 필요한 툴체인 대부분을 맥에 묶어 뒀기에, 수백 만 원짜리 맥북을 구매해야 합니다.

② 어렵습니다.

안드로이드 앱에 비해 iOS 앱을 제작하는 과정이 훨씬 어렵습니다. 바이브 코딩으로 접근하더라도 스트레스를 많이 받을 수 있습니다.

따라서 이 책에서는 안드로이드 앱으로의 가공을 메인으로 소개합니다. 아이폰에서도 앱을 설치해 사용하고 싶으시다면 222쪽의 프로그레시브 웹 앱 제작 레시피를 참고해 주세요.

내가 만든 SW를 안드로이드 앱으로

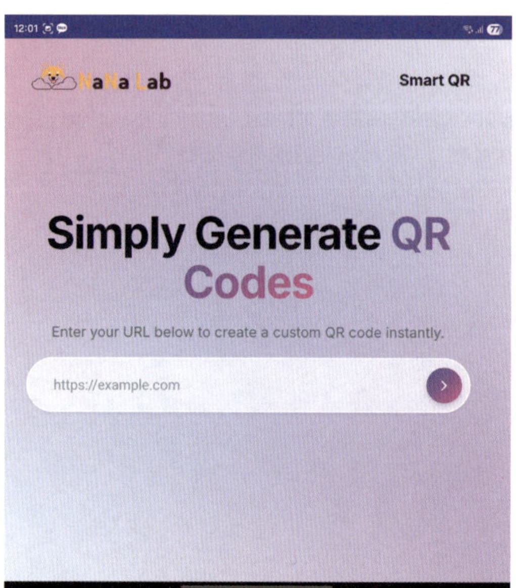

레시피 목표   웹 페이지를 안드로이드 스마트폰에서 풀 스크린으로 실행하는 웹뷰 앱을 만들고, 우리가 만든 웹 앱을 연결합니다. 혹시 이번 레시피가 너무 어려워 보인다면, [레시피 34]에 간소화된 버전이 준비되어 있으니 바로 넘어가 주시기 바랍니다.

필요한 지식

- Git Pages를 통한 웹 앱 호스팅 238쪽
* 웹 호스팅이 필수입니다.

예제 코드

예제 폴더 내
/예제 33. 내가 만든 SW를 안드로이드 앱으로

 **안티그래비티 실행하기**

새로운 폴더를 만들고, 안티그래비티로 새 프로젝트를 바로 실행합니다.

② **프롬프트 입력**

<u>사이트 링크</u> 부분은 나의 상황에 맞게 수정하여 입력합니다.

> ✨ **프롬프트 레시피**
>
> 안드로이드 웹뷰 앱을 하나 만들어 줘. 사이트는 https://nanalab.kr/qr 을 보여주는 전체화면 안드로이드 앱이야. 앱 아이콘도 네가 만들어 줘. 그런데 내 컴퓨터에 안드로이드 스튜디오가 없어. GitHub Action으로 빌드할 수 있게 폴더를 세팅해 줘.

아래 그림과 같이 탐색기 창에 코끼리 모양 아이콘들과 ".github\workflows"라는 항목이 생겨난다면 일차적인 작업이 끝났습니다.

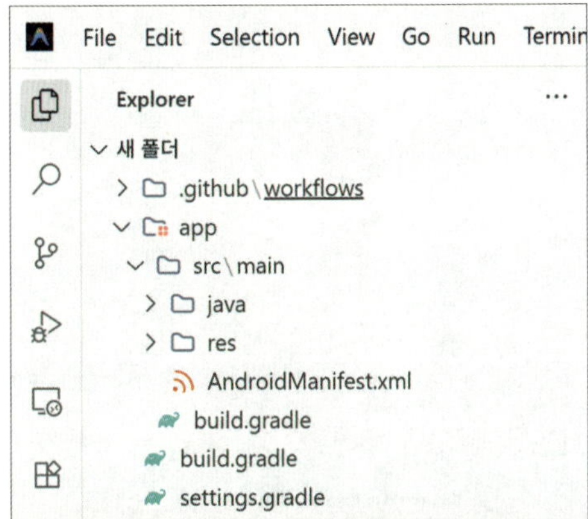

> **안드로이드 스튜디오**
>
> 원래는 열심히 만든 코드를 안드로이드 스튜디오라는 도구를 활용해 재가공하는 빌드(Build)라는 작업이 필요합니다. 설치할 프로그램도 많고, 시간도 오래 걸리고, 무엇보다도 난이도가 매우 높습니다. 프롬프트 작성 시 GitHub Action으로 빌드하겠다 요청하면 이 과정을 대부분 건너뛸 수 있어 편리합니다.

③ **GitHub에 새로운 저장소를 만들기**

https://github.com/new

저장소 이름은 간결하게, 공개 범위는 Public으로 세팅합니다.

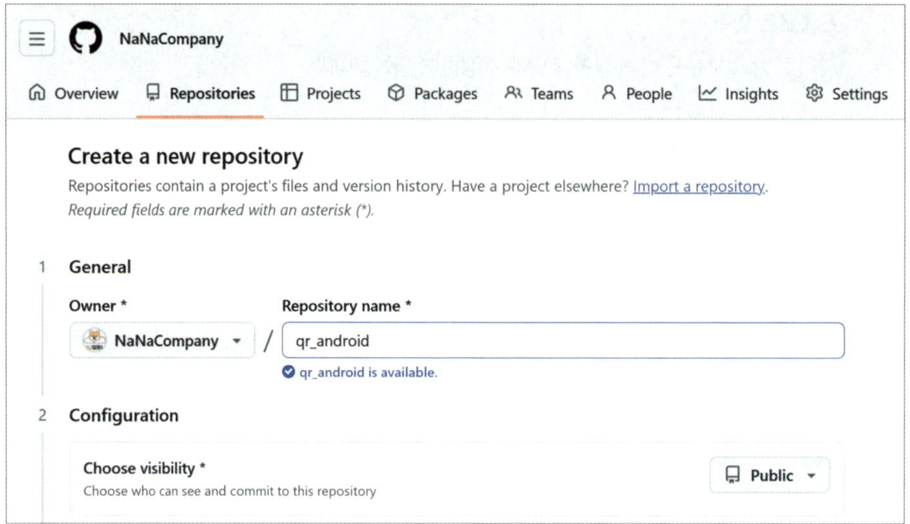

④ **화면 제일 아래 상자의 복사 버튼을 클릭**

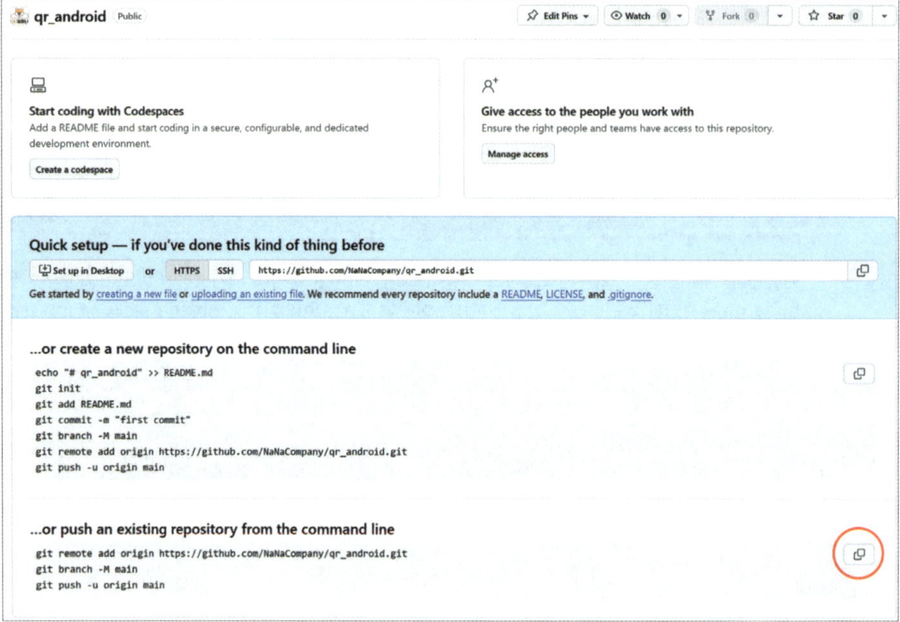

⑤ 안티그래비티 터미널을 실행

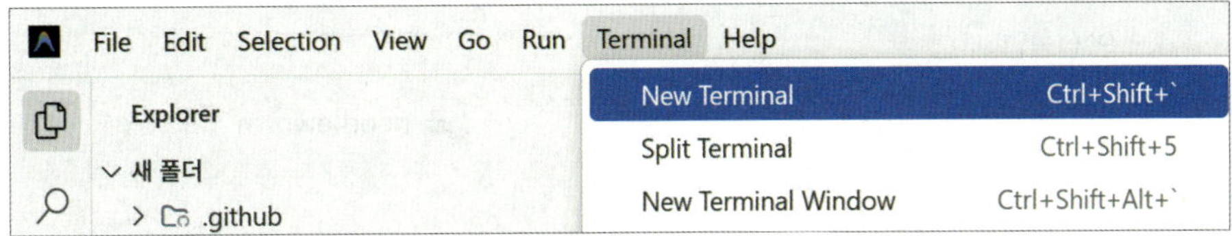

⑥ 터미널에 다음 세 줄의 코드를 입력

한 번에 한 줄씩 입력하며 [Enter]를 누릅니다.

```
git init
git add .
git commit -m "app ver.1.0"
```

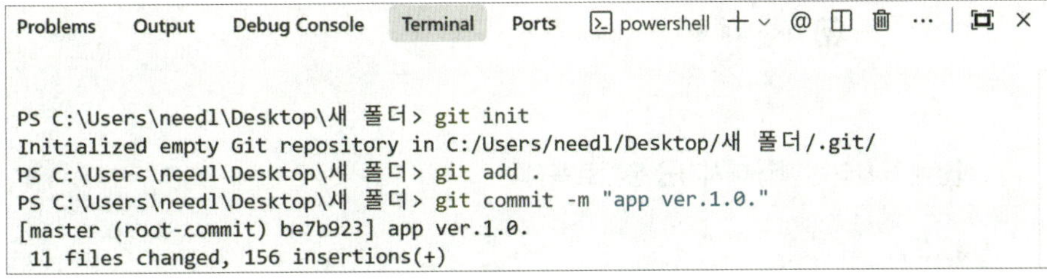

⑦ 터미널에 앞서 복사한 코드를 붙여넣고 [Enter]를 누르기

⑧ GitHub 저장소 페이지를 새로고침

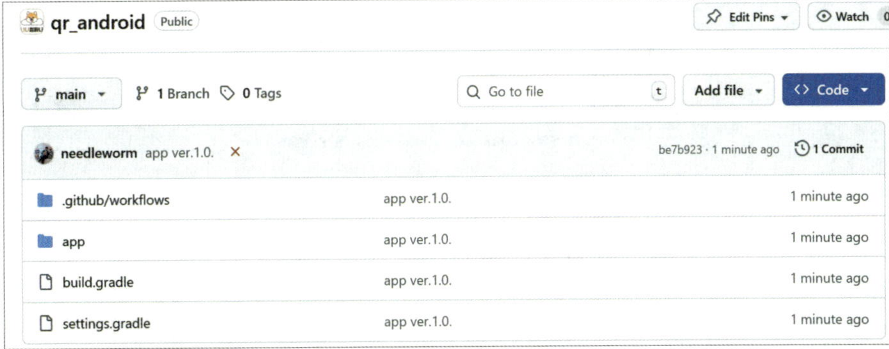

⑨ **닉네임 우측의 아이콘 확인**

갈색 동그라미가 표시됩니다. 1분 정도 주기로 새로고침하면서 결과를 확인합니다. 녹색 동그라미로 바뀌면 성공입니다.

아이콘이 주황색 X 표시로 바뀌면 실패입니다. 실패한 경우의 해결 방법을 소개합니다.

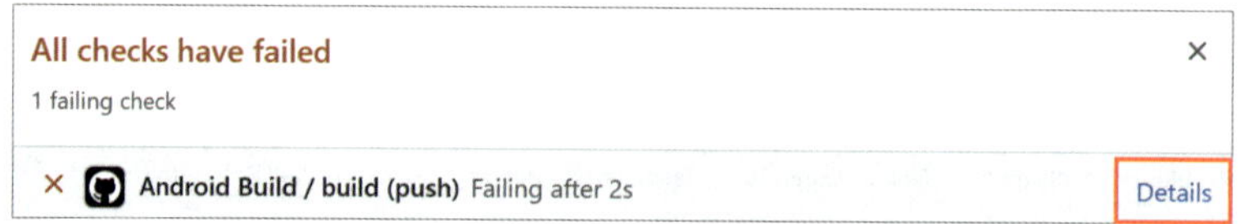

⑩ **X 버튼을 클릭하고 [Details]를 클릭**

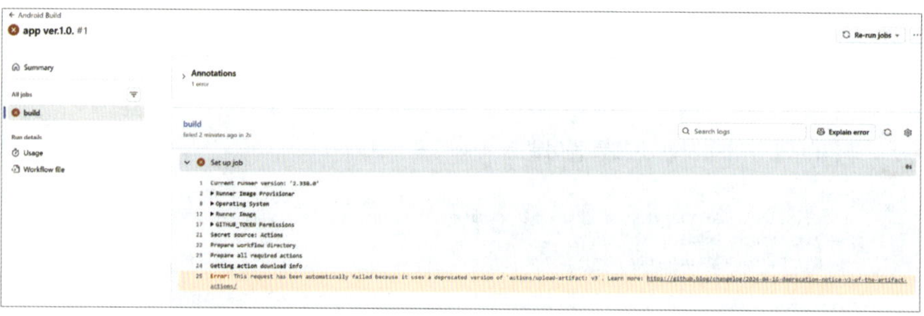

⑪ **화면에 표시되는 에러 메시지를 통째로 복사**

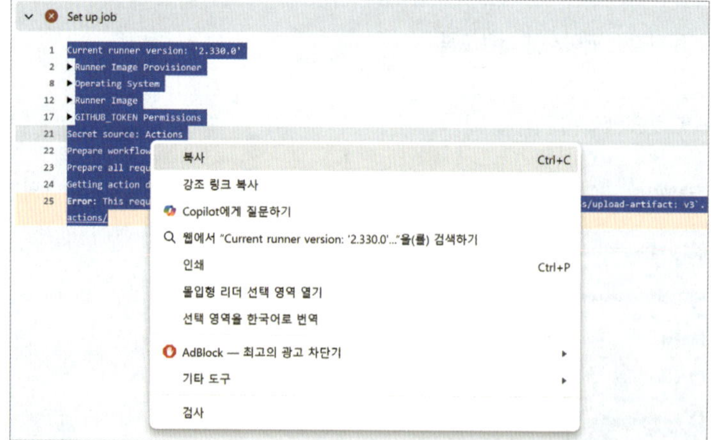

바이브 코딩

⑫ 안티그래비티 채팅창에 붙여넣기

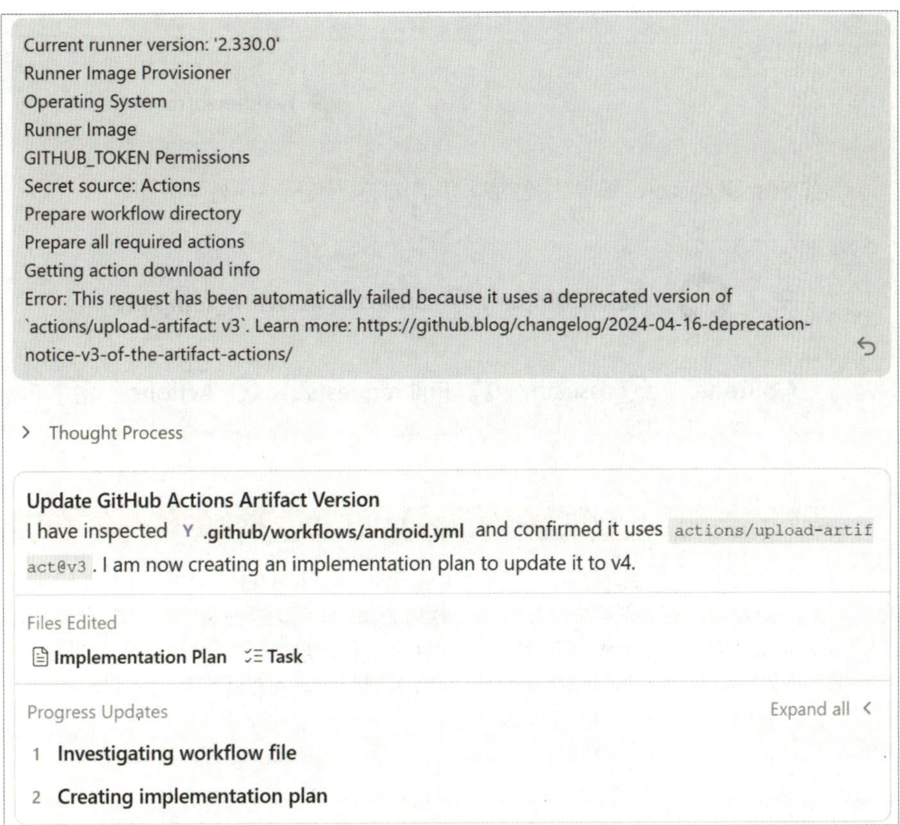

AI가 화들짝 놀라 코드를 수정합니다.

⑬ 코드가 수정되었으면, 터미널에 다음 코드 세 줄을 입력

```
git add .
git commit -m "bug fix 1"
git push origin main
```

```
PS C:\Users\needl\Desktop\새 폴더> git add .
PS C:\Users\needl\Desktop\새 폴더> git commit -m "bug fix 1"
[main af11249] bug fix 1
 1 file changed, 1 insertion(+), 1 deletion(-)
PS C:\Users\needl\Desktop\새 폴더> git push origin main
Enumerating objects: 9, done.
```

⑭ 닉네임 옆의 아이콘 확인

갈색이나 녹색 동그라미가 표시되면 성공입니다. X 표시가 뜨면 다시 한번 ⑩부터 여기까지 과정을 반복합니다.

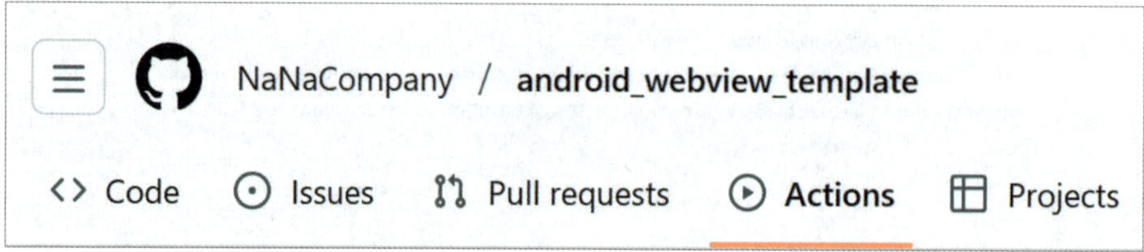

상단 메뉴 중 <Actions>를 클릭하면 보다 상세하게 진행상황을 지켜볼 수 있습니다.

디버깅은 원래 오래 걸리나요?

네, 그렇습니다. 대부분의 경우 코드를 설계하는 과정보다 디버깅에 훨씬 오랜 시간이 걸립니다. 많은 시간이 걸리더라도, 한 번만 작업을 성공하시면 만들어 둔 코드를 재활용하는 방법을 알려드릴테니 조금만 인내심을 가져 주세요. 책에 수록된 예시는 네 번의 시도 끝에 성공했습니다. 인간 전문가는 한 번에 통과할 수 있는 작업입니다. 고등사고가 필요한 본질적인 설계의 영역은 AI가 잘 해내면서도, 빌드와 같이 노동에 가까운 코딩은 잘 하지 못하는 점이 신기하지요.

AI는 만능 아닌가요? 왜 오류가 생기나요?

분야마다 다르겠지만, 안드로이드 앱 빌드 과정에서 생기는 오류는 대부분 AI가 학습한 코드 대부분이 과거의 자료이기 때문에 생기는 문제입니다. 최신 안드로이드 규격이 아니라 오래된 규격으로 만들어진 코드를 작성해 와, 오류가 생기는 경우가 많습니다.

숙련된 개발자는 직접 "그 부분 낡았어, 업데이트해."라고 지적할 수 있지만 일반인에게 어울리는 해결 방법은 아니지요. 우리가 가장 적은 노력으로 오류를 해결하는 방법은 GitHub에 표시된 에러를 그대로 복사해 채팅창에 붙여넣는 것입니다.

바이브 코딩

⑮ **완성된 앱 다운로드**

<Actions> 항목의 <All workflows>에서, 가장 최근에 성공한 항목을 클릭합니다.

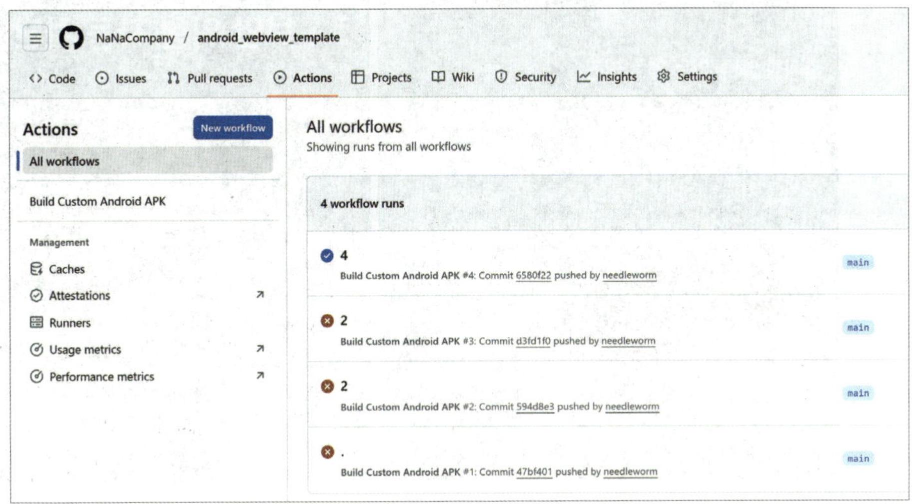

스크롤을 끝까지 내리면 <Artifacts>라는 메뉴가 있습니다. 여기에서 완성된 앱을
다운로드할 수 있습니다.

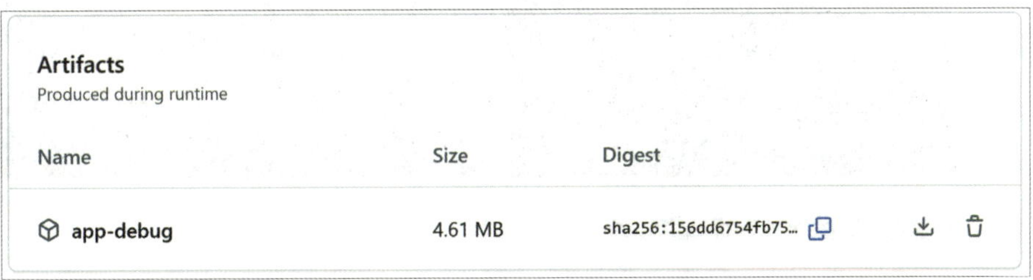

⑯ **스마트폰으로 파일을 옮겨 설치를 시도하기**

USB, 구글 드라이브, 블루투스 등 편한 매체를 활용해 주세요.

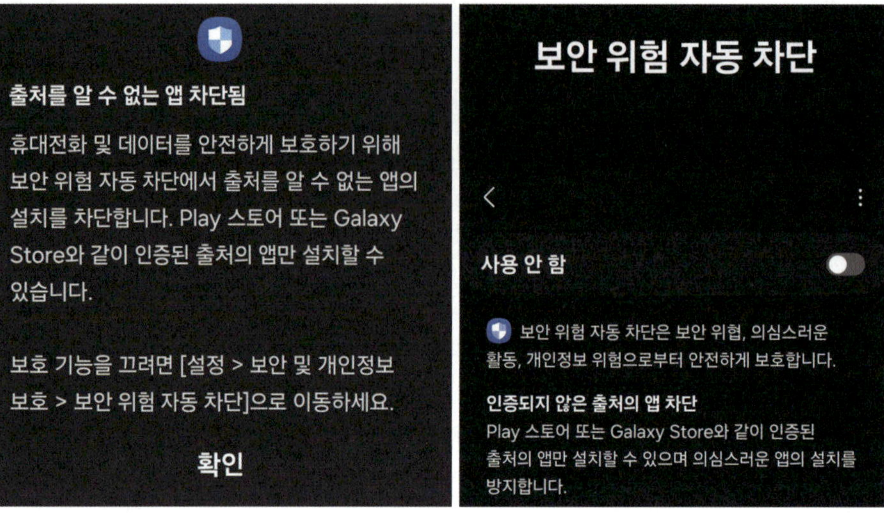

스마트폰 입장에서는 생전 처음 보는 애플리케이션이, 스토어를 통하지 않고 설치되려는 상황입니다. 따라서 위와 같은 보안 경고 메시지가 표시됩니다. 우리가 직접 만든 앱이니 안심하고 보안을 잠시 완화합니다. 단, 절대로 출처가 불분명한 앱을 이와 같은 방식으로 설치하시면 안 됩니다.

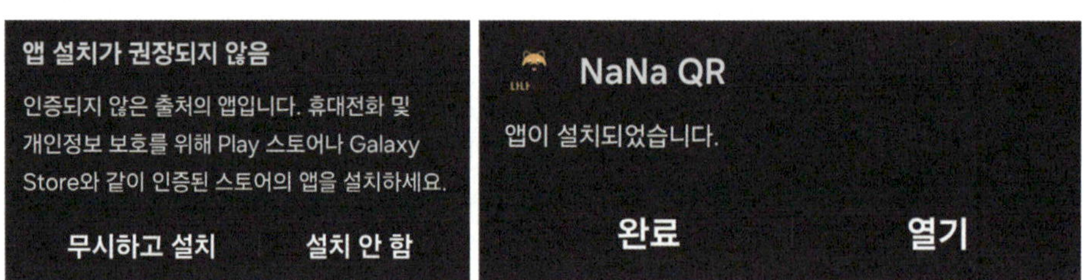

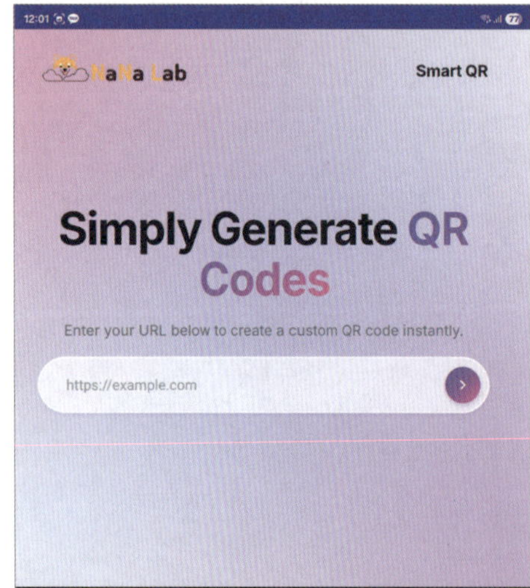

갤럭시 폴드7 실행 화면

갤럭시에 설치된 아이콘

구글 플레이스토어에 앱을 등록하면 보안 설정 없이도 바로 설치가 가능합니다. 구글이 한 차례 검증한 안전한 앱이라 인정해 주는 것이지요. 구글 플레이스토어에 앱을 등록하려면 다음과 같은 절차가 필요합니다.

① 구글 플레이콘솔 개발자 등록
② 구글과 계약 체결
③ 등록 수수료 결제($25)
④ 개인정보 인증
⑤ 앱 등록 심사
⑥ 출시

환율을 고려하면 등록 수수료가 저렴한 편이 아닙니다. 관심이 있으신 독자분께서는 아래 URL로 접속하여 등록을 진행하시기 바랍니다.

https://play.google.com/apps/publish/signup

안드로이드 앱, 다른 사람의 코드를 가져와 1분 만에 만들기

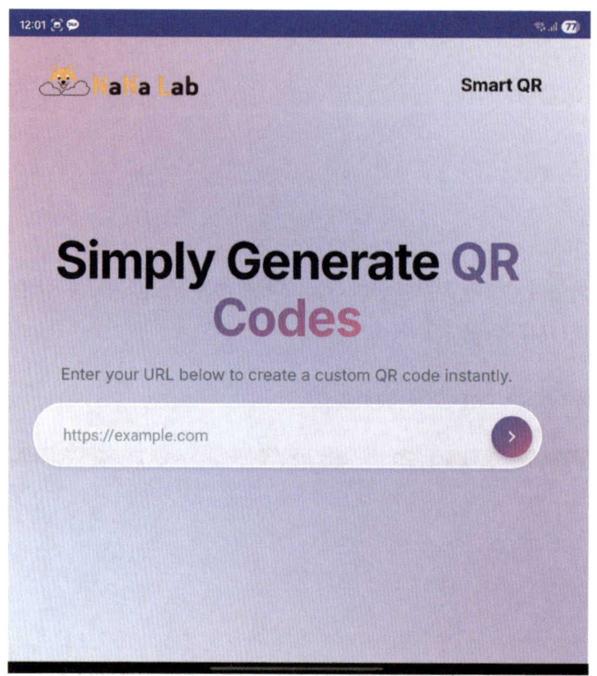

> **레시피 목표**   코드를 그대로 복제해 와, 나만의 앱을 만들어 봅니다.

필요한 지식

- Git Pages를 통한 웹 앱 호스팅 238쪽
- * 웹 호스팅이 필수입니다.

예제 코드

예제 폴더 내

/예제 34. 안드로이드 앱, 다른 사람의 코드를 가져와 1분 만에 만들기

① GitHub에 접속해 로그인하기

② 템플릿이 있는 저장소로 접속

여러분들의 작업 편의를 위해 제가 제작한 저장소입니다.

https://github.com/NaNaCompany/android_webview_template

③ 우상단의 [Fork] 버튼 클릭

 [Fork] 버튼은 일종의 "퍼가요" 버튼 역할입니다. 저장소의 코드를 스크랩하거나, 이 저장소의 코드를 바탕으로 새로운 소프트웨어를 제작할 때 사용됩니다. 우측의 [☆Star] 버튼은 일종의 "좋아요" 버튼입니다. 누르는 사람도 기분이 좋고, 별을 받는 사람도 기분이 좋아지니 한 번씩 눌러주시면 감사드리겠습니다.

④ 저장소 이름 변경

<Repository Name> 항목에 기재된 내용을 삭제하고, 내 애플리케이션의 이름을 입력합니다. 앱 이름은 간결할수록 좋습니다. 그리고 하단의 [Create Fork] 버튼을 클릭합니다.

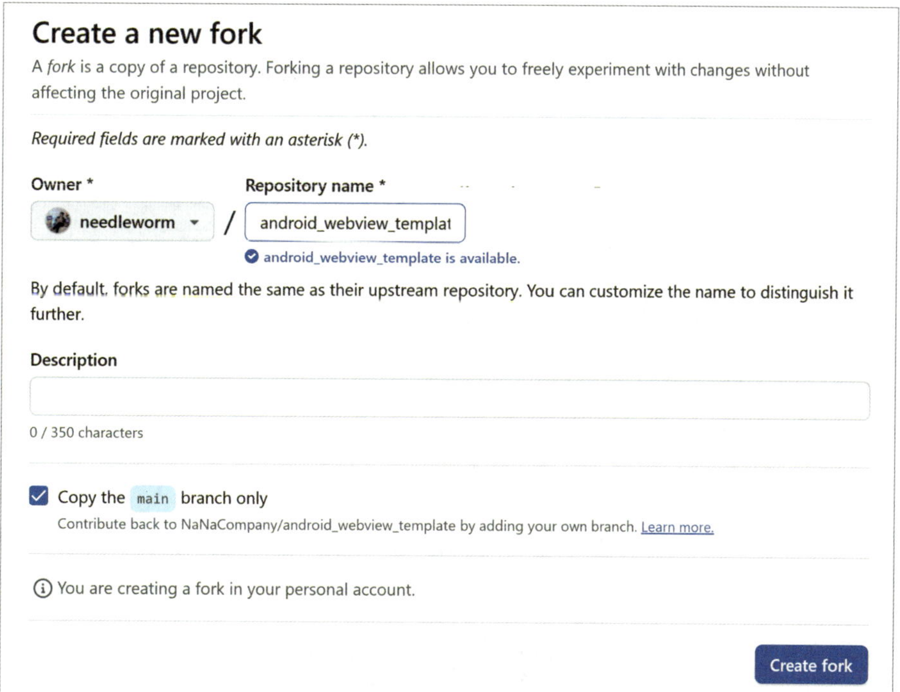

저장소가 복제되는 데 5초 가량의 시간이 소요될 수 있습니다.

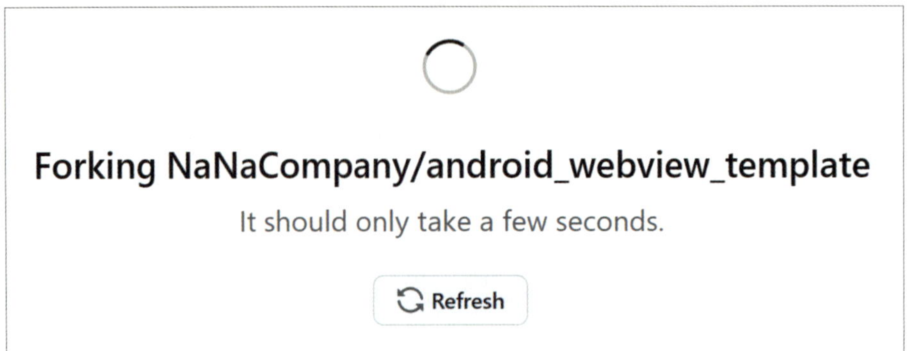

⑤ 복제된 저장소의 주소를 복사

브라우저 상단의 주소 표시줄의 내용물을 그대로 복사해도 좋고, [Code] 버튼을 눌러 HTTPS 메뉴 하단의 복사 버튼을 눌러도 좋습니다.

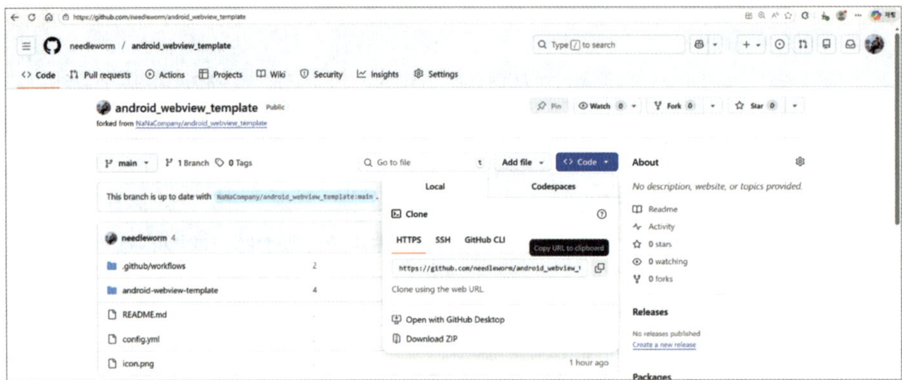

⑥ 안티그래비티 실행하기

⑦ 새 창을 실행하기

화면 상단 [File] - [New Window]를 선택해도 좋고, Ctrl + Shift + N 단축키를 눌러도 좋습니다.

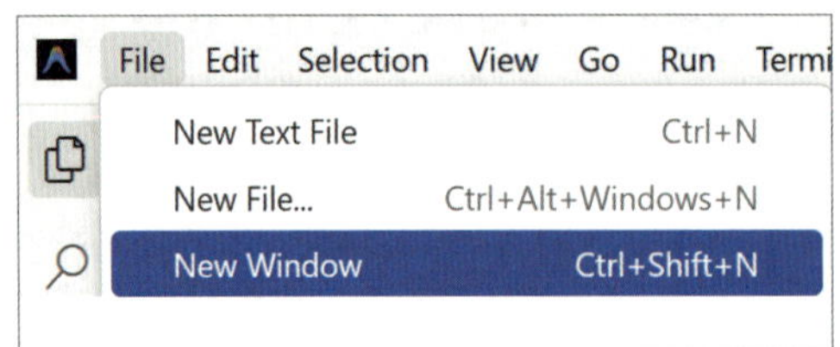

바이브 코딩

⑧ **Clone Repository**

새 창의 메인 화면에서 [Clone Repository]를 클릭합니다.

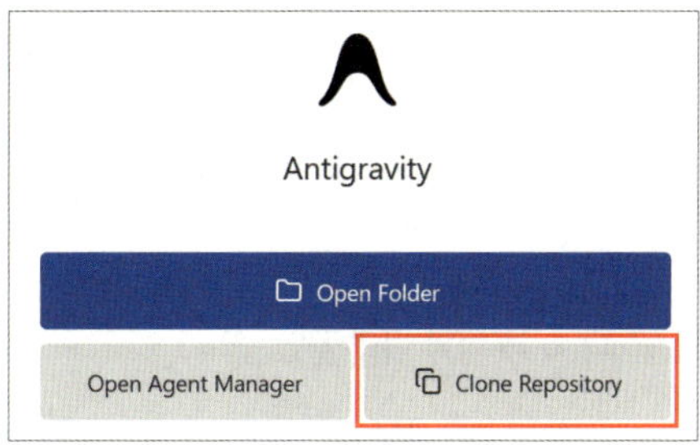

⑨ **저장소 주소 붙여넣기**

단계 ⑤ 에서 복사한 주소를 붙여넣고 Enter 를 누릅니다.

https://github.com/needleworm/android_webview_template.git

Clone from URL https://github.com/needleworm/android_webview_template.git

Clone from GitHub

⑩ **저장소를 복제할 경로 선택하기**

저장소의 내용물을 어디에 복제할 것인가 물어봅니다. 필자는 간단하게 바탕화면을 선택하는 것을 선호합니다. 여러분께서 헷갈리지 않고 코드를 관리할 수 있는, 편하신 영역을 선택해 주시기 바랍니다.

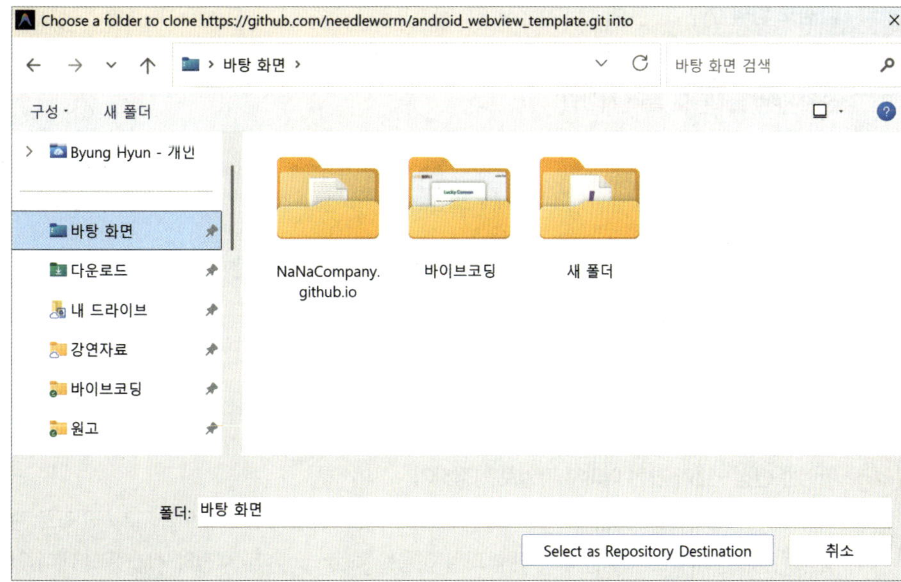

⑪ **코드 열기**

팝업 창에서 [Open]을 클릭합니다.

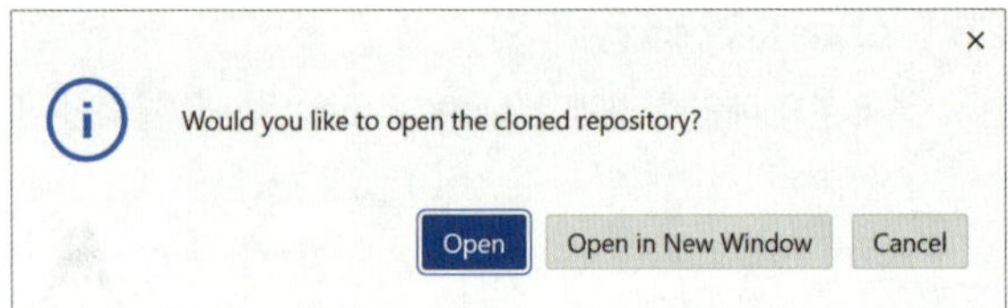

⑫ **코드 설치 완료**

코드 설치가 완료되었습니다. 이제 정말 거의 끝났습니다.

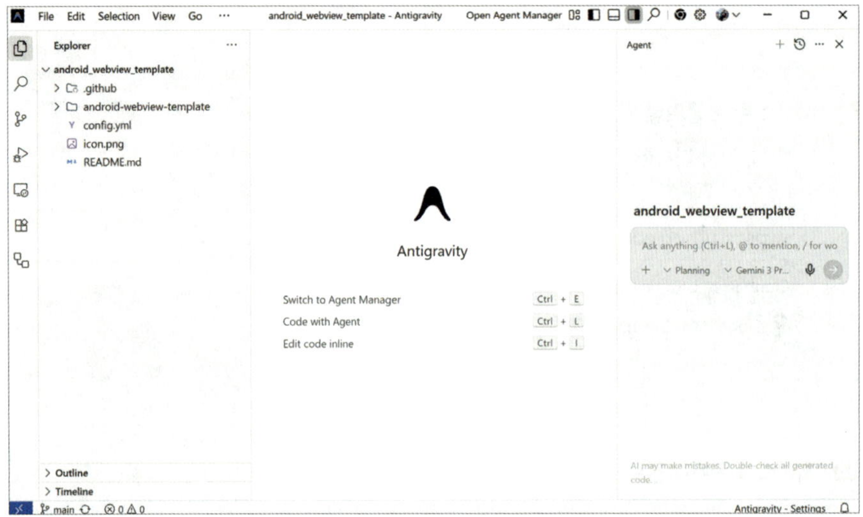

⑬ **앱 정보 입력**

좌측 탐색기에서 <config.yml>을 클릭하고, 우측 편집기 화면에서 앱 이름과 앱 URL을 수정합니다. 수정 후 Ctrl + S 를 눌러 저장합니다.

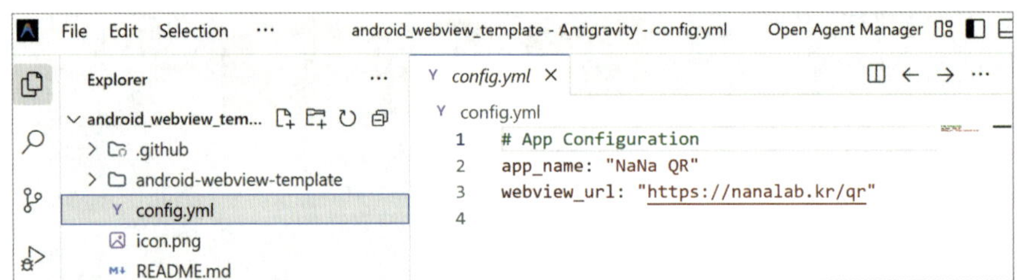

⑭ **아이콘 변경 - 내가 가진 이미지 파일로 변경하기**

이미 갖고 계신 이미지를 앱 아이콘으로 사용하시려면 파일의 해상도를 512x512 사이즈로 수정하고, 확장자를 png 파일로 수정합니다. 이후 파일 이름을 <icon.png>로 수정하셔서, 폴더 내에 있는 기존 <icon.png> 파일을 삭제 후 대체합니다.

⑮ 아이콘 변경 - AI로 즉석에서 새로 그리기

안티그래비티에게 그림을 새로 그려달라 요청합니다.

> icon.png파일을 대체할 새로운 아이콘을 그려줘. 사이즈와 확장자는 그대로 유지해.
> (원하는 그림에 대한 설명)

⑯ 작업 완료

터미널을 실행하고 다음 세 줄의 코드를 실행합니다.

```
git add .
git commit -m "update"
git push origin main
```

⑰ Actions 탭 확인 및 다운로드

Actions 탭에서 작업이 진행중인 것을 확인합니다. 갈색 동그라미 아이콘이 파란색 동그라미 아이콘으로 바뀌면 스크롤을 끝까지 내립니다.

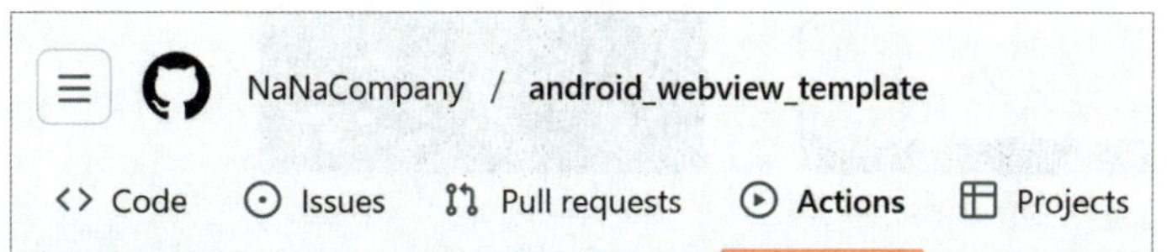

스크롤 최하단의 <Artifacts> 항목에서 앱을 다운로드할 수 있습니다. 설치 과정은 213쪽과 동일합니다.

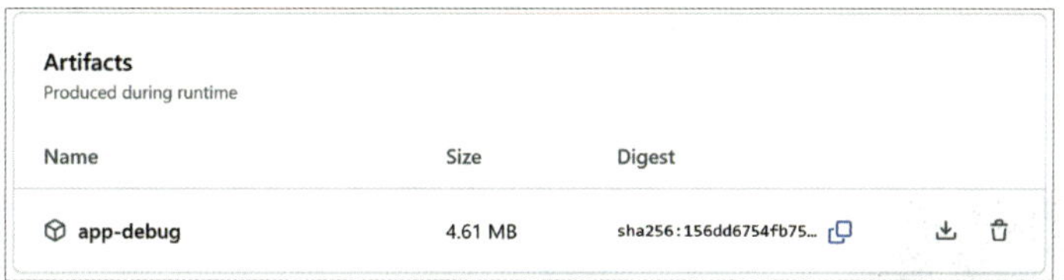

여기서 오류가 발생했어요!

이미 작동이 검증된 코드를 사용했는 데에도 오류가 발생했다면 크게 두 가지 가능성이 있습니다.
1. 안드로이드의 규격이 업데이트되었다.
2. 앱 정보를 입력하는 과정에서 실수했다.

두 가지 경우 모두 210쪽에서 소개된 디버깅 과정을 따라하는 것으로 해결이 가능합니다.

빌드도 필요 없고 아이폰에도 설치 가능한 앱, 1분 만에 만들기

앱 실행시 로딩 애니메이션

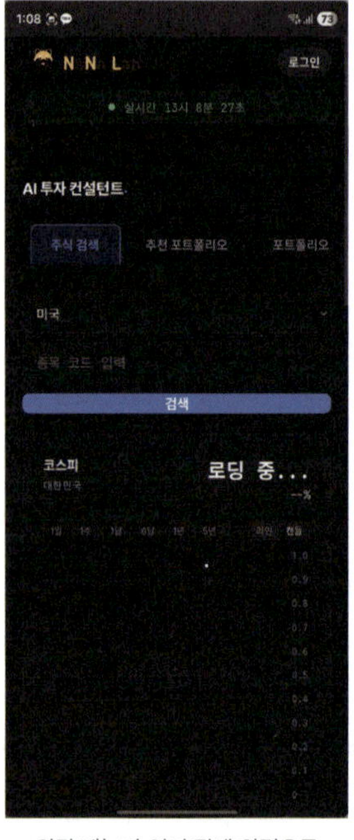

하단 메뉴바 없이 전체 화면으로
실행된 모습

앱 아이콘

레시피 목표 빌드도 필요 없고, 아이폰에도 설치 가능한 프로그레시브 웹 앱(Progressive Web App)을 만들고 설치하는 방법을 살펴보겠습니다.

필요한 지식

· Git Pages를 통한 웹 앱 호스팅 238쪽
* 웹 호스팅이 필수입니다.

예제 코드

예제 폴더 내
/예제 35. 빌드도 필요 없고 아이폰에도 설치 가능한 앱, 1분 만에
만들기

① 웹 사이트 코드가 담긴 GitHub 저장소에 접속

혹시 저장소가 없다면 아래 url로 접속하여 [Fork]를 눌러 실습에 활용하시기 바랍니다.

https://github.com/needleworm/prompt

② 저장소 주소를 복사

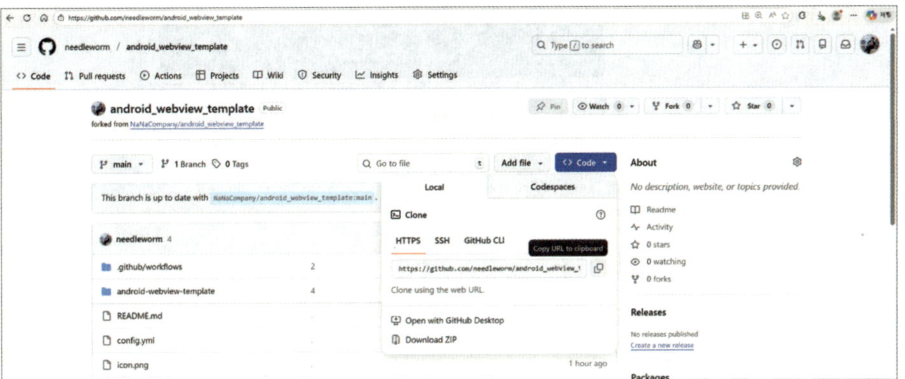

브라우저 상단의 주소 표시줄의 내용물을 그대로 복사해도 좋고, [Code] 버튼을 눌러 HTTPS 메뉴 하단의 복사 버튼을 눌러도 좋습니다.

③ 안티그래비티 실행하기

④ 새 창을 실행하기

화면 상단 [File] – [New Window]를 선택해도 좋고, Ctrl + Shift + N 단축키를 눌러도 좋습니다.

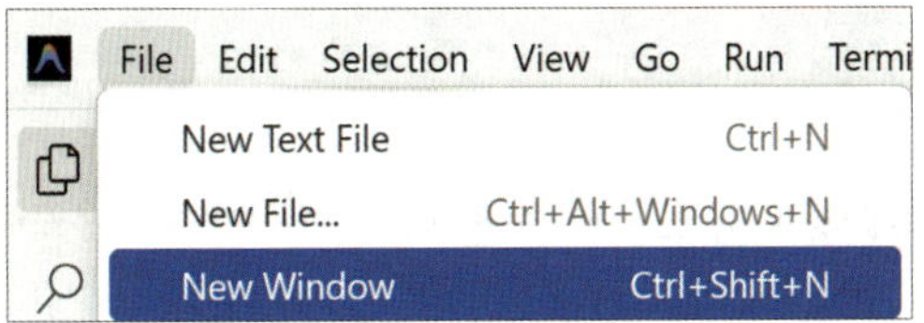

(5) **Clone Repository**

새 창의 메인 화면에서 [Clone Repository]를 클릭해 저장소를 복제합니다.

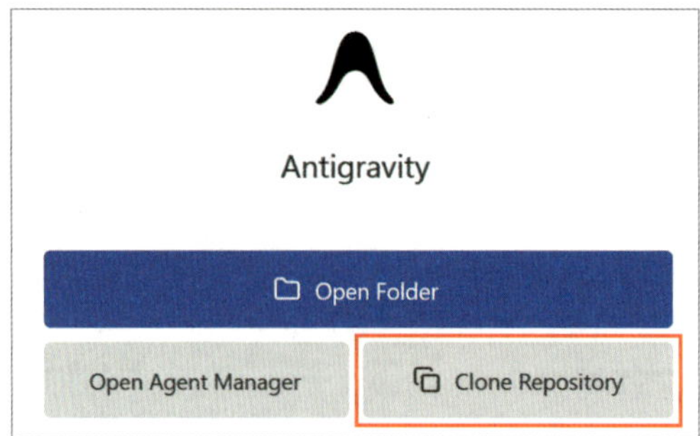

(6) **프롬프트 한 줄 입력하기**

파란색 부분은 여러분의 취향껏 변경하시기 바랍니다.

 **프롬프트 레시피**

이 앱을 PWA로 만들어 줘. 앱을 실행하면 전체 화면으로 꽉 차게 설정해 줘.
앱 아이콘은 네가 그려줘. AI가 사람과 대화하는 그림이면 좋겠어.

(7) **터미널 실행 후 코드 입력하기**

```
git add .
git commit -m "pwa"
git push origin main
```

(8) **작업 끝**

작업이 끝났습니다. 이제 여러분의 앱은 다운로드 없이 설치가능한 프로그레시브 웹 앱이 되었습니다.
앱의 설치 방법을 안내해드리겠습니다.

(9) **PWA 설정이 된 웹 사이트에 접속**

혹시 설정이 마무리되지 않았지만 체험을 원하시면 아래 URL로 접속해주세요.

https://nanalab.kr/invest

⑩ 브라우저의 메뉴 버튼을 둘러보며 "설치" 또는 "추가" 버튼을 찾기

EGDE 브라우저(모바일)

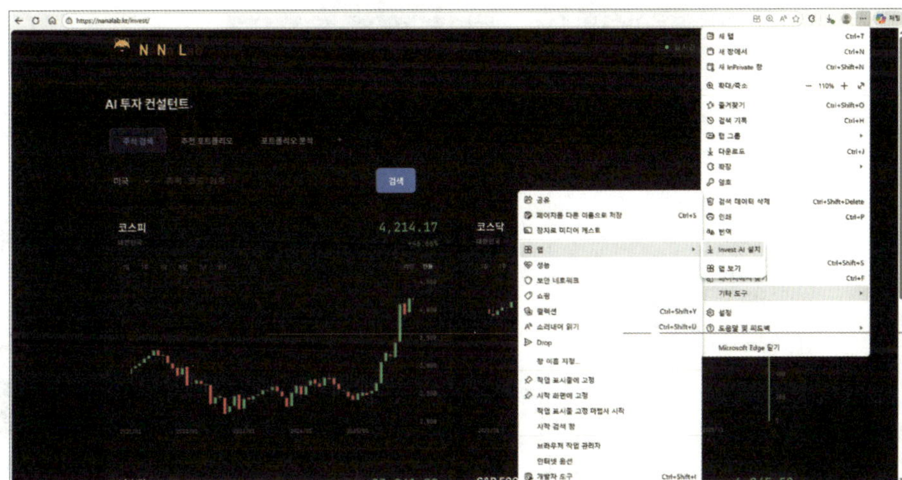

크롬 브라우저(데스크톱)

아이폰의 경우 [공유] 버튼을 눌러 메뉴에 진입해야 [홈 화면에 추가]라는 메뉴가 표기됩니다.

⑪ **앱 설치**

단순히 즐겨찾기나 바로가기 기능을 바탕화면에 만드는 것과는 달리, 정말로 시스템에서도 [설치]로 인식합니다. 앱 아이콘이 바탕화면에 표시됩니다.

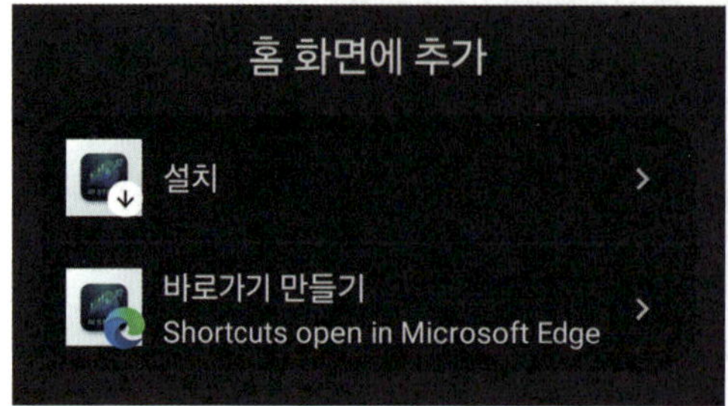

⑫ **설치된 앱 화면**

앱 실행시 로딩 애니메이션

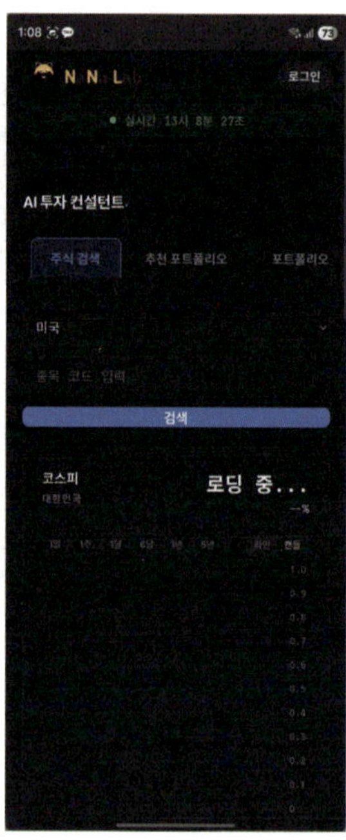

하단 메뉴바 없이 전체 화면으로
실행된 모습

앱 아이콘

바이브 코딩

프로그레시브 웹 앱, 스마트폰을 10년 넘게 썼는데 왜 사용해 본 기억이 없을까요? 그 이유를 한 마디로 요약하면, 기술은 완성이 되었지만 생태계 조성에 실패했기 때문이라 볼 수 있겠습니다. Twitter Lite, Starbucks, 여러 기업의 내부 대시보드, 키오스크 등에 널리 사용되고 있지만 일반 소비자들이 접할 기회는 많지 않았지요.

특히 애플 측에서 PWA와 관련된 기능들을 매우 늦게, 그마저도 일부만 아이폰에서 쓸 수 있게 개방해줬기에 PWA 생태계는 정착에 실패했습니다. 앱 스토어를 통해서 앱이 설치되어야 애플 측에서는 수수료를 받을 수 있습니다. PWA는 앱 스토어를 거치지 않고 설치되므로, 애플 입장에서는 달갑지 않은 기술입니다.

바꿔 말하면, PWA는 애플의 매출에 큰 우려를 끼칠 만큼 편리한 기술이라는 뜻이기도 합니다. 내가 만든 앱을 동료들과 함께 설치해 편하게 사용하기 위한 목적이라면 PWA가 가장 편안한 솔루션입니다.

특히 여러분께서 태블릿 PC에서 실행할 목적으로 웹 앱을 제작하셨다면, 태블릿을 전체 화면으로 조작하며 PWA를 사용할 수 있어 무척이나 유용합니다. 바이브 코딩만으로 낡은 아이패드를 다 같이 사용하는 키오스크로 개조하는 것도 가능하고요.

전문가의 손맛을
눌러 담은
고급 스킬 레시피

지식은 공유하지 않으면 널 외롭게 해,
그러니 화합하지 않는 넌 외롭겠네
- 허승, 래퍼 Justhis

지식은 공유하지 않으면 널 외롭게 해,
그러니 화합하지 않는 넌 외롭겠네

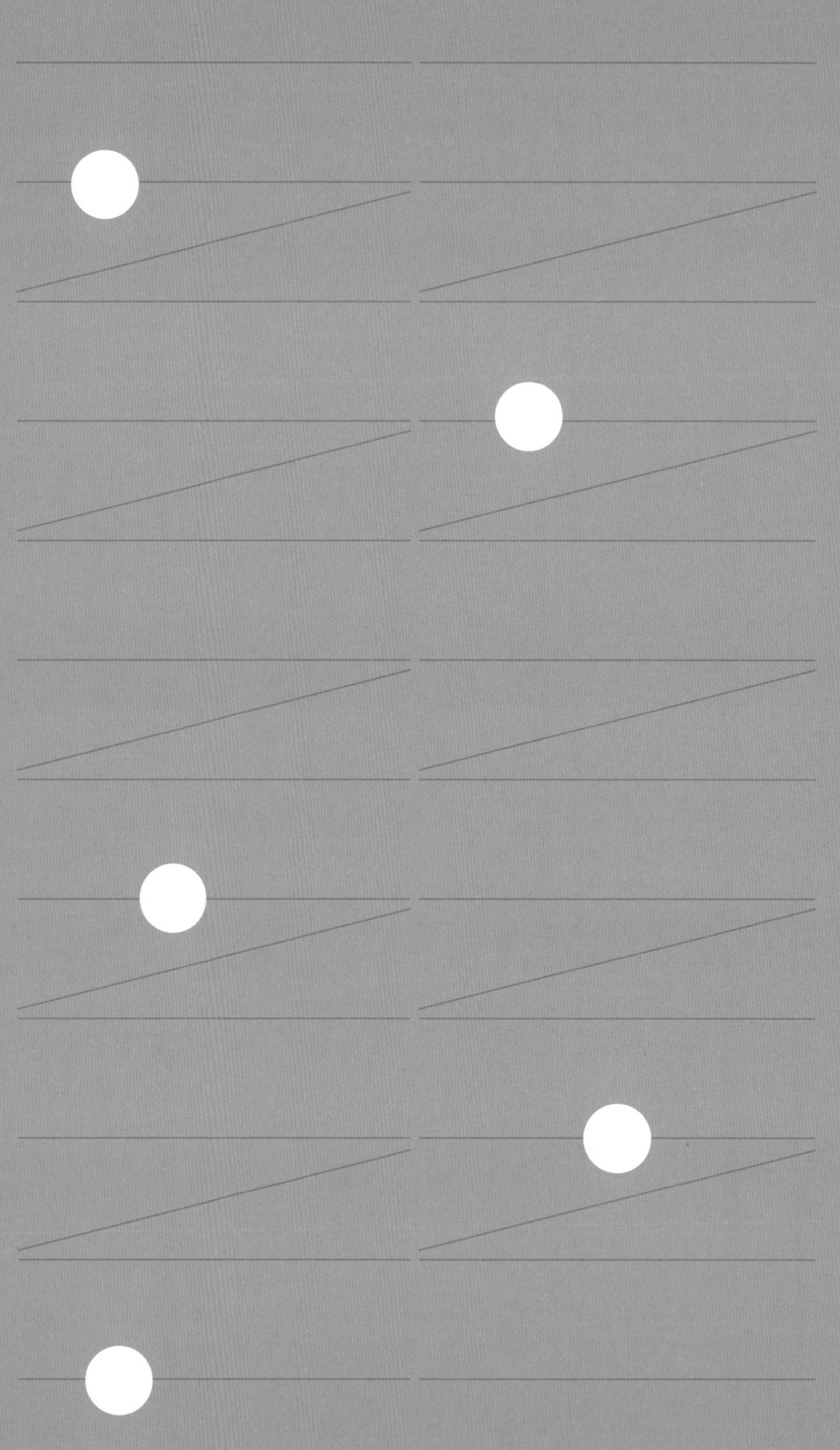

하나라도 더 알려드릴게요. 제발 배워가세요

앞서 레시피를 소개하면서, 갑작스레 난이도가 너무 높아질 수 있는 부분들을 분리하여 이번 장에 수록했습니다. 이번 장의 내용들은 따로 읽어보시기 보다는, 앞부분의 레시피를 따라해 보시다가 필요한 만큼만 참고해 보시면 충분합니다.

필자는 유용한 비법일수록 숨기지 않고 사방팔방 모두에게 널리 알려야 한다고 생각합니다. 이와 같은 마음으로, 조금은 어렵더라도 즉각적으로 도움이 될 만한 꿀팁들만 모아 봤습니다.

GitHub에 내 코드 올리기

GitHub는 코드를 보관해 둘 수 있는 사이트입니다. 그런데 단순 코드 보관뿐 아니라 웹 앱을 호스팅해 주는 서버 역할도 수행하고, 안드로이드 애플리케이션을 대신 빌드 해 주는 역할도 수행할 수 있답니다.

① GitHub 접속 및 회원가입 시작

https://github.com으로 접속해 [Sign Up] 버튼을 찾아 클릭합니다. 웹 페이지의 디자인이 수시로 업데 이트되므로, 버튼의 위치를 기억하시기보다는 버튼의 문구를 읽어 보며 클릭하는 것을 추천합니다.

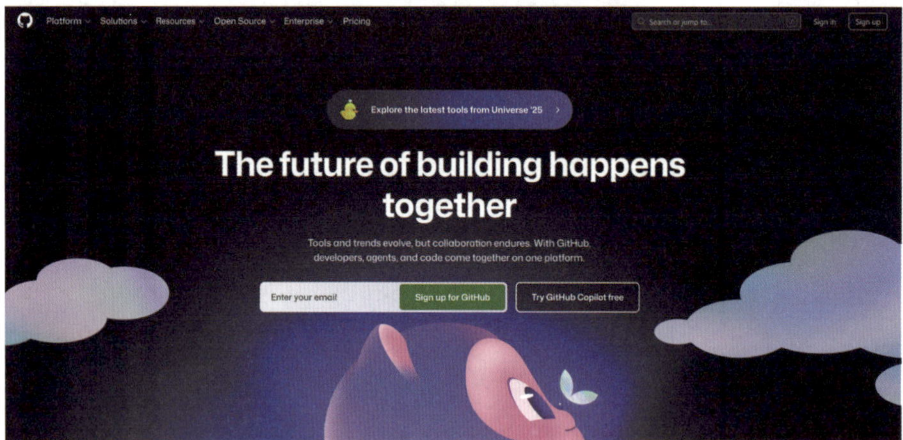

(2) **회원가입 진행**

GitHub는 이메일 회원가입과 구글/애플 계정 회원가입을 모두 지원합니다. 구글 계정 가입이 가장 간편하므로 추천합니다. 구글 계정 활용이 불편하신 분들은 이메일을 입력하여 회원가입을 진행합니다.

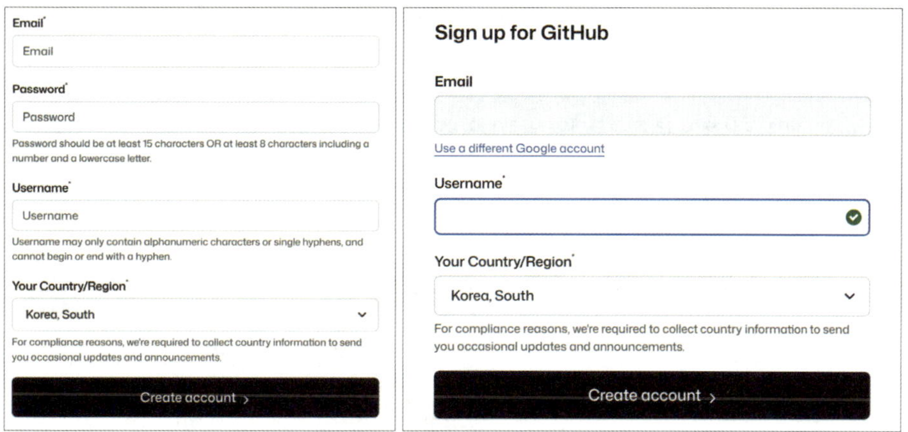

이메일 계정 회원가입 화면   Google/Apple 계정 회원가입 화면

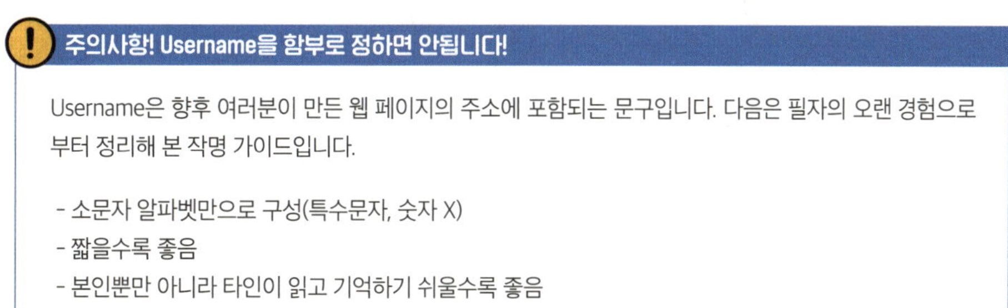

Username은 향후 여러분이 만든 웹 페이지의 주소에 포함되는 문구입니다. 다음은 필자의 오랜 경험으로부터 정리해 본 작명 가이드입니다.

- 소문자 알파벳만으로 구성(특수문자, 숫자 X)
- 짧을수록 좋음
- 본인뿐만 아니라 타인이 읽고 기억하기 쉬울수록 좋음

닉네임을 잘 메모해 둡시다.

(3) **로그인 진행**

회원가입 후 다시 GitHub 홈페이지에 접속, 이번에는 [Sign Up] 버튼을 눌러 로그인합니다.

④ **프로필 접속**

GitHub의 프로필로 접속하는 방법은 간단합니다. 주소창에 다음과 같이 입력해 보세요.

https://github.com/<내 닉네임>

예를 들어, 필자의 프로필로 접속하는 URL은 다음과 같습니다.

https://github.com/needleworm

프로필로 정상적으로 접근된다면 일차적인 준비가 끝났습니다.

⑤ **Git for Windows 설치**

윈도우 운영체제에서 GitHub를 활
용하기 위해 필요한 소프트웨어입니
다. 위 URL로 접속하여 [Download]
버튼을 눌러 설치합니다. 설치 과
정에서 표시되는 모든 항목에 [예
(yes)] 버튼을 누릅니다.

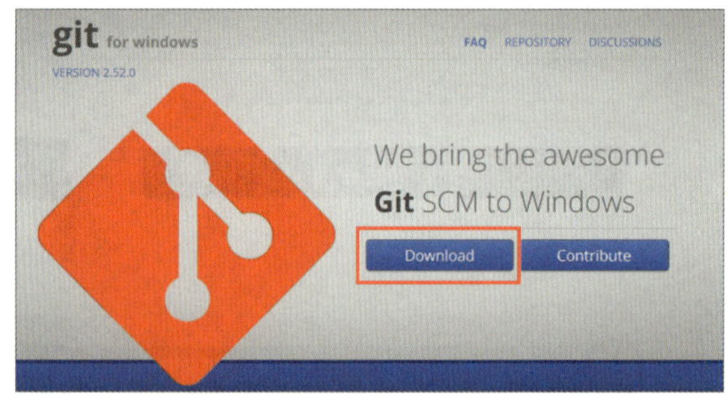

https://gitforwindows.org

자, 이제 준비가 대부분 끝났습니다.

⑥ **https://github.com/new 접속(로그인 필요)**

영어로 된 페이지가 표시됩니다. 여기서 GitHub 측에 "내 코드를 보관할 새로운 공간이 필요하니, 만들
어 주세요."라고 요청할 수 있습니다.

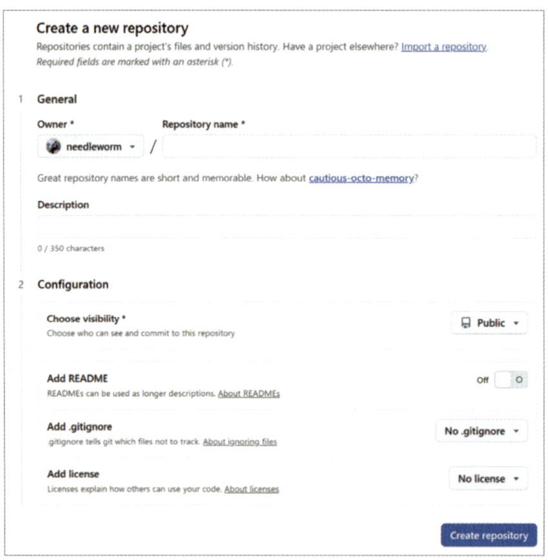

바이브 코딩

7 저장소 생성

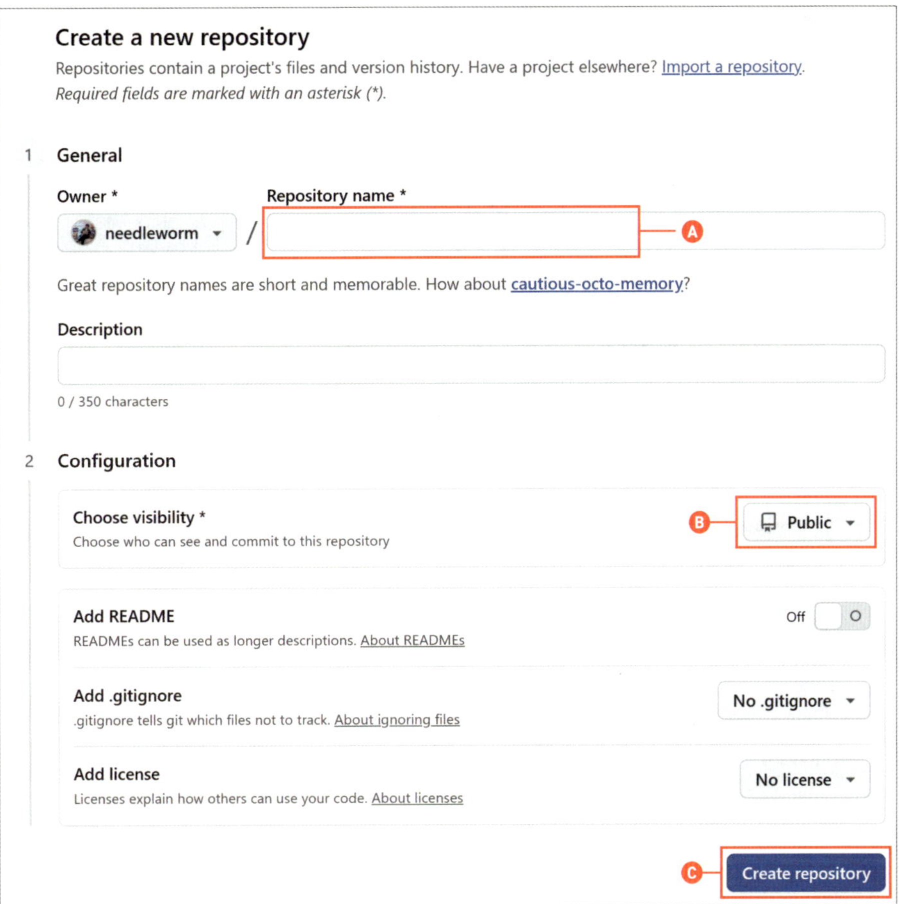

웹 앱을 올릴 때에는 위 세 곳만 확인하시면 됩니다.

Ⓐ 저장소 이름을 입력합니다. 짧고 간결할수록 좋습니다.

Ⓑ Visibility 항목을 <Public>으로 세팅합니나.

   – Private으로 세팅하면 내용물을 나만 볼 수 있습니다.

   – 즉, URL을 통한 외부 접속 역시 차단됩니다.

Ⓒ [Create Repository] 버튼을 클릭합니다.

아래 그림과 같은 페이지가 표시되면 성공입니다.

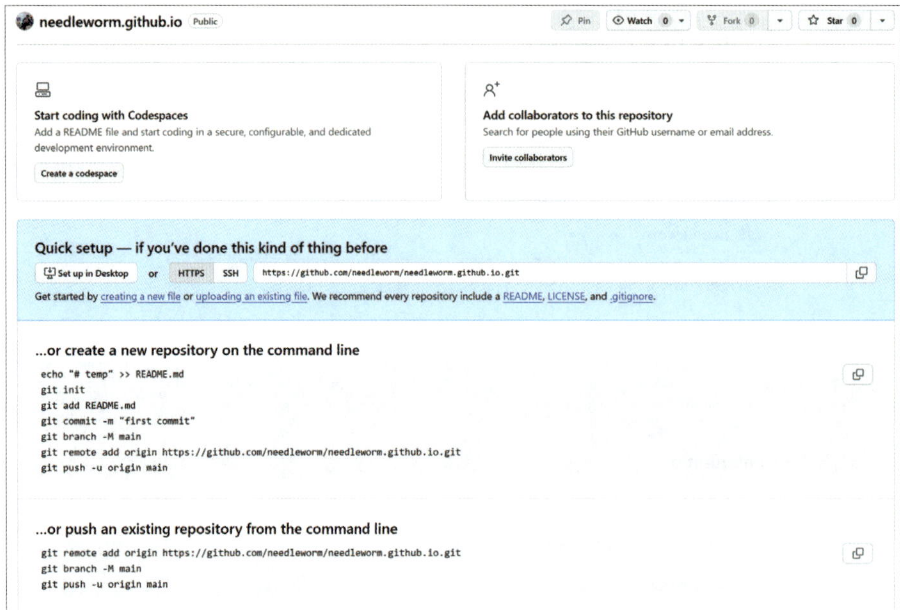

하단 메뉴 우측의 [복사] 버튼(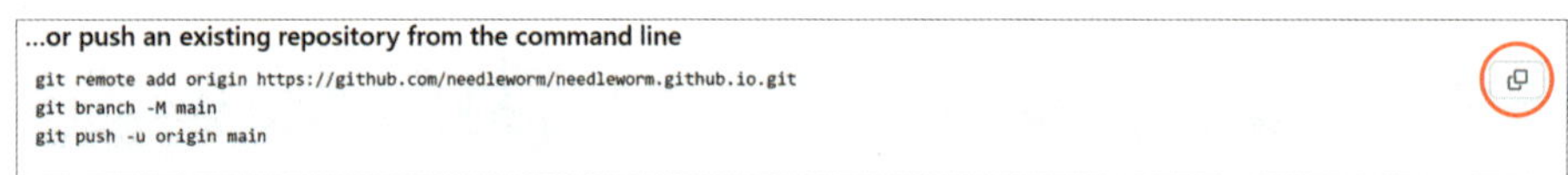)을 누릅니다.

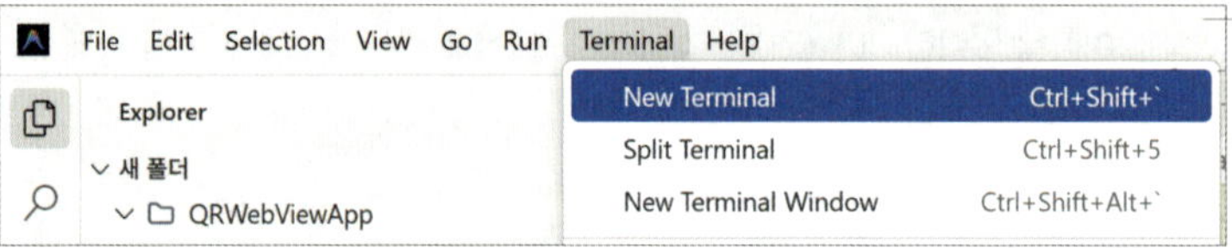

⑧ 저장소의 **사용 방법 - 초기 코드 업로드**

안티그래비티로 작업 중이던 화면에서, 상단 [Terminal] - [New Terminal]을 실행합니다.

화면 하단에 "터미널"이라 부르는 창이 표시됩니다. 터미널을 활용하면 컴퓨터에게 직접 명령을 내릴 수 있습니다.

바이브 코딩

그리고 다음과 같이 코드 세 줄을 입력합니다.

코드1	git init	이 폴더에서 git을 활성화한다.
코드2	git add .	모든 파일을 git에 올리겠다
코드3	git commit -m "메시지"	서명

메시지에는 아무 내용이나 입력해도 됩니다. 바쁠 때에는 점(.) 하나만 찍기도 합니다.[1]

(9) 이후 (7)에서 복사한 코드를 입력하고 ⎡Enter⎤를 두세 번 정도 눌러 줍니다.

(10) 단계 (7)의 웹 페이지를 새로고침하면 코드가 표시됩니다.
여러분의 컴퓨터에 있는 코드를 업로드하는 데 성공했습니다. 축하합니다.

Comment

GitHub는 전 세계의 개발자들이 모두 사용하는 사이트이므로, 여유가 될 때 사용 방법을 조금 공부해 보시는 것도 좋습니다. 깃허브의 기능들을 능숙하게 사용할 수 있으면 소프트웨어의 버전 변경을 손쉽게 관리할 수 있고, 돈이 드는 기능들을 무료로 구현하는 것도 가능합니다.

---

1 취미로 코딩할 때에만 성립하는 이야기입니다. 직장에서 코딩을 할 때에 점 하나만 찍으면 사수에게 크게 혼날 수 있습니다. 보통은 "이번 버전의 업데이트 정보"를 기재합니다.

내가 만든 웹 앱, GitHub를 통해 호스팅하기

> **레시피 목표** 여러분이 만든 웹 앱을 인터넷 브라우저로 접속할 수 있도록 호스팅하는 방법을 살펴봅니다.

필요한 지식

• 웹 페이지의 구조 290쪽

https://youtube.com을 주소창에 입력하면 유튜브로 접속할 수 있습니다. 스마트폰, 컴퓨터, 태블릿 PC 등, 인터넷 브라우저만 있다면 전 세계 어떤 기기에서도 접속해서 유튜브를 활용할 수 있습니다.

우리가 만든 웹 앱을 유튜브처럼 인터넷에 공개해 두고, 누구든 접속해 볼 수 있도록 만들려면 어떤 과정이 필요할까요?

웹 사이트 작동을 위해 필요한 요소

먼저 코드가 필요합니다. 지금까지 우리가 안티그래비티를 활용해 만들었던 웹 앱 코드가 있으니 첫 번째 구성요소는 준비가 되었네요.

두 번째로, 코드를 저장해 두었다가 사용자의 요청이 들어올 때마다 웹 페이지를 전송해 줄 서버 컴퓨터가 필요합니다. 그런데 서버 컴퓨터는 굉장히 비쌉니다. 24시간 켜둘 것을 전제로 제작된 특수한 장비다 보니 일반 가정용 컴퓨터보다 훨씬 고가의 부품이 들어가고 전기도 많이 사용합니다.

다행히 GitHub는 코드를 저장해 둘 공간을 빌려주는 것뿐만 아니라, 우리가 만든 웹 사이트에 누구든지 접속할 수 있도록 호스팅을 무료로 제공해 주기도 합니다. 대부분 사람들이 코드를 보관해 두는 용도로 GitHub를 사용하던 중, 어느 날 업데이트를 통해 Git Page라는 서비스가 추가되었습니다.

"어차피 저희 서버에 코드 올려 두신 거잖아요?

이거, 웹 페이지 호스팅[2]해 드릴게요. 무료로요."

비싼 서버 컴퓨터 없이도 웹 호스팅을 할 수 있다니, 무척이나 좋은 서비스입니다. 이 서비스를 활용해 우리가 만든 웹 페이지를 전 세계 어디서든지 접속할 수 있는 상태로 배포해 보겠습니다.

두 단계의 작업이 필요합니다.

    1. 사용자 페이지 개설 및 배포
    2. 개별 앱 페이지 개설 및 배포

사용자 페이지 개설 단계부터 차근차근 살펴보겠습니다.

---

2 서버의 공간 일부를 쪼개어 여러 사람들에게 나눠 주는 기법. 웹 페이지를 배포하고 운영하는 용도의 호스팅 서비스를 '웹 호스팅'이라 부른다.

사용자 페이지는 다음과 같은 URL 규격으로 배포됩니다.

https://<사용자명>.github.io

예를 들어, 필자의 사용자 페이지 주소는 다음과 같습니다.

https://needleworm.github.io

그리고, 이후 여러분들이 만들어 배포할 앱들은 다음과 같은 형태로 배포됩니다.

https://<사용자명>.github.io/<앱 이름>

① **메인 웹 페이지 파일 준비**

깃 페이지에서 호스팅할 사용자 페이지를 안티그래비티로 제작합니다.

그런데 누군가 여러분이 전달해 준 URL에 접속하는 과정에서 슬래시(/)뒤의 앱 이름을 삭제하고, 메인 웹 페이지에 접속을 시도해 볼 가능성이 있겠죠. 따라서 되도록 일종의 공식페이지나 개인 포트폴리오 웹 페이지처럼, 여러분을 소개할 수 있는 페이지를 구현하는 것을 추천합니다.

혹시 개인 페이지를 준비하지 못한 상황이라면 다음과 같이 예제로 사용할 웹 페이지를 다운로드합니다. (내가 직접 제작한 웹 페이지를 호스팅하실 분들은 과정 가) ~ 바) 단계는 생략합니다)

가) 바탕화면에서 마우스 오른쪽 버튼 클릭

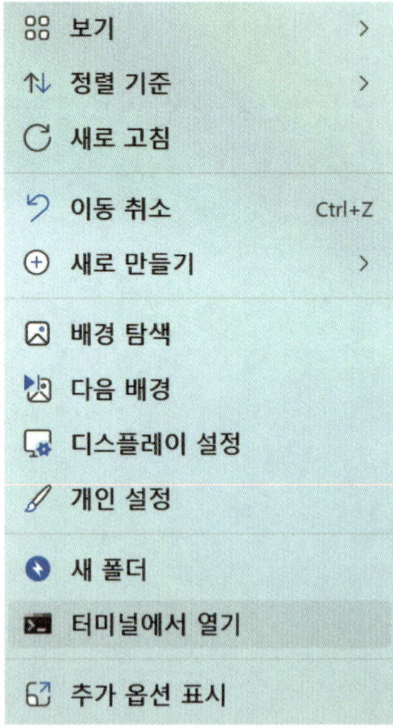

나) 터미널에서 열기 버튼 클릭

다) 터미널에 다음 문구를 오타 없이 정확하게 입력 후 엔터

git clone https://github.com/needleworm/prompt

*git for windows가 설치되어 있어야 합니다.

라) 바탕화면에 설치된 <prompt> 폴더 확인

prompt

마) 숨김 파일 보기

탐색기 상단 [보기] – [표시] 메뉴로 들어가 [숨긴 항목]에 체크가 되어 있는지 확인합니
다. 체크표시가 없다면 버튼을 눌러 체크합니다.

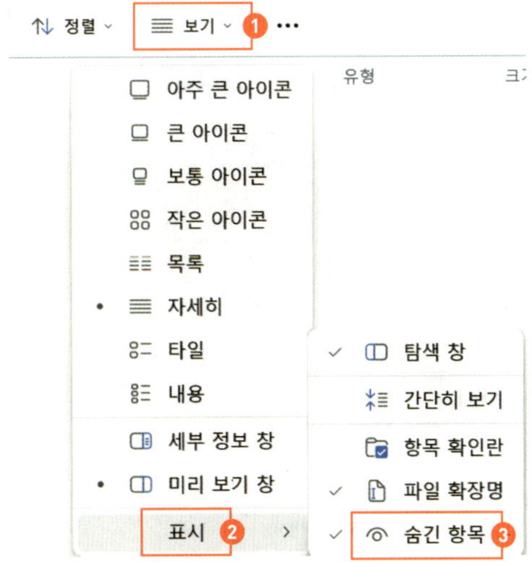

바) .git 폴더 삭제

이어 숨김 폴더 <.git>을 삭제하면 모든 준비가 끝났습니다.

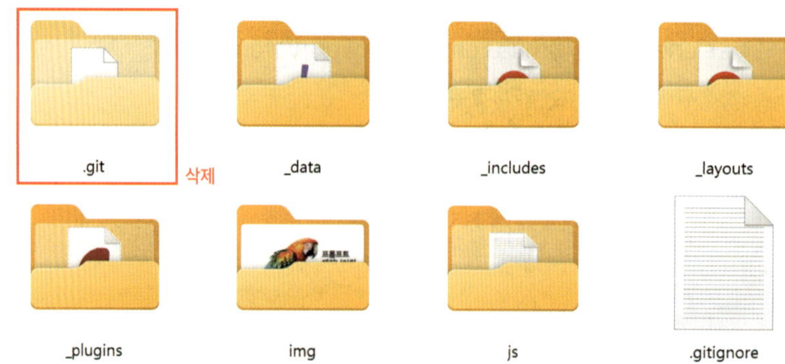

② https://github.com/new 접속(로그인 필요)

③ 저장소 생성

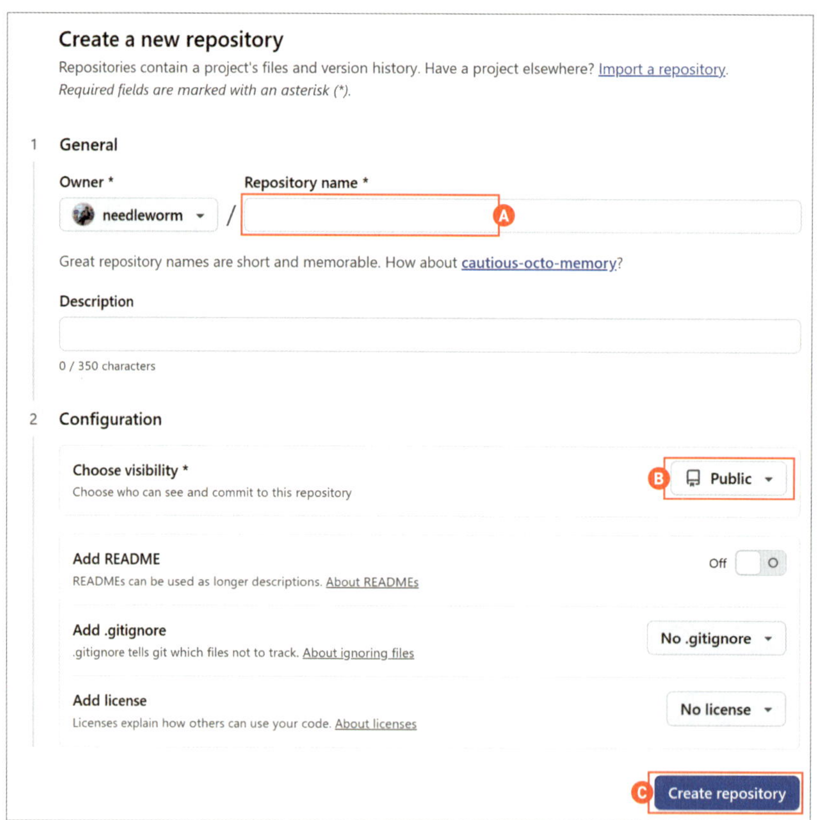

바이브 코딩

Ⓐ 저장소 이름을 입력합니다. 다음 규격을 따라 오타 없이 입력합니다.

<내 닉네임>.github.io[3]

Ⓑ Visibility 항목을 <Public>으로 세팅합니다.

Ⓒ [Create Repository] 버튼을 클릭합니다.

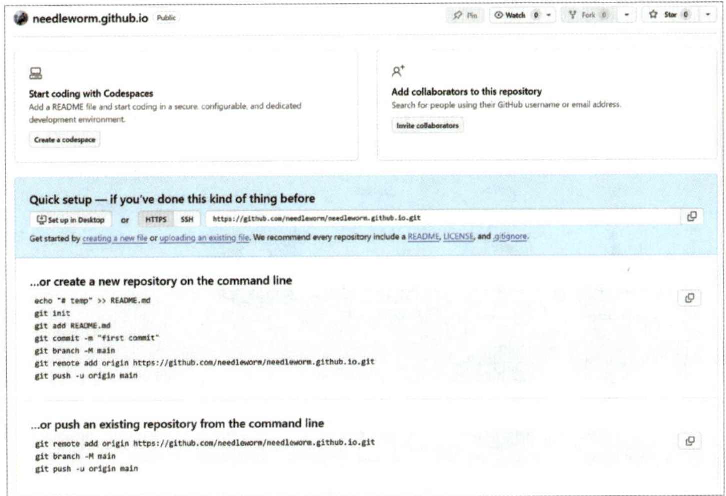

위 그림과 같은 페이지가 표시되면 성공입니다.

④ 맨 아래쪽 회색 상자의 [복사] 버튼을 클릭해 코드를 복사합니다.

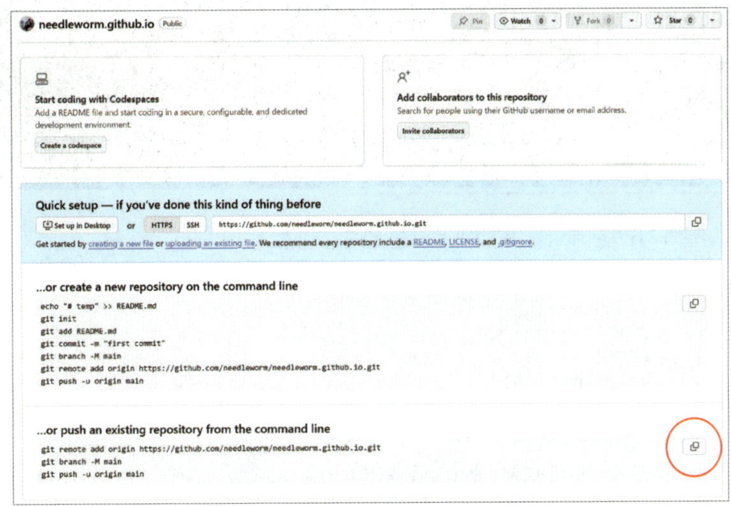

---

3 필자의 경우, 닉네임이 needleworm이므로 needleworm.github.io를 입력함

(6) 터미널에서 열기 실행

코드 폴더의 빈 공간을 마우스 오른쪽 버튼으로 클릭하고, [터미널에서 열기]를 선택합니다. 직접 만든 폴더가 아니라, 예제 코드를 다운로드 하신 경우 반드시 앞서 안내한 대로 숨김 폴더 처리된 <.git> 폴더를 삭제해야 합니다.

(7) 터미널에 코드 입력

```
Windows PowerShell

PS C:\Users\needl\Desktop\prompt> git init
Initialized empty Git repository in C:/Users/needl/Desktop/prompt/.git/
PS C:\Users\needl\Desktop\prompt> git add .
PS C:\Users\needl\Desktop\prompt> git commit -m "."
[master (root-commit) fb424c6].
 73 files changed, 6680 insertions(+)
 create mode 100644 .gitignore
 create mode 100644 404.html
 create mode 100644 LICENSE
 create mode 100644 README.md
```

터미널의 까만 창에 다음 세 줄의 코드를 입력합니다.

```
git init
git add .
git commit -m "."
```

한 번에 한 줄씩 입력하면서 Enter 를 눌러주세요.

위 그림과 같이 [xx files changed] 라는 문구가 표시되며 파일 목록이 쭉 나열되면 성공입니다.

⑧ 붙여넣기

$Ctrl$ + V 를 눌러, ④에서 복사한 코드를 붙여넣습니다.

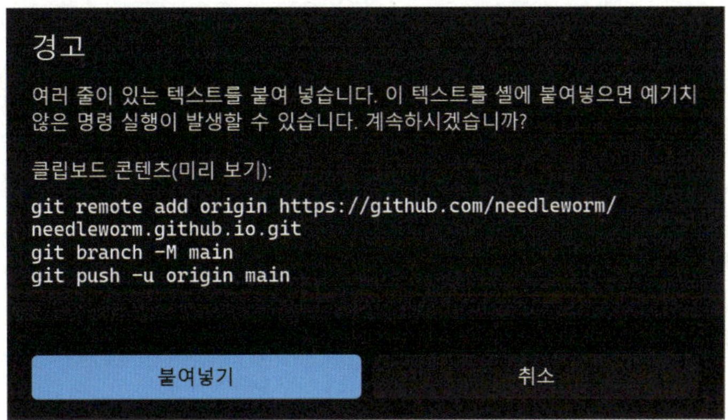

경고창이 표시되면 [붙여넣기] 버튼을 누릅니다.

이후 $Enter$ 를 두세 번 눌러줍니다.

⑨ GitHub 새로고침

GitHub 저장소 페이지를 새로고침하면 아래 화면과 같이 방금 업로드한 코드의 목록이 표시됩니다. 이 저장소에 접속하려면 다음 URL을 주소창에 입력하면 됩니다.

https://github.com/<내 닉네임>/<내 닉네임>.github.io

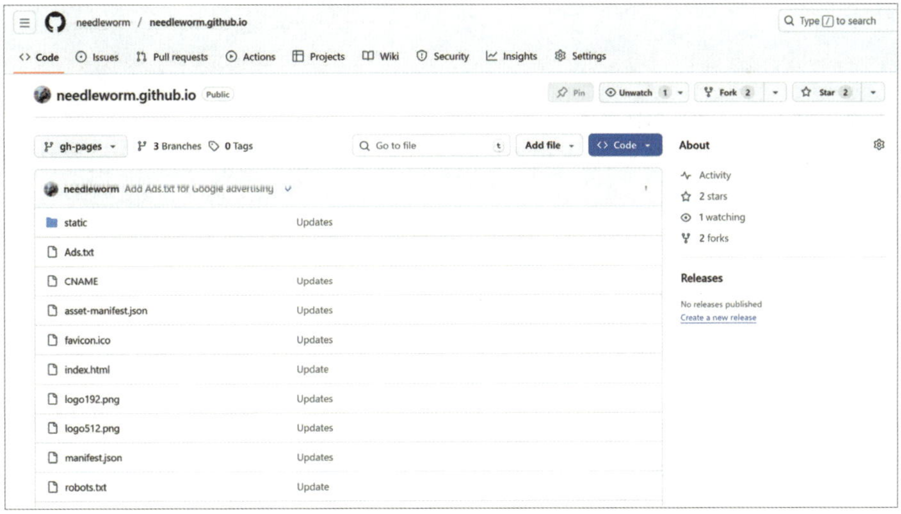

이제 GitHub 서버에 여러분의 웹 페이지 코드가 업로드된 상태입니다. 호스팅만 활성화하면 됩니다.

 Settings 메뉴 진입

메뉴 상단의 [Settings]를 클릭합니다.

 메뉴바 좌측의 [Pages]를 클릭

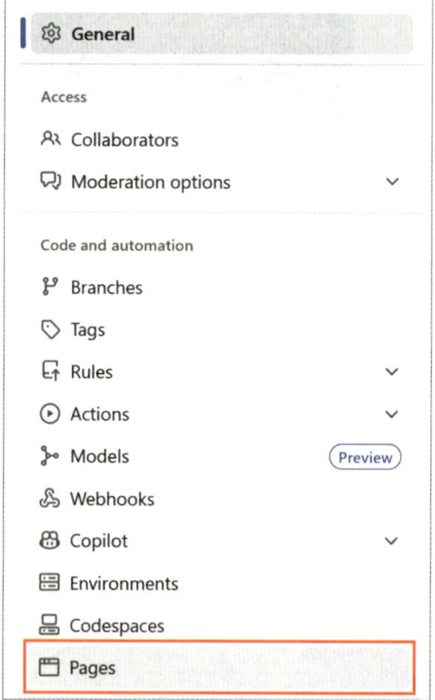

 Pages 페이지에서 설정 변경

Source를 [Deploy from a branch]로 설정합니다. 그리고 Branch 메뉴의 [None] 버튼을 클릭해 [main]
으로 바꿔 줍니다.

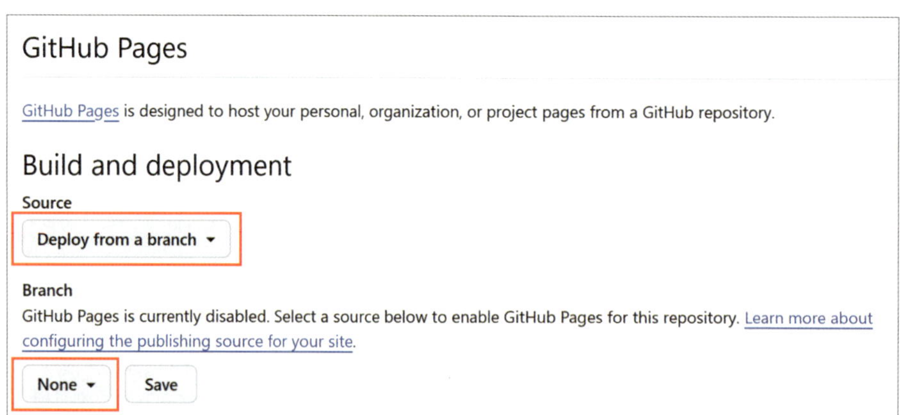

바이브 코딩

⑬ **저장**

아래 그림과 같이 <main></(root)>라는 값이 정상적으로 표기되면, [Save] 버튼을 눌러 저장합니다.
모든 절차가 끝났습니다.

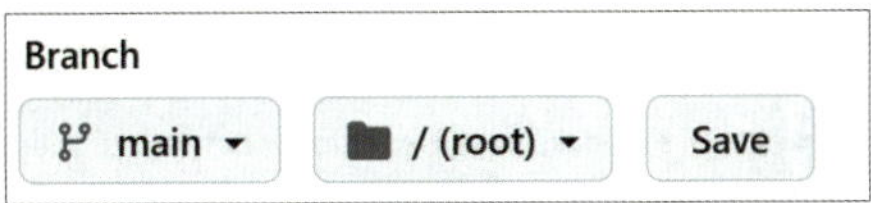

⑭ **1분 가량 기다렸다 새로고침**

⑮ **배포 완료**

새로고침을 하다 보면 아래 그림과 같이 "Your site is live" 메시지와 함께 웹 페이지 주소가 표시됩니다.
[Visit site]를 클릭해 사이트에 방문해 봅니다.

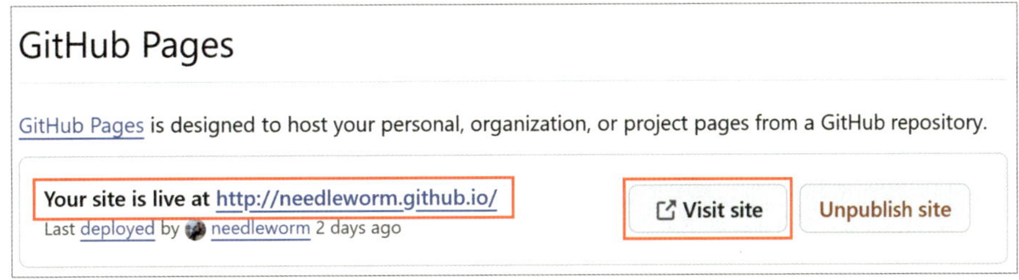

현재 URL의 앞부분이 http:// 로 표기되고 있습니다. 보안 접속이 되는 사이트는 https:// 로, s 한 글자
가 더 기재되어 있습니다. 지금 상태 그대로 URL을 카톡이나 이메일로 전달해도 상관없지만, 일부 브라
우저에서 "안전하지 않은 연결"이라는 경고문을 표시할 수 있습니다.

(16) **보안 접속 설정**

페이지 스크롤을 쭉 내리면 최하단에 <Enforce HTTPS>라는 메뉴가 있습니다. 이 메뉴를 클릭해 주면
모든 작업이 끝납니다.

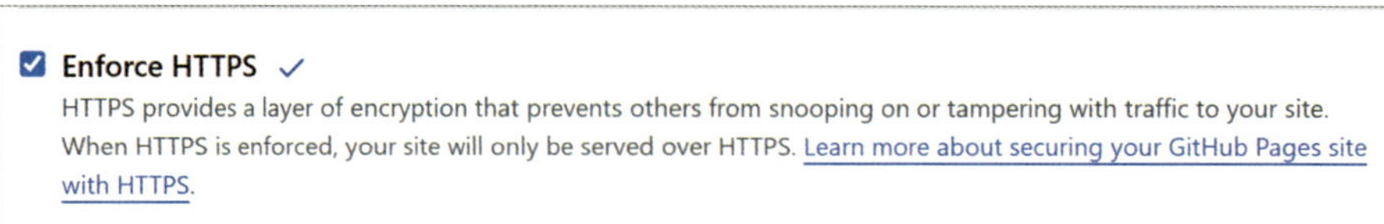

상단 메뉴에 표시되는 URL의 앞부분이 https:// 로 변경되었습니다. 이제 안심하고 다른 사람에게 URL
을 전달해도 "안전하지 않은 연결" 경고문이 표시되지 않습니다.

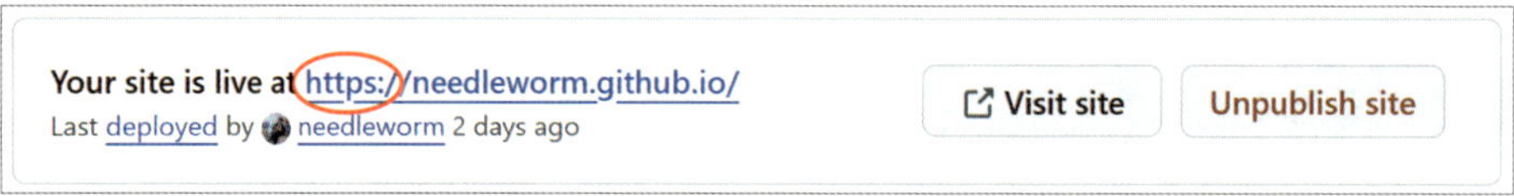

메인 페이지의 호스팅 설정이 끝났습니다. 메인을 한 번만 세팅해 두면 이후 작업은 무척이나 쉬워집
니다.

② 개별 앱 페이지 개설 및 배포

① 호스팅하고 싶은 웹 앱 코드 준비

책의 레시피들을 따라하며 만든 코드를 그대로 사용해 보는 것을 추천합니다.

② 저장소 생성

https://github.com/new

저장소 이름에 여러분이 원하는 앱 이름을 적어주세요. 띄어쓰기는 허용되지 않습니다. 짧은 영단어 한 개 정도만 기재하는 것이 제일 좋습니다.

Visibility를 <Public>으로 설정 후, 다른 메뉴는 절대 건드리지 말고 [Create Repository] 버튼을 클릭합니다.

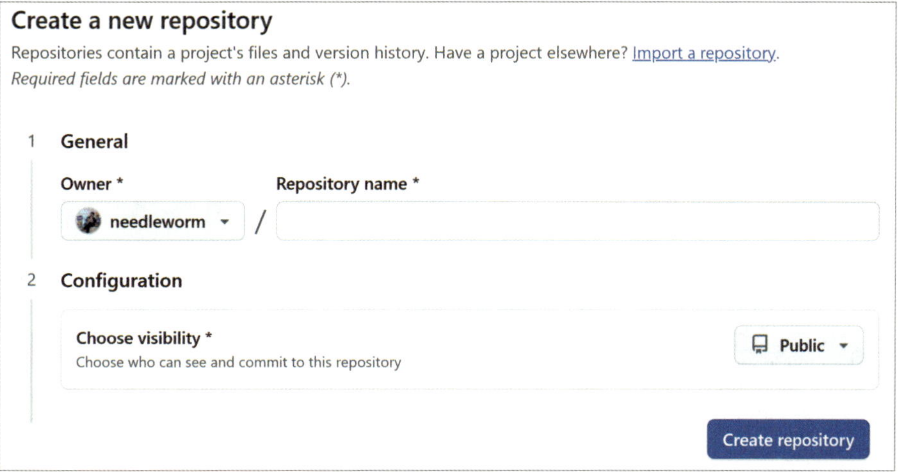

③ 최하단 코드 복사

화면 제일 아래에 있는 코드 복사 버튼을 클릭합니다.

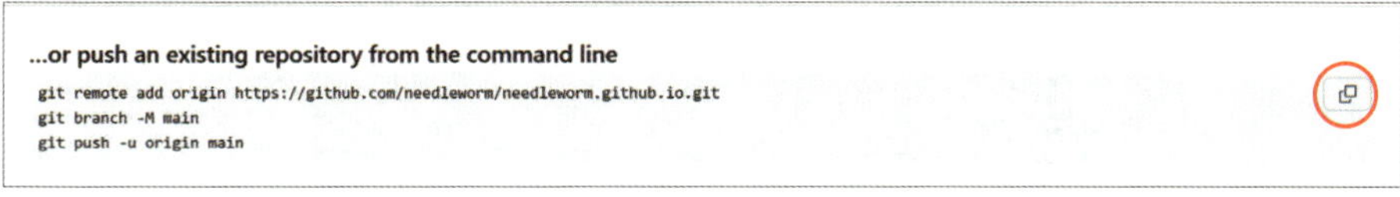

④ 앱 코드 폴더에서 터미널 실행

호스팅하려는 앱 폴더에서 마우스 오른쪽 버튼을 클릭해 [터미널에서 열기]를 선택합니다.

⑤ 터미널에 코드 입력

한 번에 한 줄씩 입력하면서 [Enter]를 눌러주세요.

```
git init
git add .
git commit -m "."
```

⑥ 복사해 둔 코드 붙여넣기

[Ctrl]+[V]를 눌러 복사해 온 코드를 붙여넣고 [Enter]를 두세 번 눌러줍니다.

⑦ GitHub 페이지 새로고침

코드 파일이 정상적으로 업로드되었나 확인합니다.

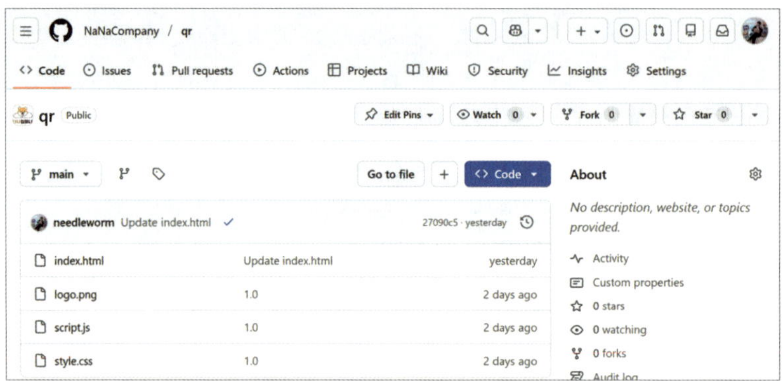

⑧ Pages 설정 화면 진입

상단 [Settings] - 좌측 [Pages] 버튼을 차례로 클릭합니다.

바이브 코딩

⑨ 배포 설정 후 저장

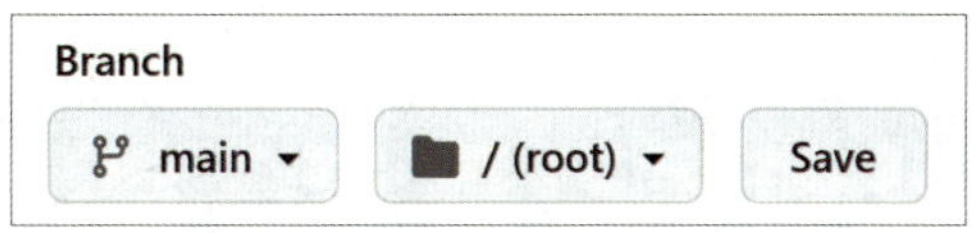

Source - [Deploy from a branch] 항목 선택

Branch - <main></(root)> 확인 후 [Save] 버튼 클릭

하단 [Enforce HTTPS] 버튼 클릭

⑩ 1 ~ 2분 가량 기다리기

⑪ 작업 끝!
방금 업로드한 앱의 주소가 표시됩니다!

Your site is live at https://needleworm.github.io/qr/   ⎋ **Visit site**   Unpublish site
Last deployed by 🐛 needleworm yesterday

Comment

처음 세팅은 조금 번거로웠지만, 한 번만 메인 페이지를 세팅해 두면 이후에는 굉장히 간편하게 웹 앱을 배포할 수 있습니다. 그리고 이 모든 과정이 무료입니다. 부디 여러분께서 직접 만든 앱을 최대한 많이 배포하고, 주면에 공유하며 소중한 경험을 나눠보시기 바랍니다.

도메인 연결

https://<닉네임>.github.io/<앱 이름>

주소가 조금 지저분해보이고 예쁘지 않습니다. 그래서 필자는 도메인을 구매해 주소를 깔끔하게 개편했습니다.

기존 주소 - https://needleworm.github.io
새 주소 - https://bhban.kr

도메인은 가비아, GoDaddy와 같은 사이트를 통해 구매할 수 있으며 저렴한 도메인의 연간 사용료는 1년에 2만 원 가량입니다. 구매한 도메인을 연결하실 때에는 Git Page 설정 화면의 <Custom Domain> 메뉴에서 가이드를 따라하면 됩니다.

GitHub에 올려 둔 코드 업데이트하기

웹 앱에 오류가 있어 수정하거나, 새로운 기능이 떠올라 추가하고 싶을 때에는 어떻게 해야 할까요? 정석적인 순서는 다음과 같습니다.

① 버전 확인

② 코드 다운로드(git pull origin main)

③ 코드 수정

④ 코드 업로드(git push origin main)

간단해 보이지요? 그런데 실제로 해 보면 오류가 자주 발생합니다. 왜냐하면 ②를 한 번이라도 깜빡해 GitHub 사이트에 올라간 코드와 내 코드 사이의 차이점이 생긴다면, 시스템이 오류를 만들거든요.

전업 개발자들은 꼼꼼하게 버전을 관리하며 충돌을 피할 수 있지만, 일반인에게 이 같은 작업은 무척 번거롭습니다. 그래서 개발자들이 보면 비효율적이라 생각하겠지만, 일반인들 입장에선 오히려 안전하고 효율적인 방법을 소개합니다.

① 코드를 다운로드할 곳에서 터미널 실행

빈 공간을 마우스 오른쪽 버튼으로 클릭하고, [터미널에서 열기]를 선택합니다.

② **터미널에 코드 입력**

git clone <깃허브 저장소 주소>

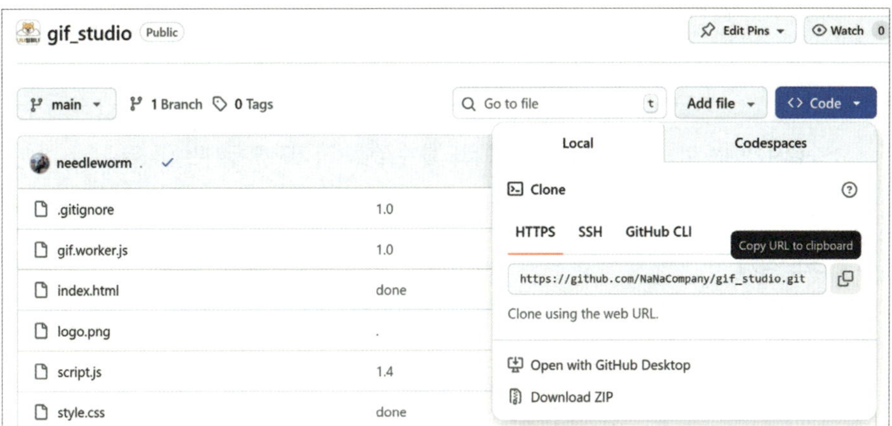

저장소 주소는 저장소 웹 페이지 상단의 주소 표시줄에서 복사하시거나, 저장소 화면 우상단의 [Code] 버튼을 누른 뒤 <HTTPS> 항목에서 [복사] 버튼을 눌러 복사할 수 있습니다. 위 화면 기준의 코드는 다음과 같습니다.

git clone https://github.com/NaNaCompany/gif_studio.git

```
PS C:\Users\needl\Desktop\새 폴더 (2)> git clone https://github.com/NaNaCompany/gif_studio.git
Cloning into 'gif_studio'...
remote: Enumerating objects: 43, done.
remote: Counting objects: 100% (43/43), done.
remote: Compressing objects: 100% (28/28), done.
remote: Total 43 (delta 23), reused 34 (delta 14), pack-reused 0 (from 0)
Receiving objects: 100% (43/43), 129.93 KiB | 368.00 KiB/s, done.
Resolving deltas: 100% (23/23), done.
PS C:\Users\needl\Desktop\새 폴더 (2)>
```

[Enter]를 누르고 잠시 기다립니다. "done"이라는 문구가 표시되면 다운로드가 끝났습니다.

탐색기에서도 폴더 아이콘이 표시됩니다.

③ **코드 수정**

방금 생겨난 폴더를 안티그래비티로 실행해 코드를 수정합니다.

④ **안티그래비티 터미널 실행**

상단 [Terminal] 메뉴 클릭 후 [New Terminal]을 눌러 터미널을 실행합니다.

```
git add .
git commit -m "수정사항"
git push origin main
```

수정사항에는 이번에 내가 어떤 식으로 코드를 수정했는지 기재해 두시면 됩니다.

⑥ **코드 삭제**

작업이 끝났으면 안전하게 로컬에서 코드를 삭제해 버립니다.

"아깝게 코드를 왜 삭제하나요?"

혹시 실수로 로컬에서 코드를 수정하시다 보면, 온라인 저장소에 있는 코드와 차이점이 생기게 됩니다. 결국 GitHub와의 버전 오류가 생기며 코드를 연동하는 데 지장을 겪게 됩니다. 그래서 수정하고 싶은 사항이 생길 때마다 clone으로 코드를 다운로드하고, 수정하고, commit 후, 삭제하는 것을 추천합니다.

실무적으로는 매우 비효율적인 것이 맞습니다. 하지만 전문지식을 습득하지 않은 일반인이 가장 안전하게 코드를 업데이트하는 방법이기도 합니다.

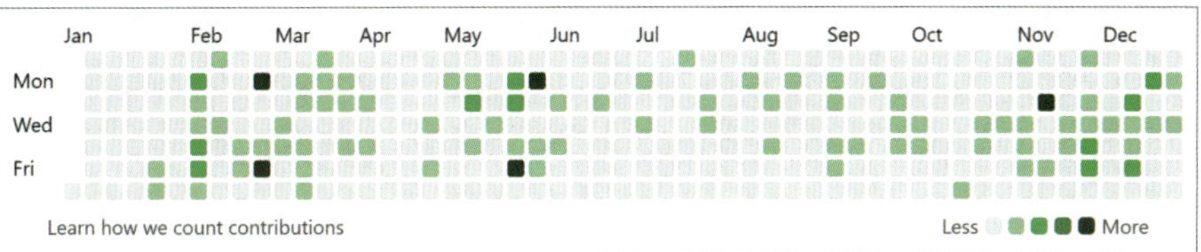

GitHub 프로필 화면에는 최근 일년 동안 사용자가 얼마나 열심히 코드를 업로드했는지 한 눈에 보여주는 메뉴가 있습니다. 365칸의 사각형 중, GitHub에 코드를 업로드한 적 없는 날은 회색으로 표시됩니다. 빼곡하게 녹색 상자를 채우고 싶다는 의미로 이 창을 "잔디밭"이라고 부르기도 합니다.

Gemini API Key 발급

> **레시피 목표** 구글 Gemini를 내 앱에 연결하기 위해 필요한 API Key 발급 방법을 알아봅니다.

필요한 지식

- API 293쪽

① 구글 AI 스튜디오에 접속

우측 상단의 [Get Started]를 클릭합니다.

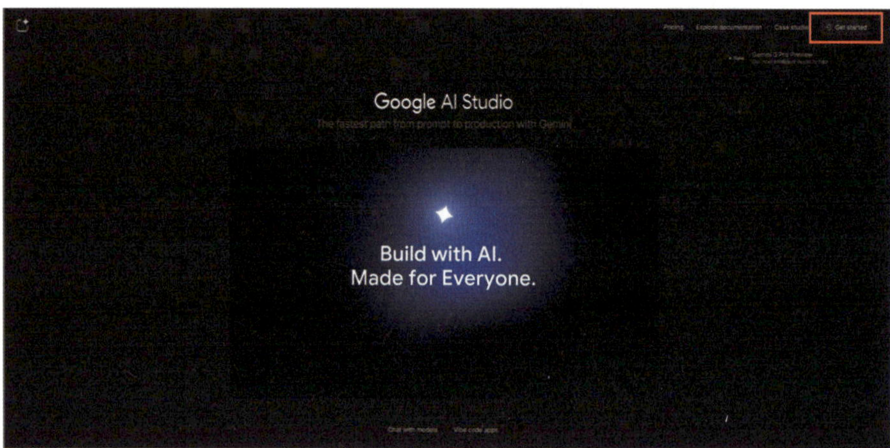

https://aistudio.google.com

② 로그인 후 [Get API Key]를 클릭

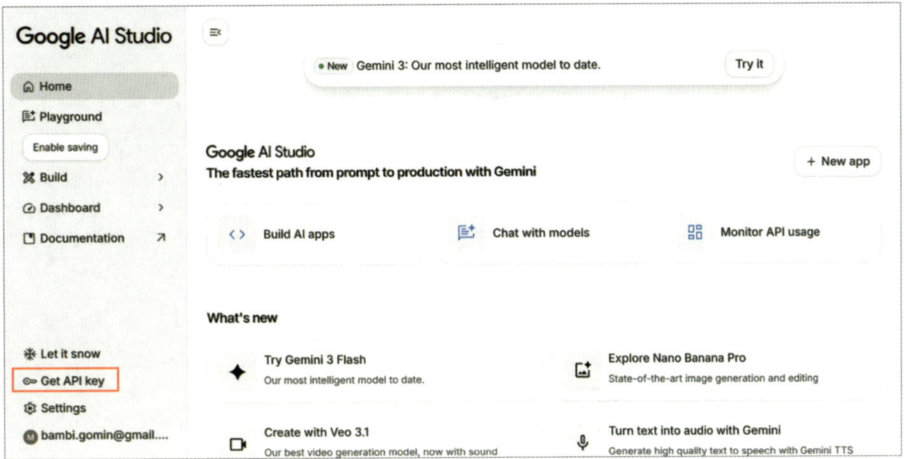

③ [API 키 만들기]를 클릭

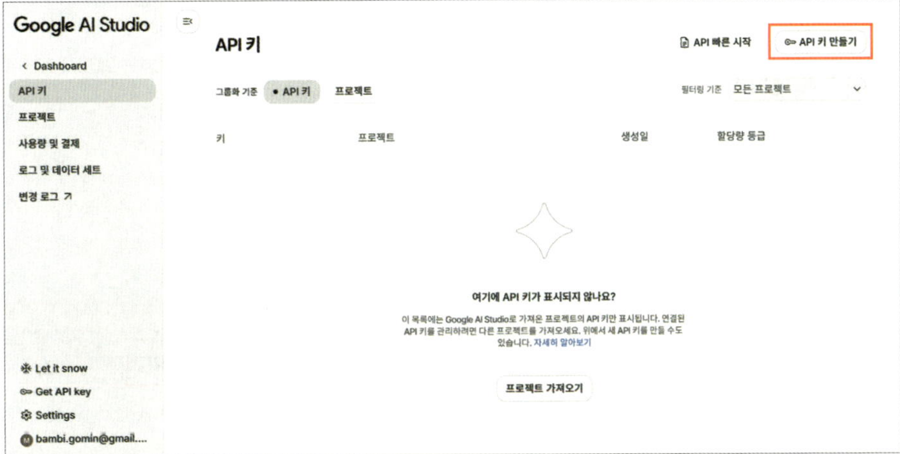

④ 키 이름을 간단하게 지정

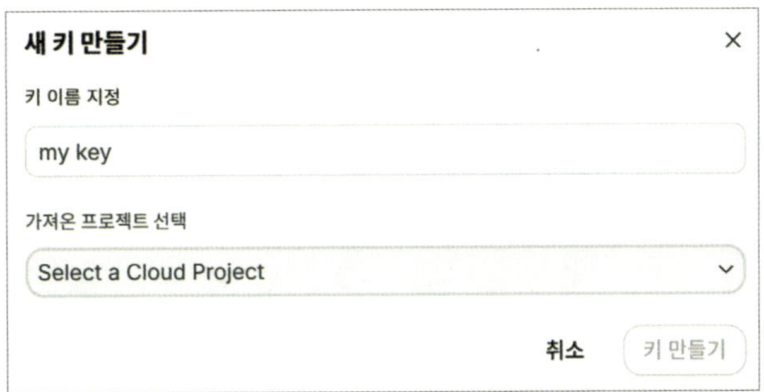

⑤ **프로젝트 만들기**

<가져온 프로젝트 선택> 항목에서 [프로젝트 만들기] 버튼을 클릭합니다.

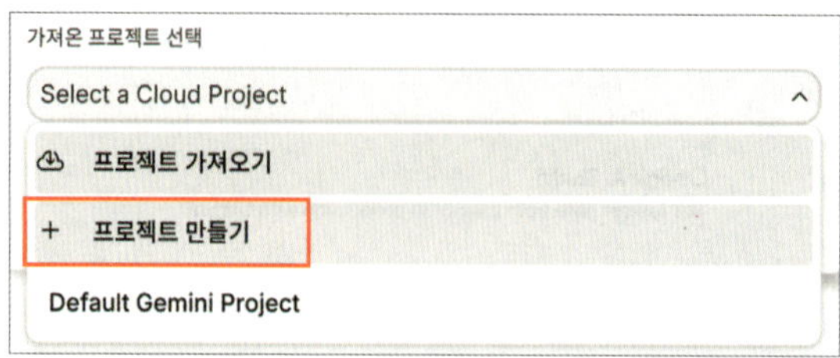

프로젝트 이름을 간단하게 입력하고 [프로젝트 만들기] 버튼을 클릭합니다.

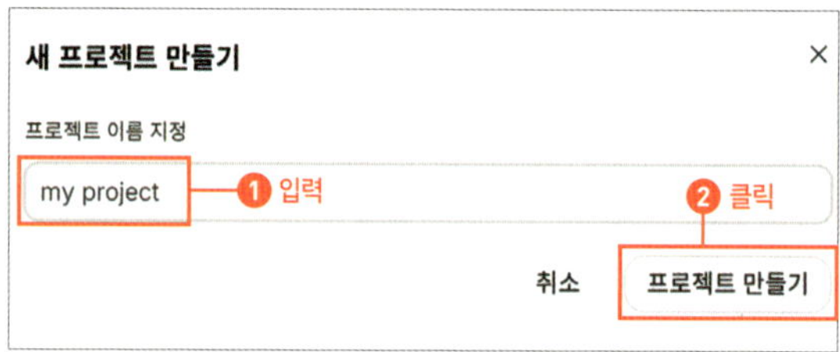

⑥ **[키 만들기] 클릭**

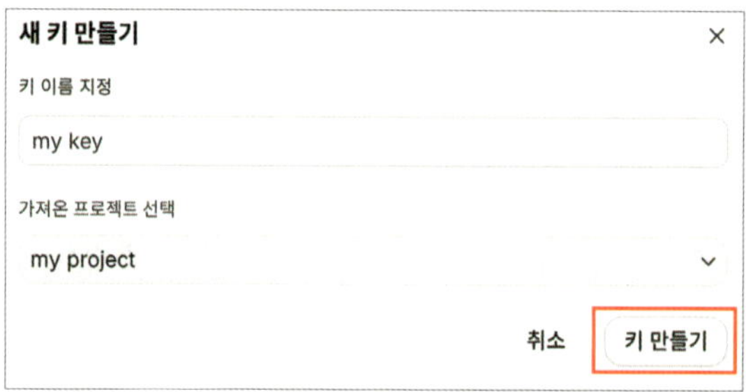

⑦ **무료 등급 확인**

새로 만들어진 키의 <할당량 등급>이 <무료 등급>으로 세팅되어 있는지 확인합니다. <무료 등급>
이 아니면 요금이 부과될 수 있습니다.

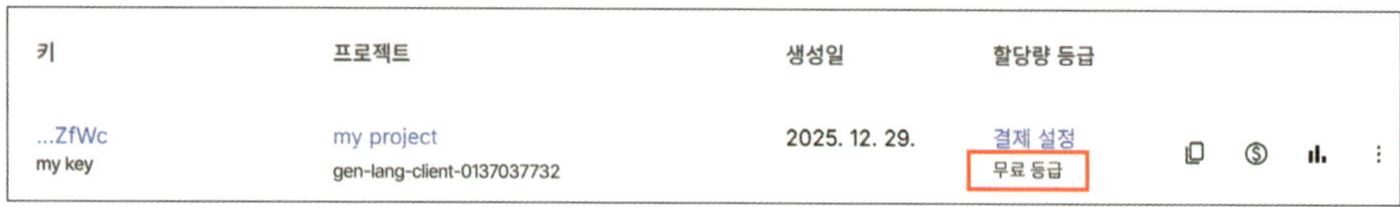

바이브 코딩

⑧ **키 복사**

우측 네 개의 버튼 중 가장 왼쪽 [복사하기] 버튼을 클릭하면 클립보드에 API 키가 복사됩니다.

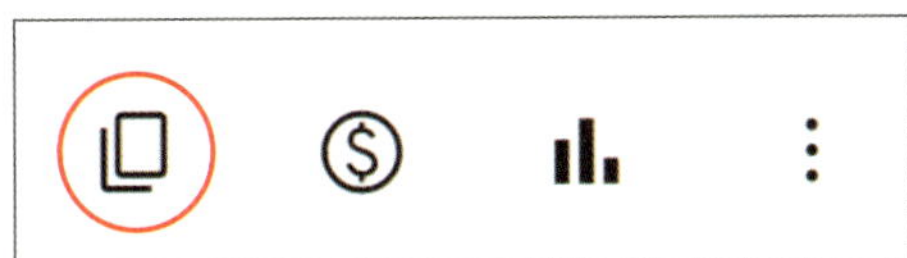

⑨ **키 활용**

안티그래비티 채팅창 등, API 키를 입력해야 하는 경우 복사한 키를 붙여넣습니다.

Comment

비교적 간단하게 Gemini API Key를 발급받을 수 있었습니다. 무료 등급 기준으로 하루 20건의 메시지를 주고받을 수 있습니다. 키가 노출되면 다른 사용자가 여러분의 계정에 할당된 대화 횟수를 소모할 수 있으며, 유료결제하신 경우 과도한 요금이 청구될 수 있으니 주의가 필요합니다.

가끔 작업이 너무 오래 걸려요

단순히 요청한 작업이 어려워서 그럴 수도 있지만, 안티그래비티가 복잡한 방식으로 해결을 택하는 경우도 있습니다.

> **Initializing Project**
> I've confirmed the workspace is empty. I will now create a new Vite project to build the file merging application. I plan to support primarily PDF and Text file merging using keeping the UI modern and checking for file extension consistency as requested.
>
> Progress Updates   Expand all <
>
> 1   **Creating new Vite project**

작업이 너무 오래 걸린다면 AI의 메시지나 작업 계획서에 다음과 같은 문구가 있는 지 확인해보셔야 합니다.

- node   - npm

- react   - vite

그 외에 특이한 이름을 가진 소프트웨어 이름이 등장할 수 있는데요, 이들의 정체는 개발을 도와주는 프레임워크입니다.

"개발을 도와 주는 프레임워크? 좋은 것 아닌가요?"

좋은 것은 맞습니다. 문제는, 여러분의 컴퓨터에 이 도구를 사용하는 데 필요한 도구를 설치하고 세팅하는 과정이 엄청나게 오래 걸린다는 점입니다. 이런 도구가 없어도 우리에게 필요한 기능을 대부분 구현하는 데에는 문제가 없으니, 과감히 AI의 응답을 강제 종료시키고 다음과 같은 프롬프트를 입력해 보시기 바랍니다.

 **프롬프트 레시피**

내 컴퓨터에 프레임워크 설치하지 말고, HTML, CSS, JS만 사용한 스태틱 웹으로 만들어 줘.

Google OAuth 로그인 구현

① 구글 클라우드 콘솔에 접속

https://console.cloud.google.com 로 접속하여 구글 계정으로 로그인합니다.

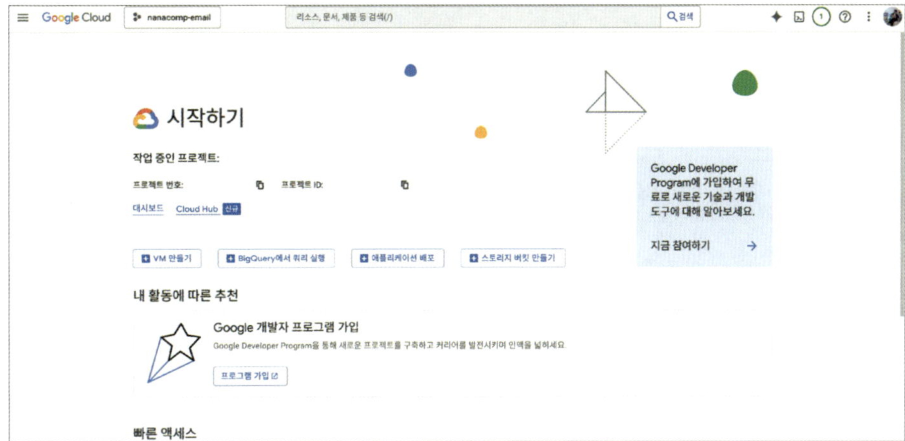

② 프로젝트 선택 도구 실행

구글 클라우드 로고 우측의 벌집 아이콘이 있는 상자를 클릭합니다.

③ [새 프로젝트] 클릭

④ 프로젝트 만들기

프로젝트 이름은 간단하게 지정하고, [만들기] 버튼을 누릅니다.

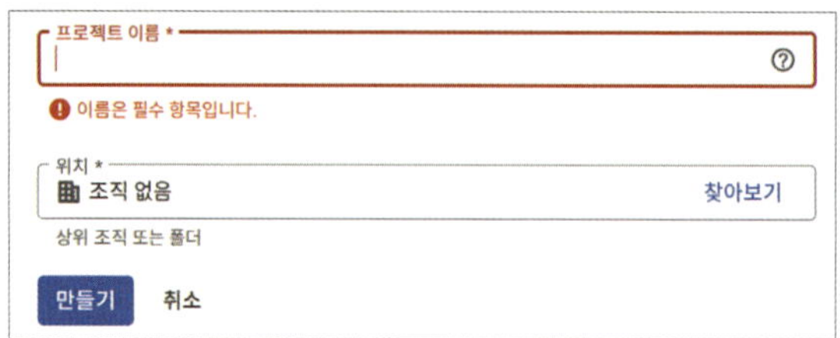

우상단의 [알림] 버튼을 클릭하면 프로젝트가 다 만들어졌는지 확인할 수 있습니다.

⑤ 프로젝트 선택

프로젝트가 다 만들어지면 [프로젝트 선택]을 클릭합니다.

바이브 코딩

⑥ **탐색 메뉴 클릭**

프로젝트 패널 좌상단의 [탐색 메뉴] 아이콘을 클릭합니다.

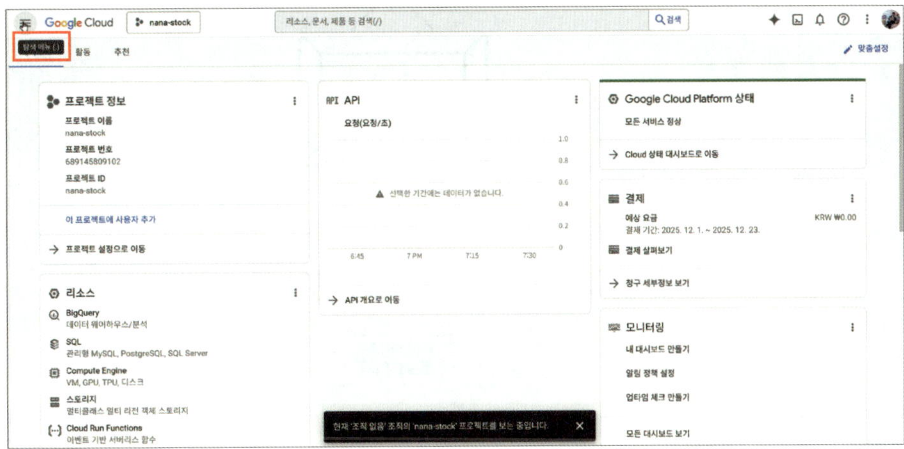

⑦ **[API 및 서비스] - [OAuth 동의 화면] 클릭**

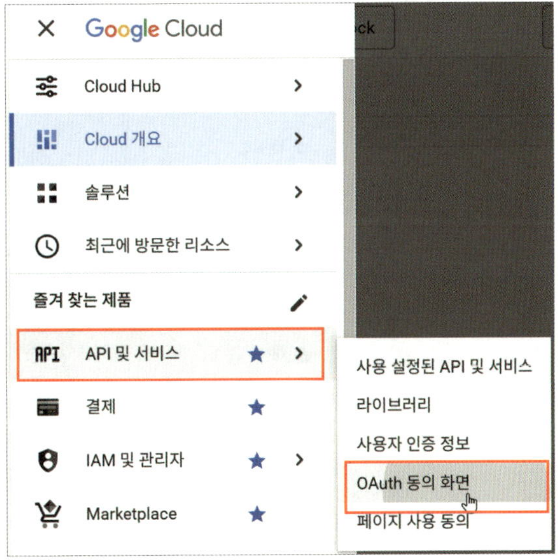

⑧ **[시작하기] 클릭**

⑨ **프로젝트 구성**

앱 이름은 실제로 앱 화면에 표시되어야 합니다. 사용자 지원 이메일은 실제로 문의가 들어왔을 때
응답할 수 있는 활성 이메일을 입력합니다.

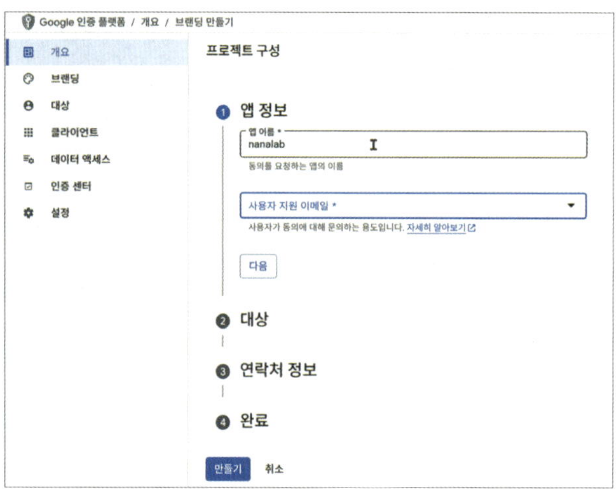

⑩ **대상 설정 - [외부] 체크**

외부로 설정해야 불특정 다수가 로그인할 수 있습니다. 이어서 연락처를 입력하고 약관에 동의하여
설정을 완료합니다.

⑪ **[OAuth 클라이언트 만들기] 클릭**

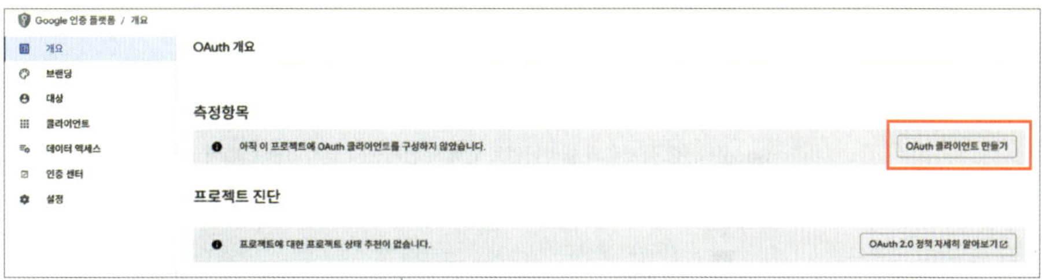

⑫ **애플리케이션 유형 설정**

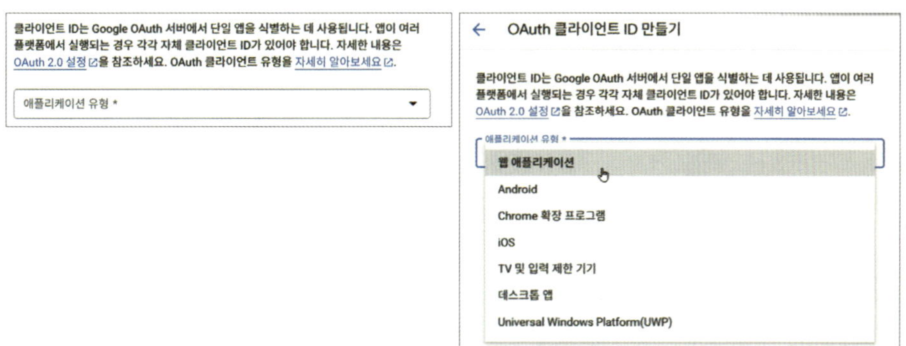

[웹 애플리케이션] 선택 후 앱 이름은 간단한 영단어로 편하게 입력합니다.

13 **사이트의 호스트 주소를 입력**

URL 1의 예시는 https://nanalab.kr/invest 사이트를 승인받기 위해 입력한 것입니다. 슬래시 앞부분까지만 입력합니다. GitHub 호스팅을 이용하실 분들은 https://<닉네임>.github.io 를 입력합니다.

URL 2는 외부 서버에 업로드하기 전, 여러분의 컴퓨터 내부에서 로그인이 잘 되는지 테스트하기 위한 용도로 기재한, 임시 서버 주소입니다. 준비가 끝나면 하단의 [만들기] 버튼을 클릭합니다.

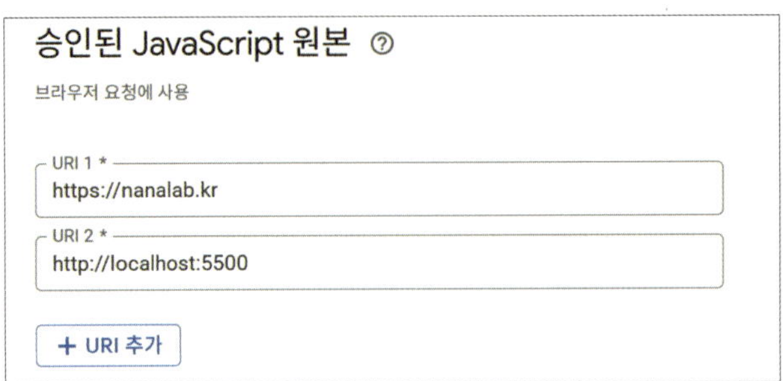

14 **클라이언트 ID 복사**

클라이언트 ID를 잘 복사해둡니다. 안티그래비티 채팅창에 붙여넣으며 "클라이언트 ID를 이걸로 교체해 줘."라고 지시하시면 됩니다.

⑮ 마이크로소프트 스토어 실행

윈도우 키 – store 입력 – Microsoft Store 실행

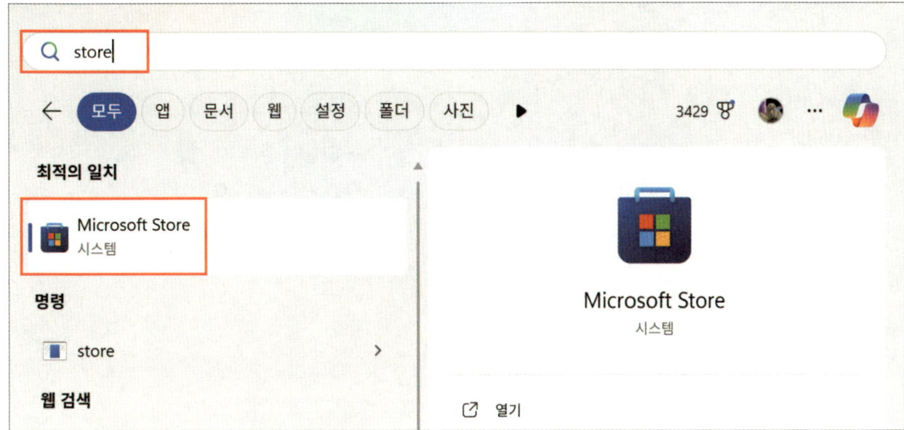

⑯ 파이썬 설치

검색창에 "Python"을 입력하고 최신 버전을 설치합니다.

구글 로그인을 구현하려는 앱 폴더에서 마우스 오른쪽 버튼 클릭 - [터미널에서 열기] 실행 후 다음
코드를 입력합니다.

```
python -m http.server 5500
```

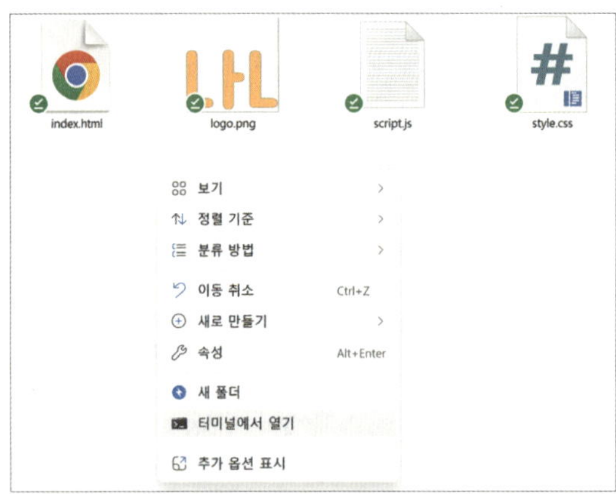

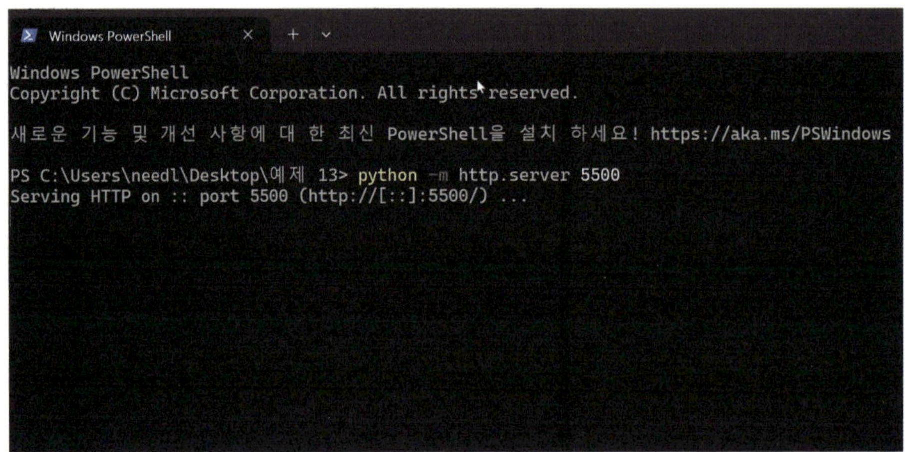

⑱ 웹 접속 테스트 - https://localhost:5500

인터넷 브라우저에서 위 URL을 입력해 앱이 정상 실행되는지 테스트합니다.

(19) 로그인 시도

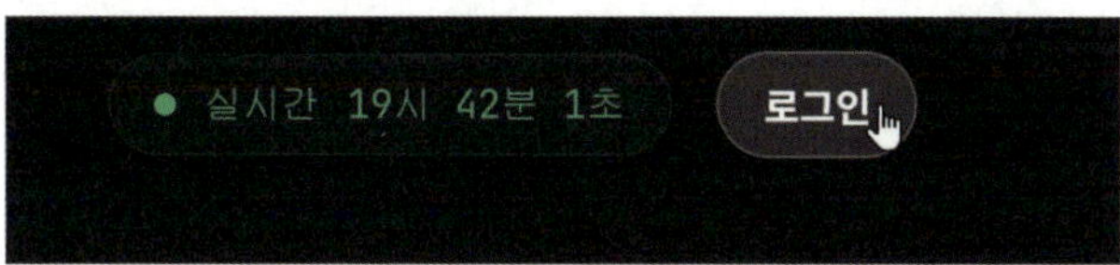

로그인 버튼 클릭

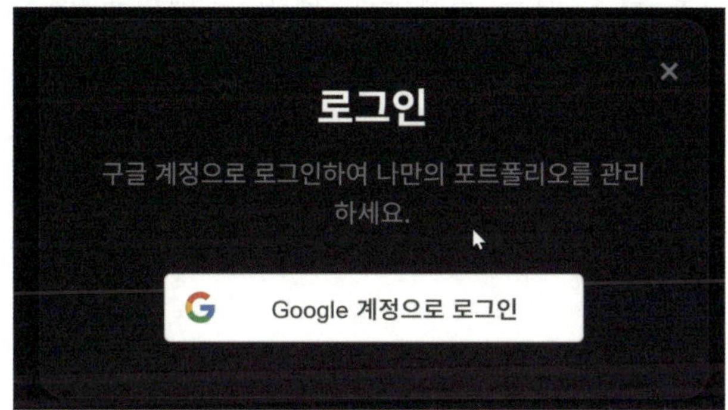

[구글 계정으로 로그인] 클릭

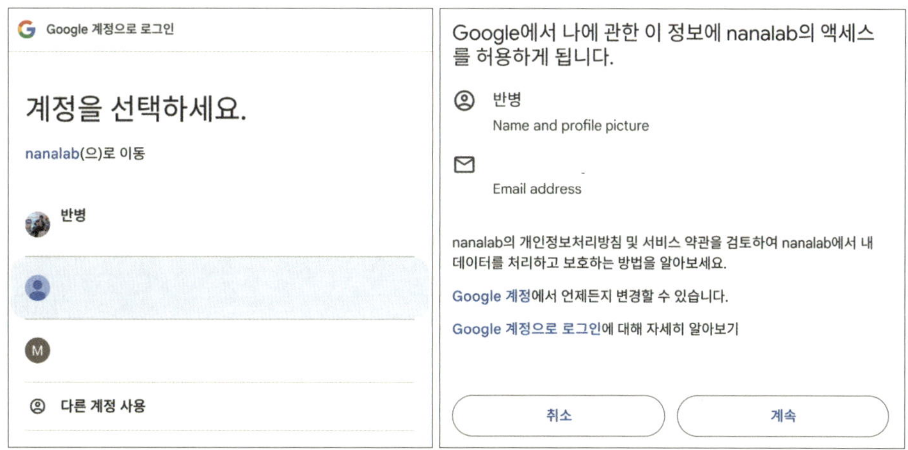

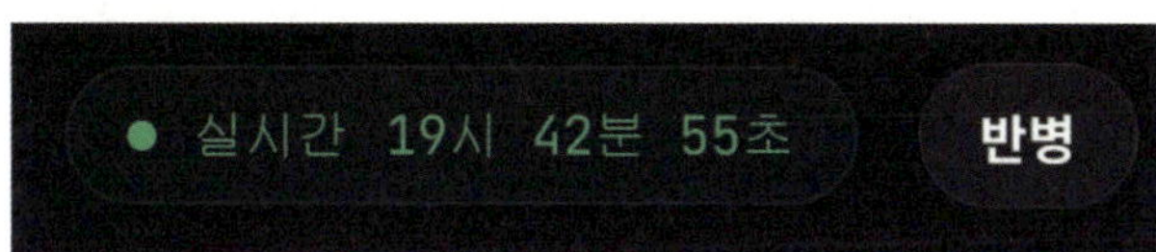

로그인 성공

작업 방법이 어렵다기보단, 태어나서 처음 보는 사이트에 들어가 영어로 된 글을 읽으며 설정을 마무리하는 과정 자체가 생소한 작업입니다. 오죽하면 중고등학생들의 코딩 블로그에서 "구글 로그인 연동에 성공했어요!"라는 제목의, 뿌듯함이 담긴 글을 쉽게 찾아볼 수 있을까요?

로그인은 원칙적으로 모든 앱 마다 별개로 승인받아야 합니다. 하지만 여러분의 메인 홈페이지에서 로그인을 구현하고, 하위 주소로 접속할 수 있는 앱들에 로그인을 시도하는 경우에는 한 번만 승인받으셔도 충분합니다.

Google Drive API 활성화

구글 로그인보다 드라이브 활성화 과정이 조금 더 복잡합니다. 먼저 코드 세팅이 필요합니다.

1 Google App Script 세팅

① https://developers.google.com/apps-script?hl=ko 접속

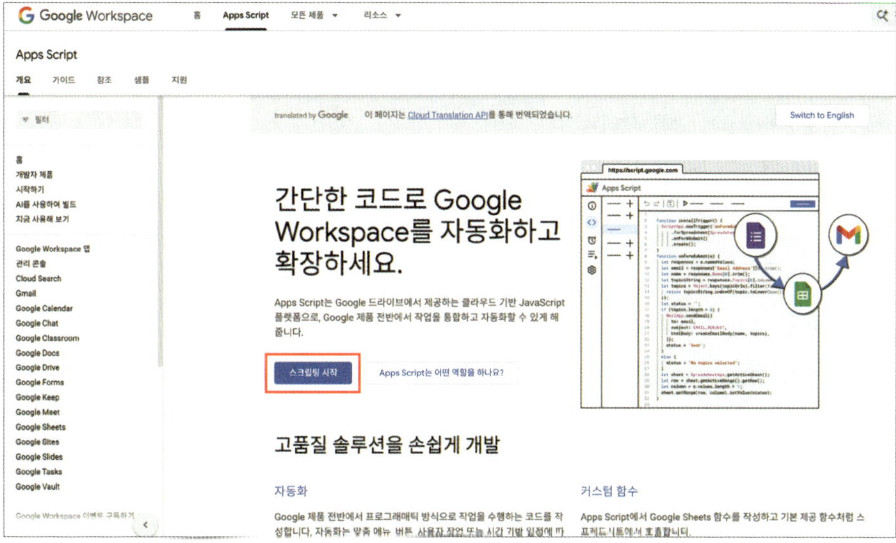

[스크립팅 시작] 클릭

② [새 프로젝트] 클릭

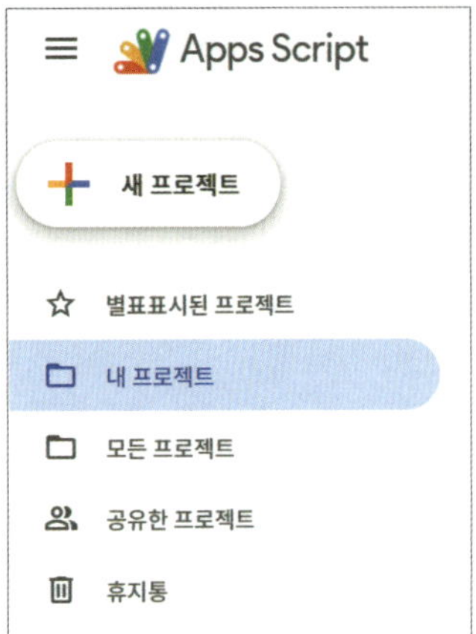

③ 코드 입력 화면에서 모든 내용물 삭제

화면의 모든 글자를 드래그하고 삭제합니다.

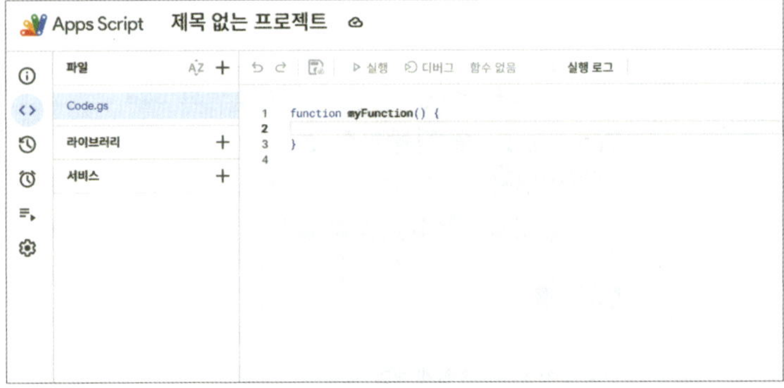

④ 새 인터넷 탭을 실행하고 https://github.com/needleworm/google_drive_access_gas 접속

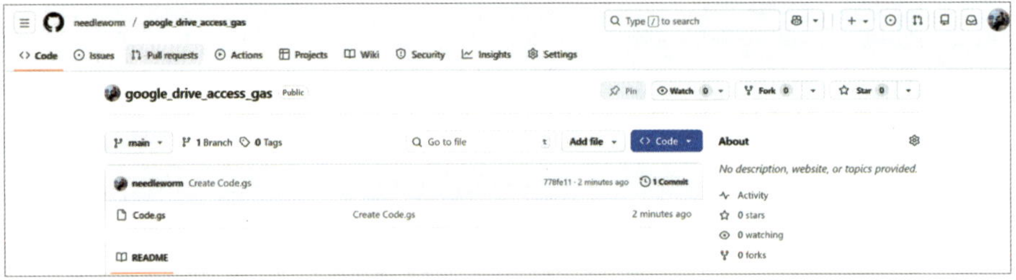

[Star], [Fork] 클릭

⑤ [Create fork] 클릭

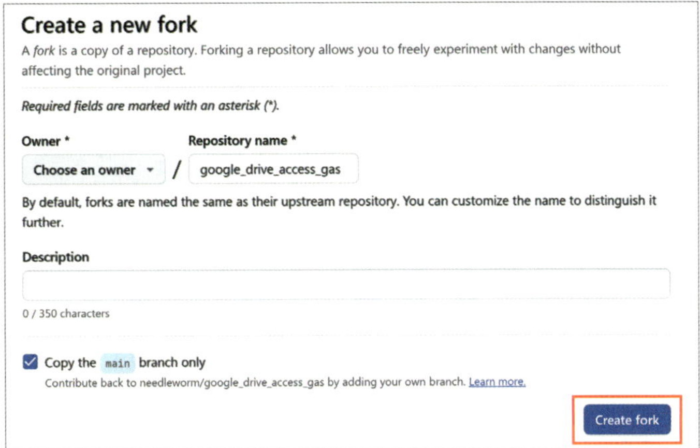

⑥ [Code.gs] 클릭

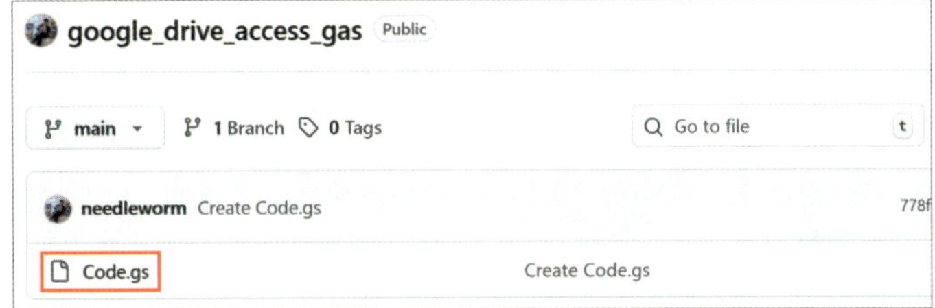

⑦ [Copy Raw File] 클릭

⑧ Google Apps Script에 코드 붙여넣기

⑨ 상단 메뉴 [배포] - [새 배포]

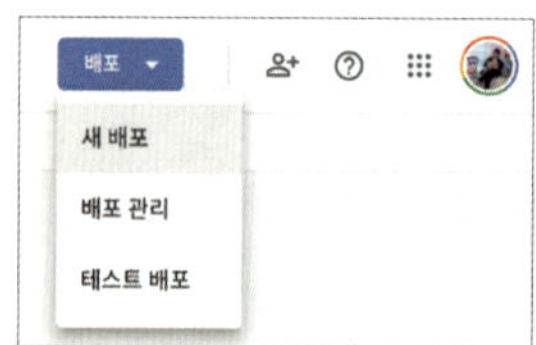

⑩ [유형 선택] - [웹 앱]

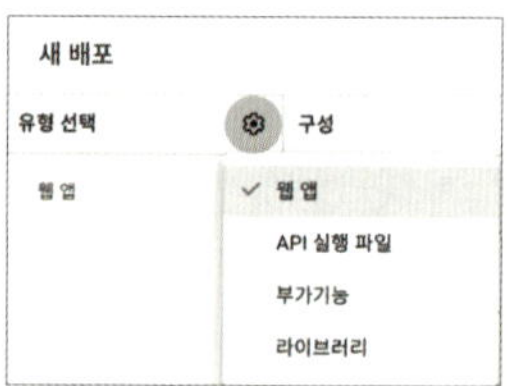

⑪ 설명 기재, 액세스 권한 설정

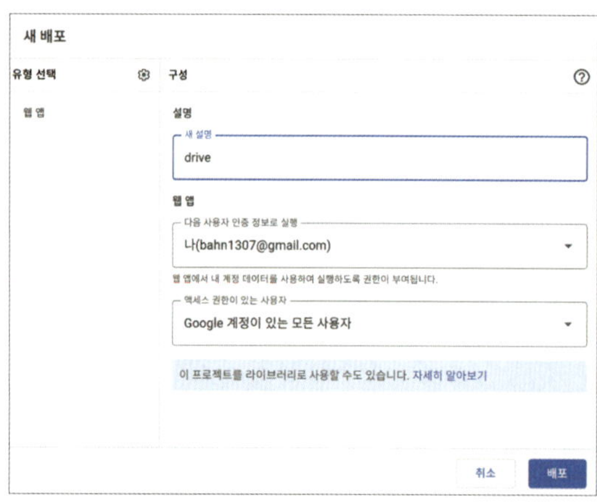

<새 설명>은 간단하게 기재해 주세요.
액세스 권한은 <Google 계정이 있는
모든 사용자>에게 부여해야 합니다.

바이브 코딩

⑫ [액세스 승인] 클릭

⑬ 연동할 구글 계정 선택

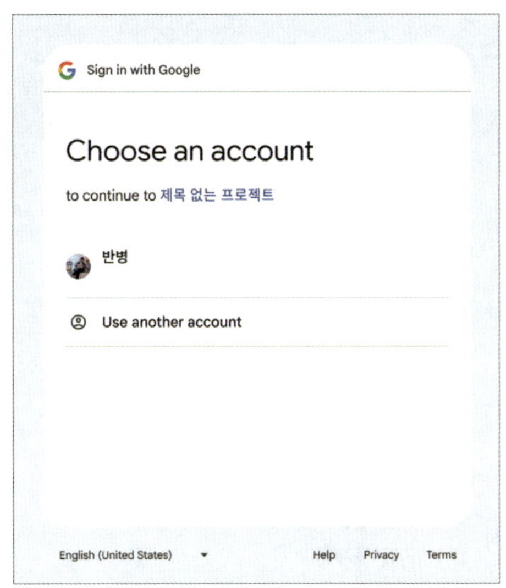

⑭ [Advanced] 클릭

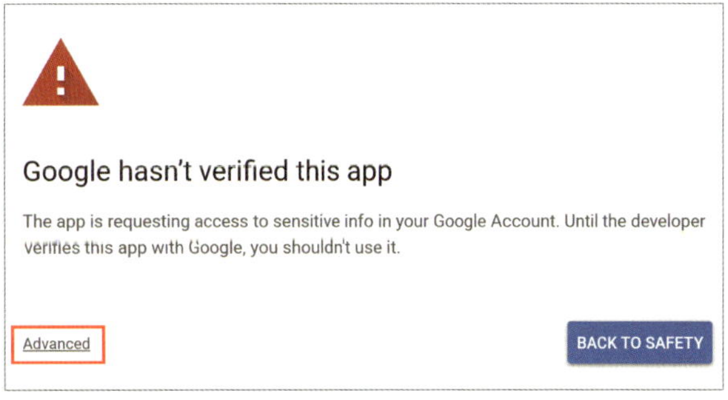

⑮ [Go to 프로젝트(unsafe)] 클릭

⑯ [Continue] 클릭

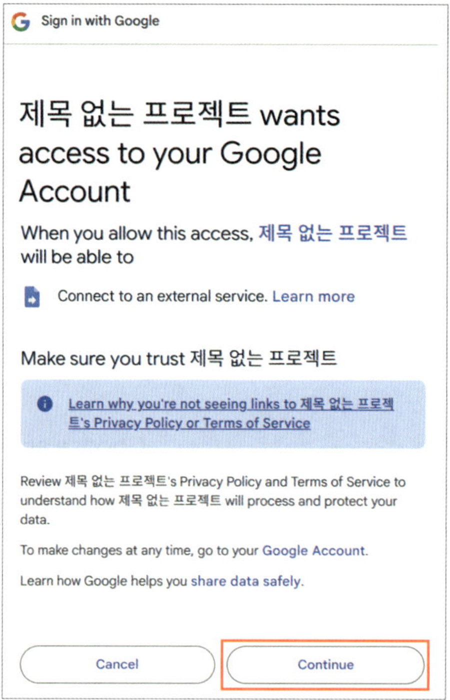

⑰ 정보 복사

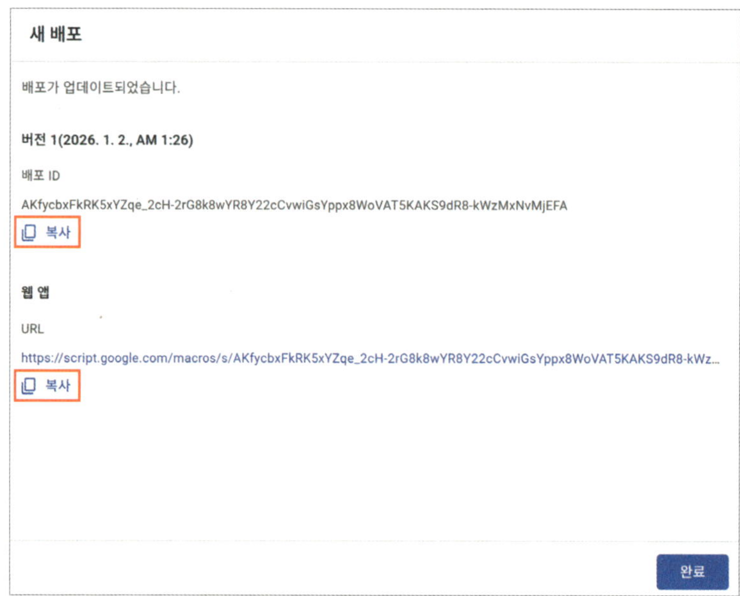

배포 ID와 웹 앱 URL을 모두 복사해 메모장에 기록해 둡니다. 이 두 값을 안티그래비티에게 알려주면 구글 드라이브에 접근할 수 있습니다.

2 클라우드 콘솔 내 프로젝트 설정 변경

① https://console.cloud.google.com 접속

[API 및 서비스] – [라이브러리] 클릭

② Google Drive API 검색하여 선택

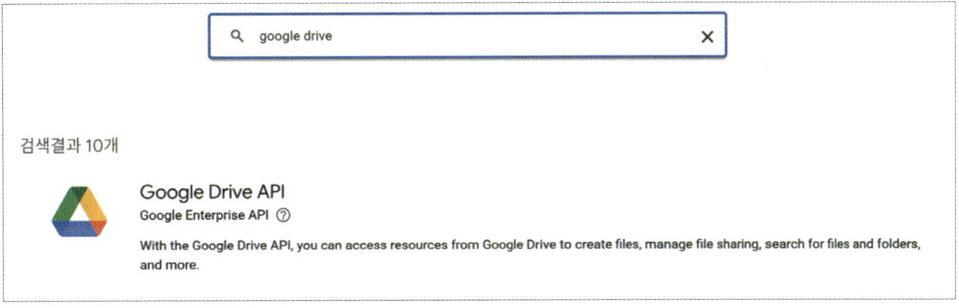

③ [사용] 클릭

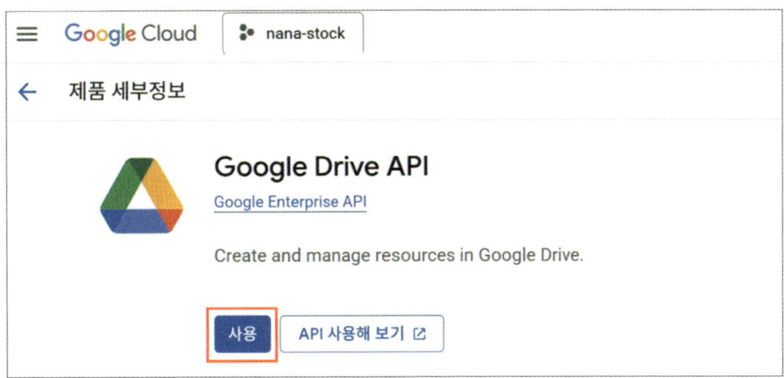

이제 구글 로그인에 사용했던 클라이언트 ID와, ⑰에서 발급한 배포 ID와 웹 앱 URL을 안티그래비티 채팅창에 입력하여 구글 드라이브를 DB처럼 사용할 수 있게 되었습니다. 사용자의 정보는 드라이브 내의 appData 폴더 내에 일종의 숨김 파일처럼 저장됩니다.

고생 많으셨습니다. 비전공자에게는 상당히 어려운 작업이었을 것 같습니다.

사실, 여기에 한 가지 기억하실 부분이 있습니다. 구글 쪽의 설정 방법이 배려심이 부족한 것이 아니라, 전문가들이나 하는 영역에 여러분들이 진입했기 때문에 어려운 것입니다. 구글 클라우드 운영진들은 비전공자가 이런 앱을 만들 일이 있을 것이라고는 상상조차 하지 못했을 것입니다.

바이브 코딩이라는 강력한 도구 덕분에, 아주 깊은 물까지 일반인들도 잠수해 볼 수 있게 된 것이라 할 수 있겠습니다.

내 앱에 광고를 붙여 돈을 벌고 싶어요

앱에 광고를 게시하려면 여러분이 가진 웹 사이트의 구조를 먼저 정리해야 합니다. 예를 들어, 개인적으로 비용을 들여 서버를 구축한 분들은 직접 서버의 주소를 등록하면 충분합니다. 하지만 238쪽의 내용을 토대로 GitHub를 통해 웹 앱을 구축하신 분들은 여러 개의 앱을 한꺼번에 등록해야 합니다.

웹 사이트에 광고를 붙이는 절차는 다음과 같습니다.

① 광고 중개 업체에 심사 요청
② 양질의 콘텐츠가 많은지 검사
③ 심사 통과 시 광고 게재 가능

1 심사 기준은 어떻게 되나요?

여러분의 메인 페이지에 콘텐츠가 그다지 많지 않은 경우 광고 게재가 거부됩니다. 이때 콘텐츠는 단순히 정보량이 많다고 하여 통과가 되지는 않고, 정말로 양질의 읽을거리나 볼거리가 필요합니다.

게재 승인 사례

https://bhban.tistory.com

게재 거부 사례

https://bhban.kr

2 GitHub로 여러 개의 사이트를 만든 경우 심사 방식

우선 메인 사이트가 하나 있겠지요.

https://<닉네임>.github.io

그리고 여러 개의 앱이 있을 것입니다.

https://<닉네임>.github.io/app1

https://<닉네임>.github.io/app2

...

이때 광고 게재 승인 여부는 메인 사이트인 https://<닉네임>.github.io 주소로 심사를 신청합니다. 즉, 메인 사이트에 읽을거리가 별로 없다면 광고 게재가 거부됩니다. 앱을 많이 제작해 두신 분들은 메인 페이지의 내용물이 부실하더라도 다양한 앱들을 콘텐츠라 주장해 보고 싶으실 것입니다. 그 방법을 안내해드리겠습니다.

① 여러분의 메인 사이트를 업데이트합니다.

https://nanalab.kr/apps

위 사이트는 필자가 만든 앱들을 간단하게 소개하는 페이지입니다. 이 사이트와 유사한 방식으로, 메인 사이트를 일종의 포트폴리오 사이트 내지 앱들을 소개하는 허브 형태로 개편합니다.

② 앱 링크를 모두 메인 사이트에 삽입해야 합니다.

여러분께서 콘텐츠라 주장하실 모든 앱들을, 메인 사이트에서 클릭해서 접속할 수 있어야 합니다. 안티그래비티를 사용해 수정합니다.

③ 앱 목록을 담은 사이트맵을 제작합니다.

사이트맵은 구글이나 네이버 같은 검색 포털이 사이트의 구조를 쉽게 파악할 수 있도록 도와주는 일종의 지도입니다. 우선 여러분들의 앱 주소들을 한 곳에 정리합니다.

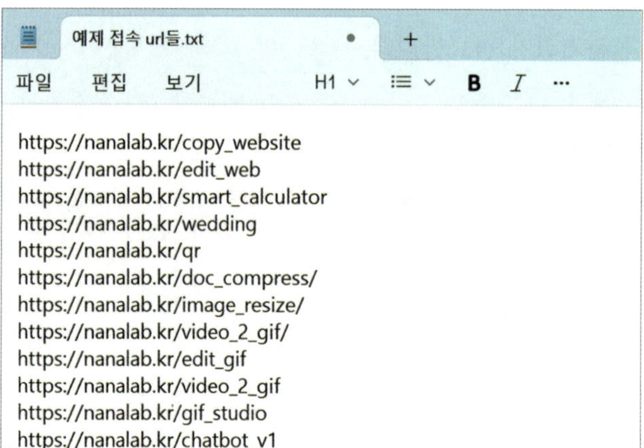

위 그림은 책에 수록된 사이트들의 일부입니다. 그리고 사이트 주소들을 안티그래비티 채팅창에 입력하며 사이트맵을 제작해 달라고 요청합니다.

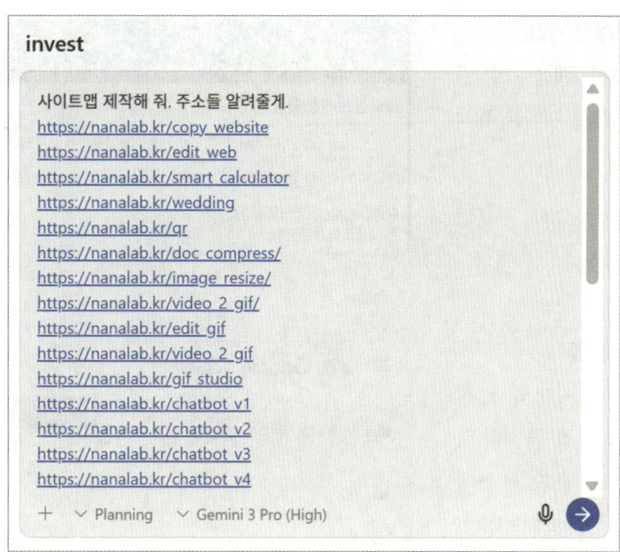

여러분의 메인 페이지에서 클릭해서 도달할 수 있고, 사이트맵에도 기재되어 있는 앱들만 콘텐츠로 인정됩니다.

3 구글 애드센스 심사 신청

① 애드센스 홈페이지 접속

https://adsense.google.com 에 접속하여 구글 계정으로 로그인합니다.

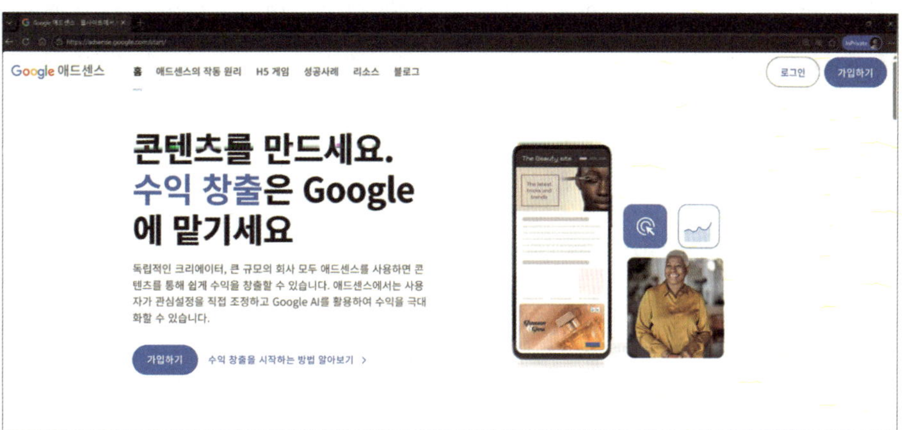

② **애드센스 계정 가입**

[새 애드센스 계정 가입]을
눌러 애드센스 계정을 제작
합니다.

③ **새 사이트 등록**

애드센스 콘솔에서 좌측
[사이트] 메뉴를 클릭하고,
우측 사이트 패널에서 [+새
사이트] 버튼을 클릭합니다.

④ **URL 입력**

URL을 입력하고 저장합니다.

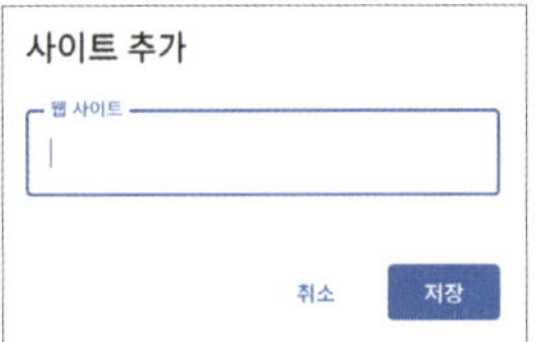

⑤ **소유권 인증**

사이트 소유권을 인증해야 합니다. <Ads.txt 스니펫> 항목을 클릭하고, 하단의 [복사하기] 버튼을 클릭
합니다.

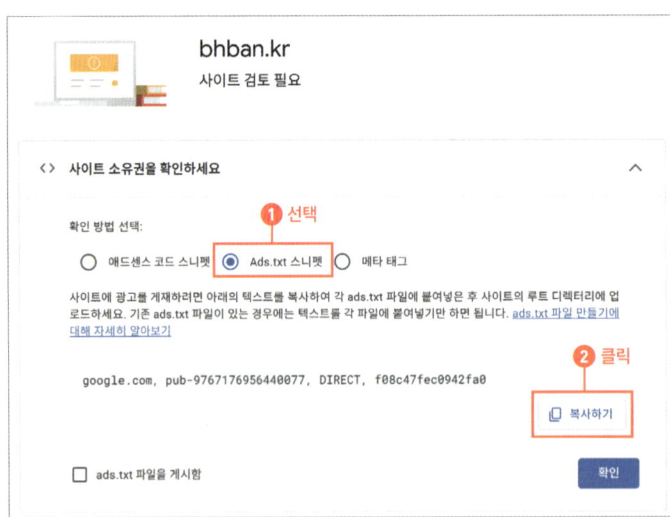

바이브 코딩

⑥ **Ads.txt 추가**

이어 여러분의 메인 웹 페이지의 GitHub 저장소에서 [Add file] 버튼을 클릭합니다.

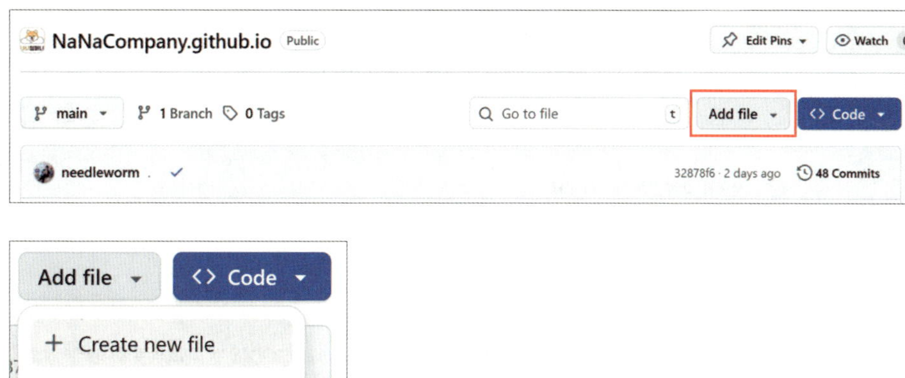

[+ Create new file] 버튼을 클릭합니다.

이어 차례로 파일 이름을 "ads.txt"라 기재하고, 에디터에 복사한 내용을 붙여넣은 뒤, 우상단의 [Commit Changes] 버튼을 클릭합니다.

⑦ **저장**

3분 정도 기다린 뒤, 하단의 <ads.txt 파일을 게시함> 항목을 체크하고 [확인] 버튼을 클릭합니다.

정상적으로 ads.txt 파일이 인식되면 아래와 같이 녹색 체크 아이콘이 2개 표시되며 심사 신청이 완료됩니다.

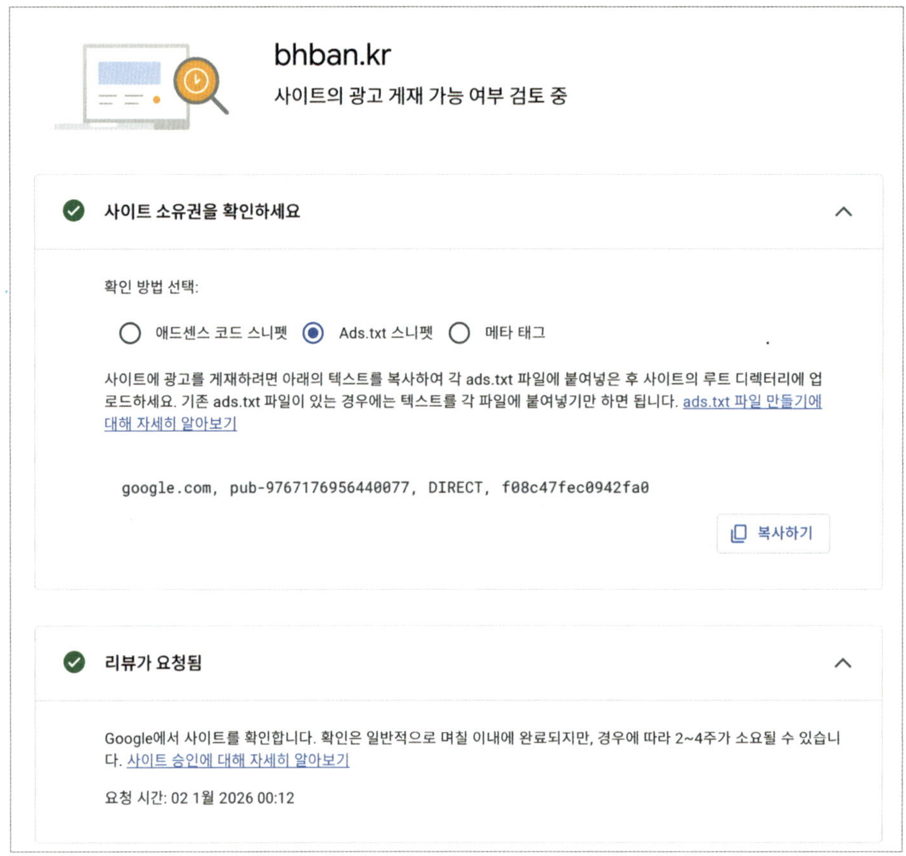

심사중인 사이트는 <준비 중>, 심사에 통과한 사이트는 <준비됨>으로 표시됩니다.

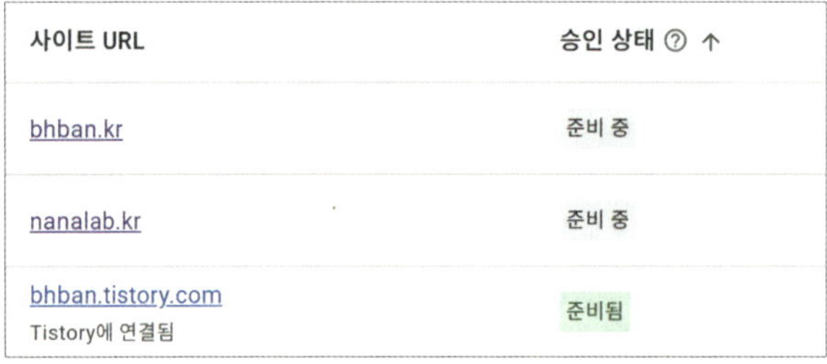

4 구글 애드센스 광고 게시

심사에 통과한 사이트에만 광고를 넣을 수 있습니다.

① 광고 패널 접속

애드센스 콘솔에서 [광고] - [사이트 기준] - [코드 가져오기] 버튼을 클릭합니다.

② 코드 복사

[복사하기] 버튼을
클릭합니다.

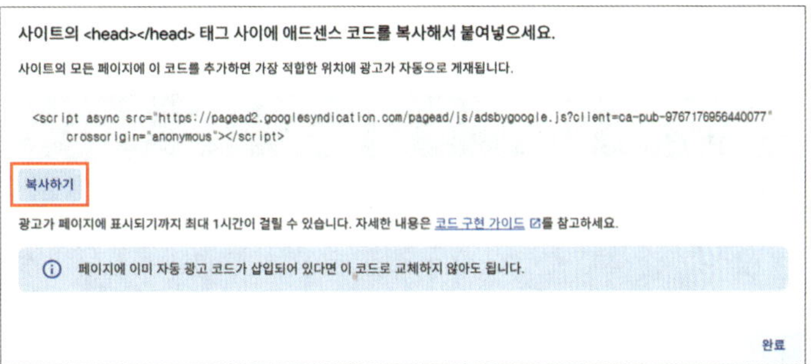

③ 복사한 코드 삽입

안티그래비티에게 요청해 채팅창에 위 코드를 붙여 넣으며, <head> 안에 넣어 달라고 요청하면 됩니다.

> **Comment**
>
> 구글 애드센스 심사는 쉽지 않습니다. "애드고사"라는 말이 있을 정도로 심사를 깐깐하게 보는 것으로 유명합니다. 최대한 많은 읽을거리가 있고, 사용자들이 오래 머물 수 있도록 콘텐츠를 풍성하게 준비하는 것이 중요합니다.

개발자의
컨닝페이퍼

새로운 생각을 받아들이며 확장된 정신은
다시는 원래의 차원으로 돌아가지 못한다.

- Albert Einstein

새로운 생각을 받아들이며 확장된 정신은
다시는 원래의 차원으로 돌아가지 못한다.

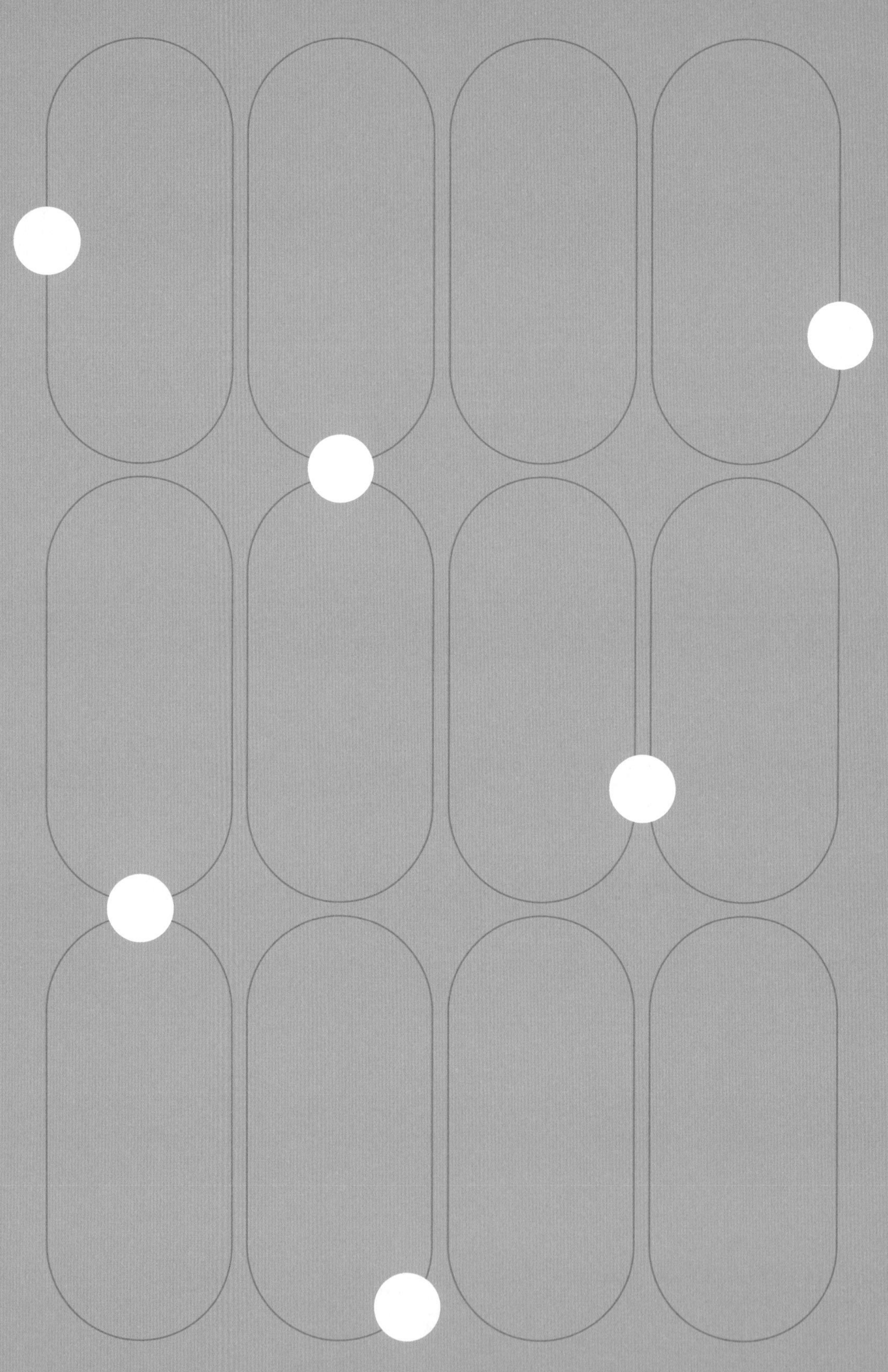

알아두는 것만으로도 재산이 되는 재미있는 IT 지식

　이번 장에서는 컴퓨터공학, IT 산업에서 빼놓을 수 없는 중요한 개념들을 소개합니다. 여러 레시피들을 이해하는 데 필요한 지식들 위주로 정리해 두었고, 각각 레시피 챕터에서 이 지식들이 필요한 경우 별도로 안내를 기재해두었습니다. 레시피를 따라하시다가 필요한 상황에서 참고하시면 충분합니다. 물론 이번 장의 내용만 따로 살펴보셔도 무척이나 재미있을 것입니다.

웹 페이지의 구조

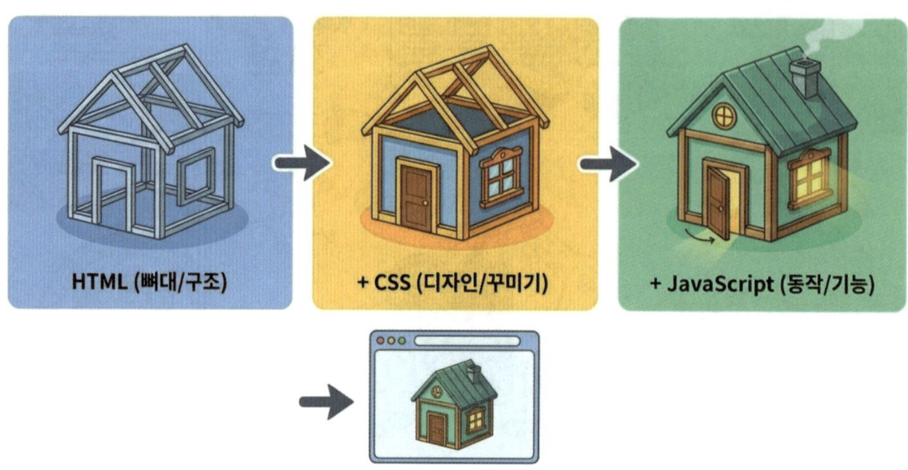

네이버, 유튜브, 구글 등, 우리가 일상에서 접하는 대부분의 웹 사이트는 HTML, CSS, JavaScript를 사용해 만들어집니다.

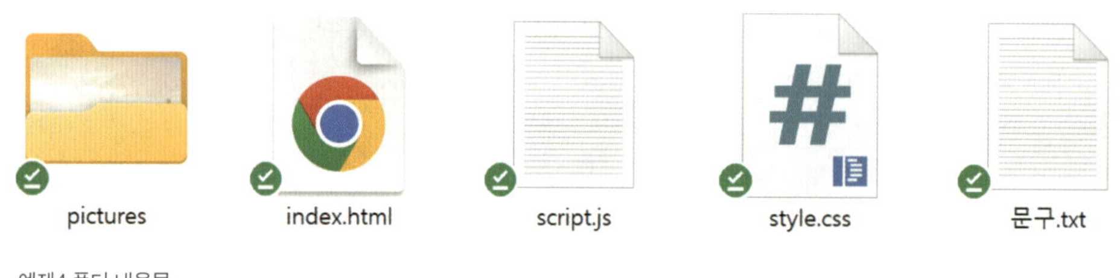

예제4 폴더 내용물

이 책의 예제 코드 폴더에서도 html, css, js 파일을 살펴볼 수 있습니다. 이들의 역할을 소개하겠습니다.

① HTML, 빌딩의 기둥과 철골

HTML은 웹 사이트의 뼈대를 설계하는 도구입니다. 페이지에 어떤 글자, 동영상, 그림을 첨부할 것인지 결정하는 코드가 들어 있습니다.

② CSS, 예쁜 인테리어

CSS는 웹 사이트의 디자인을 담당합니다. 정보를 어떤 형태로 다듬어, 어떤 식으로 제공할지를 결정하는 코드가 들어 있습니다.

③ JS, 전기, 승강기, 수도 설비

JS는 웹 사이트에 다양한 기능을 추가하는 역할을 수행합니다. 버튼을 눌렀을 때의 상호작용, 스크롤을 옮겼을 때 바뀌는 화면의 내용, 로그인과 파일 다운로드 등 모든 기능적 측면은 자바스크립트로 제작됩니다.

HTML 파일이 없으면 웹 사이트가 실행조차 되지 않고, CSS 파일이 없으면 디자인이 완전히 누락된 깨진 웹 사이트가 표시되며, JS 파일이 없으면 버튼을 눌러도 웹 사이트가 응답하지 않습니다. 그야말로 현대의 인터넷을 지탱하는 중요한 기술들입니다.

모달과 팝업

모달은 화면 안에서 새로운 섹션이 펼쳐지며 정보가 표현되는 것을 의미합니다. 위 그림 우측의 <내 즐겨찾기>가 표기된 영역이 대표적인 모달의 예시입니다. 인터넷이나 앱을 사용하시다 보면 정말 많이 보셨을 것입니다.

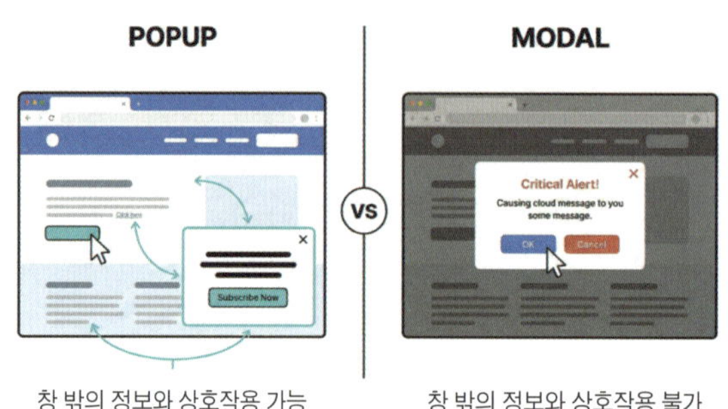

창 밖의 정보와 상호작용 가능 　　　　창 밖의 정보와 상호작용 불가

모달은 팝업과 유사한 점이 있는데요, 결정적인 차이점도 있습니다. 팝업 창을 띄워둔 채로 다른 정보를 클릭하는 것이 가능하지만, 모달 창이 떠 있는 동안에는 모달 밖의 정보를 클릭할 수 없습니다. 모달 밖을 클릭하면 입력이 취소되거나, 모달 창이 꺼집니다.

사용자에게 새로운 정보를 효율적으로 전달한다는 공통점이 있지만, 모달은 강제로 사용자의 집중을 유도한다는 점에서 차이점이 있습니다.

API란 무엇인가?

클라이언트(소비자)

API

호스트(서버)

API는 소프트웨어와 소프트웨어 사이의 의사소통을 도와 주는 도구입니다. 예를 들면 데이터베이스(DB)라는 소프트웨어에서 정보를 꺼내, 앱으로 전달해 주는 도구 역시 API입니다. 위 그림처럼, 소비자의 주문(요청)을 정리해 주방(서버)으로 전달해 주는 도구를 상상하시면 되겠습니다.

그러면 API라는 기술을 우리가 왜 알아야 할까요? 직접 여러 개의 소프트웨어를 만들어 연결하기 위해서일까요? 아닙니다. 남들이 다 만들어 둔 소프트웨어를 "딸깍!"하고 가져와 사용하기 위해서입니다.

식당에 방문해 음식을 주문하는 것보다 더 쉬운 것은, 배달을 시키는 것이지요. 배달 음식의 수준도 점점 높아져 요즘에는 레스토랑에서도 배달주문을 받습니다. 마찬가지로 소프트웨어의 세계도 경쟁이 치열해지다 보니, 기업과 개발자들은 이런 고민을 하기 시작했습니다.

"어떻게 하면 내가 만든 SW를 많은 사람들이 쓰게 만들 수 있을까?"

그 결과, 구글과 같은 대기업이 직접, 혹은 저명한 개발자들이 만든 소프트웨어가 다양한 형태의 API로 가공되어 전 세계로 전달되는 세상이 열린 것입니다. 요리로 치면 미슈랭 3스타 레스토랑 음식이 집 앞까지 배달되어 웨이팅 없이 누구나 맛볼 수 있는 상황에 비유해 볼 수 있겠습니다.

안티그래비티는 이처럼 유용한 API들을 기가 막히게 검색해 와 코드에 탑재해 줍니다. 이게 API가 무엇인지 정도는 알아야 하는 이유입니다. 그런데 간혹, 안티그래비티가 채팅창을 통해 여러분에게 이렇게 요청하는 경우가 있습니다.

"API KEY가 필요합니다."

API KEY는 API의 사용 요금을 정산하기 위해 발급된, 일종의 사이버 주민등록번호입니다. 무료 API의 경우에도 회원가입을 하지 않은 사용자들을 걸러내기 위해 API KEY를 요구하는 경우가 많습니다.

예를 들어, 256쪽에서 소개한 <Gemini API Key 발급> 방법은 구글 Gemini를 사용하기 위해 필요한 식별코드를 발급받는 방법에 해당합니다. 무료 사용자가 Key를 입력하면, 구글 측에서는 "무료 사용자니 하루에 20번까지만 답변해야겠다."라고 판단합니다. 여러분께서 요금제를 결제하며 재발급받은 API 키를 입력하면 "유료 사용자군요! VIP로 모시겠습니다!"라고 판단하여 더 많은 대화를 허용해 줍니다.

API KEY가 외부로 유출되면 다른 사람들이 여러분의 계정으로 소프트웨어를 마음껏 사용하고, 요금은 여러분이 부담하는 안타까운 상황이 생길 수도 있으므로 각별히 주의하셔야 합니다.

서버와 호스팅

인터넷 창에 https://youtube.com 이라 입력하면 유튜브가 실행됩니다. 내 컴퓨터에 유튜브의 소프트웨어가 설치된 것일까요? 그렇지는 않습니다.

구글이 운영하는 컴퓨터에 유튜브의 웹 페이지 코드가 업로드되어 있습니다. 우리가 주소창에 유튜브의 URL을 입력하면, 컴퓨터는 유튜브가 설치된 컴퓨터의 주소를 찾아가 이렇게 요청합니다.

"저 고객인데요, 웹 페이지 좀 보여주세요."

그러면 구글측 컴퓨터가 어서옵쇼! 하며 예쁜 웹 사이트를 우리 스마트폰으로 전송해 주는 것입니다. 이때 주문을 받아 주는 구글측의 컴퓨터를 서버(Server)라 부르고, 주문을 넣는 고객의 컴퓨터를 클라이언트(Client)라 부릅니다. 식당의 고객과 서빙 개념을 생각하셔도 좋습니다.

서버

호스팅

　그런데 대부분의 웹 페이지는 그렇게 많은 연산을 필요로 하지 않습니다. 비싼 서버 컴퓨터를 구축해 두고, 소규모 웹 페이지만 보여주는 것은 낭비이며 손해죠. 그래서 IT 기업들은 서버의 남는 공간을 쪼개어 여러 사람들에게 임대해 주기 시작했습니다.

　이처럼 한 대의 서버가 가진 리소스를 나누어 여러 고객에게 동시에 빌려주는 것을 '호스팅'이라 부릅니다. 한 대의 기계에서 수십 개의 웹 페이지가 운영되는 것이 가능하지요.

　이 책의 238쪽에서 소개한, GitHub를 통한 웹 사이트 운영은 깃허브 측의 강력한 컴퓨터를 빌려서 서버로 활용한 사례입니다. 아울러, 기계 한 대를 통째로 빌린 것은 아니고 남는 공간을 일부 빌린 것이므로 호스팅에 해당하기도 합니다.

Retrieval Augmented Generation

할루시네이션

AI가 엉뚱한 대답을 내 놓아 실망하신 적 있으시죠? 할루시네이션은 왜 생기는 현상일까요? 다양한 가설이 있지만, 필자는 언어 모델 AI의 학습 프레임워크 자체가 정확도의 개선보다는 유창성의 확보에 더 유리하게 설계되어 있기 때문이라고 생각합니다. 즉, GPT나 Gemini와 같은 AI의 본질은 똑똑하고 정확한 AI가 아니라 말솜씨가 좋은 AI라 생각합니다.

그래서일까요? AI의 능청스러운 말솜씨를 활용한 RAG 기법이 AI의 성능향상과 고객 만족도 개선에 굉장히 효과적이라고 합니다. 그렇다면 RAG 기술은 무엇일까요?

바이브 코딩

Retrieval Augmented Generation

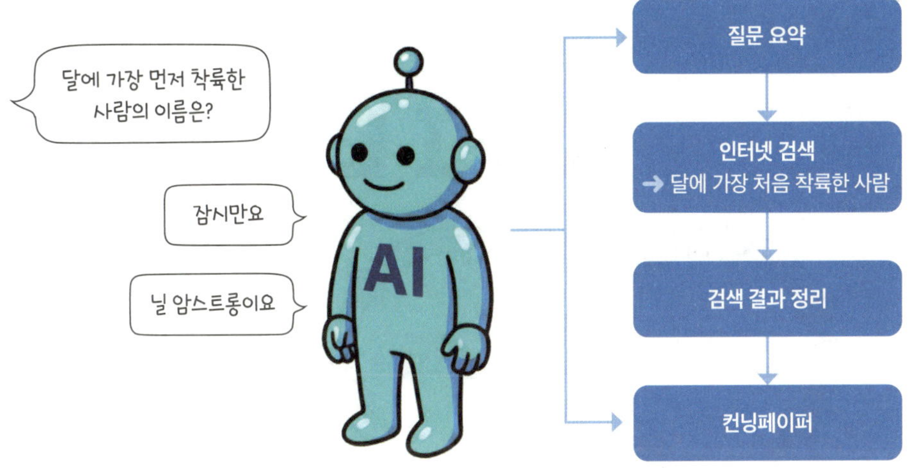

RAG는 사용자의 질문이 들어오면, 질문과 관련된 정보를 검색해 보고 와서 대답하는 기술입니다. 사람도 인터넷 검색을 마음껏 하면서 시험 문제를 풀면 정답을 더 쉽게 맞출 수 있지요? 인공지능 또한 마찬가지입니다. RAG 기술의 도입 덕분에 인공지능 답변의 정확도가 크게 향상되었습니다.

아울러, 학습 이후에 생긴 최신 정보도 AI가 답변할 수 있게 되었지요. 2025년 12월까지의 데이터로 학습된 인공지능은 2026년 이후의 정보에 대해서는 전혀 모르는 것이 당연합니다. 하지만 인터넷 검색을 통해 언제든지 최신 정보를 컨닝할 수 있다면 어떨까요? 학습이 종료된 이후에 생긴 정보도 대답하는 것이 가능하겠지요?

이게 RAG 기술의 핵심입니다.

Agile

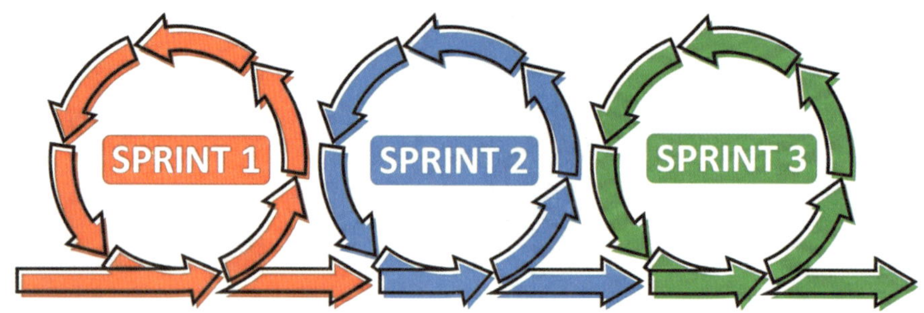

애자일은 소프트웨어를 개발하는 방법론 중 하나로, 한정된 인력과 예산을 가장 효율적으로 활용하는 방법을 고민하던 끝에 고안되었습니다.

1970년대에는 "처음부터 완벽한 계획을 세워 두고, 그 계획을 끝까지 지켜낸다."라는 워터폴 철학이 우세했습니다. 혹시 아직도 이렇게 일하고 계시지는 않겠지요? 워터폴 방법을 고수하는 조직은 위기대처능력이 부족하고, 목적 달성보다도 계획 준수에 중점을 두다가 실패하는 경우가 많습니다.

이에 점점 경량화된 다양한 개발 방식이 제안되다가, 2001년에 애자일이라는 이름으로 정돈되어 발표되었습니다. 애자일의 핵심은 집중하는 대상을 실용적인 영역으로 옮겨 보자는 것입니다.

과정, 도구 ➡ 개인, 상호작용

포괄적인 문서 ➡ 작동하는 소프트웨어

계약과 협상 ➡ 고객과의 협업

계획 준수 ➡ 변화에 대응

결국, 계획을 지키는 데 매몰되어 목표를 잊어버리는 어리석은 업무 추진 방식을 지양하고, 변화에 유동적으로 대응하며 고객가치를 실현하자는 이야기라 할 수 있습니다. 애자일 방법론에도 종류가 많은데요, 대체로 스프린트(sprint)라 부르는 사이클을 얼마나 자주, 어떤 방식으로 굴려 나갈지를 두고 방법이 나뉩니다. 스프린트는 한 사이클의 짧은 프로젝트를 의미합니다.

스프린트 한 사이클은 기획, 계획, 디자인, 구현, 테스트, 검토, 다음 스프린트의 기획으로 이어지며, 한 스프린트의 종료는 다음 스프린트의 시작을 의미합니다. 최소한 스프린트가 한 바퀴 돌아갈 때마다 한 가지 이상의 고객 가치를 실현하는 것을 목표로 잡는 것이 이상적이고요.

그러면 굳이 커다란 작업을 스프린트로 쪼개는 것이 무슨 효용성이 있을까요?

우선 처음부터 큰 계획을 만들어 두고, 그 계획을 우직하게 지켜나가는 워터폴 방식의 문제점을 대부분 피해갈 수 있습니다.

"완성해 놓고 보니 처음부터 잘못된 계획이더라."

"고생해서 만들어 온 게 이제 쓸모가 없어졌다."

짧은 주기로 작업을 진행하며, 그때그때 상황을 살펴 가며 문제에 대응할 수 있기에 불필요한 시행착오를 줄이는 데 도움이 됩니다.

또한 큰 작업을 잘게 쪼개는 것은 그 자체가 바이브 코딩에 도움이 됩니다. AI에게 20가지 요구사항을 한 번에 입력하는 것보다, 별도의 요구사항을 20회에 걸쳐 입력하는 것이 훨씬 수행결과가 뛰어납니다. 안티그래비티와 같은 AI 소프트웨어에 할낭된 연산량[1]은 한정되어 있습니다. 한정된 리소스를 사용해 개발을 수행하는 상황이므로, 한 번에 너무 많은 명령어를 입력하는 것은 좋은 산출물과는 동떨어진 결과로 이어질 수 있습니다.

스프린트를 쪼개고, 회고하고, 다음 단계의 계획을 수정하는 과정은 5장에서 상세하게 풀어서 설명하고 있습니다.

---

1 특히 토큰의 개수나 추론의 깊이

부록

대기업 임직원들의
바이브 코딩 레시피

바이브 코딩, 정말로 모두가 사용하고 있을까요?
개발자만 사용하는 것은 아닐까요?
부록에서는 컴퓨터공학을 전공하지 않은 대기업 임직원들이 실무에서
바이브 코딩을 어떻게 활용하고 있는지를 보여드립니다.

엑셀 데이터를 그래프로
– 박○○

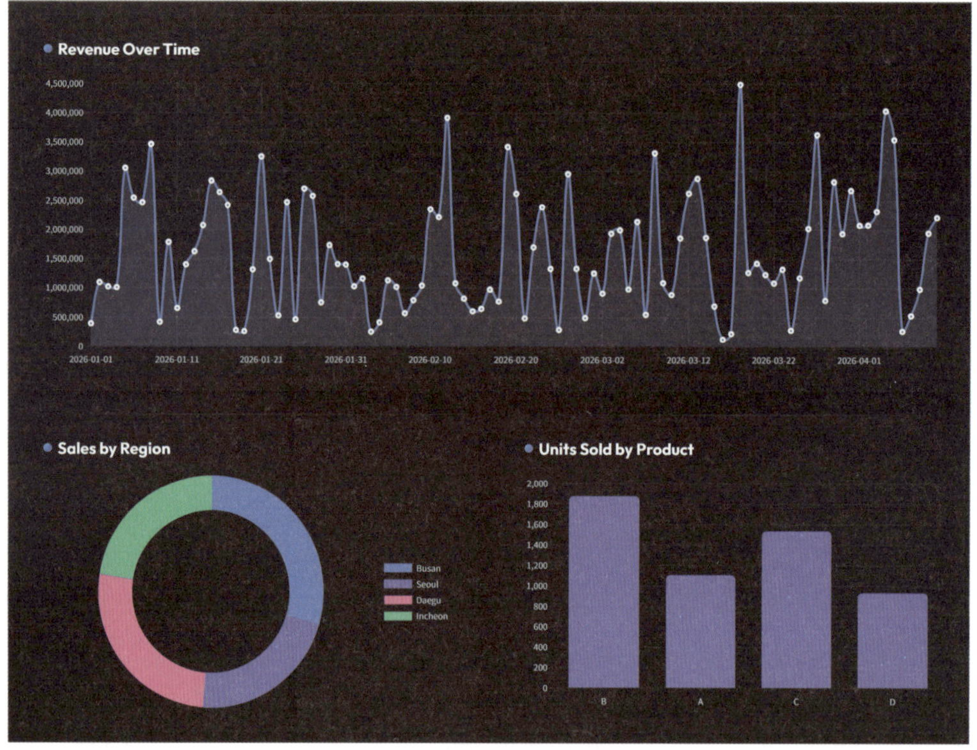

SW 작동 결과물

저는 자동차 부품을 설계하는 일을 하고 있습니다. 설계만 하는 것은 아니고, 협력업체들과의 소통과 불량률 확인 업무까지도 보고 있습니다. 이 과정을 바이브 코딩으로 어떻게 일정 부분 자동화했는지 제 경험을 소개합니다.

① **더미 데이터 생성**

회사에서 쓰는 엑셀 파일을 AI에 직접 업로드하는 것은 업무용 데이터를 직원이 스스로 외부에 유출하는 행위이므로, 절대 하셔서는 안 됩니다. 따라서 실제 엑셀 파일과 규격만 같은 가짜 엑셀 파일을 제작하여 사용하셔야 합니다.

> **프롬프트 레시피**
>
> AI로 엑셀 분석하는 프로그램을 만들어야 하는데, 회사에서 쓰고 있는 데이터를 AI에게 보여줄 수는 없으니 니가 샘플 하나 임의로 만들어 줘.
>
> 내용물은 부품의 종류와 발주 이력, 불량률, 납품일자, 단가 등, 협력업체의 부품 납품 현황을 한 눈에 볼 수 있도록 구성해 주고.
>
> (엑셀 파일의 조금 더 상세한 규격 설명 추가)

AI가 스스로 코드를 짜, 엑셀 파일을 만들어왔습니다. 이 파일을 활용하여 분석 파이프라인을 구축할 것입니다. 파이프라인이 인터넷 연결 없이 작동하도록 세팅한다면 자료 유출 걱정 없이 PC에서 엑셀 분석을 자동화할 수 있습니다.

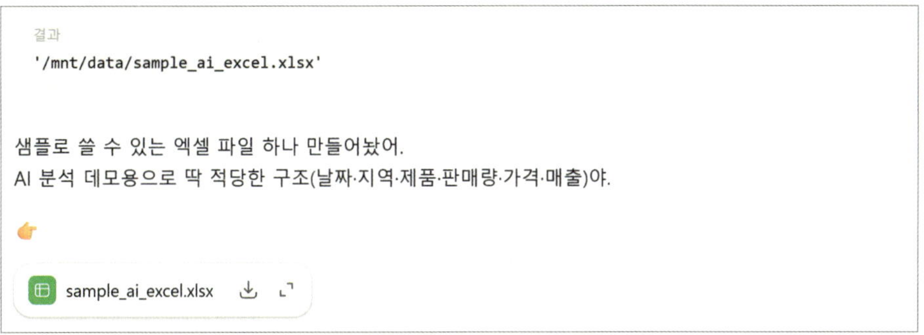

② **안티그래비티에 프롬프트 입력**

안티그래비티에 엑셀 파일을 직접 업로드하는 기능은 아직 없는 것 같습니다. 프로젝트 폴더에 엑셀 파일을 넣어 두고, 에이전트가 직접 엑셀 파일을 읽고 구조를 분석하도록 지시합니다.

> **프롬프트 레시피**
>
> 프로젝트 폴더에 엑셀 파일이 하나 있어.
> 이런 규격의 엑셀 파일을 입력받아서 분석해 주는 웹 앱 만들어 줘.
> 인터넷 연결 없이도 동작해야 하고, 결과물은 한눈에 알아볼 수 있는 예쁜 그래프 위주로 출력해 줘.

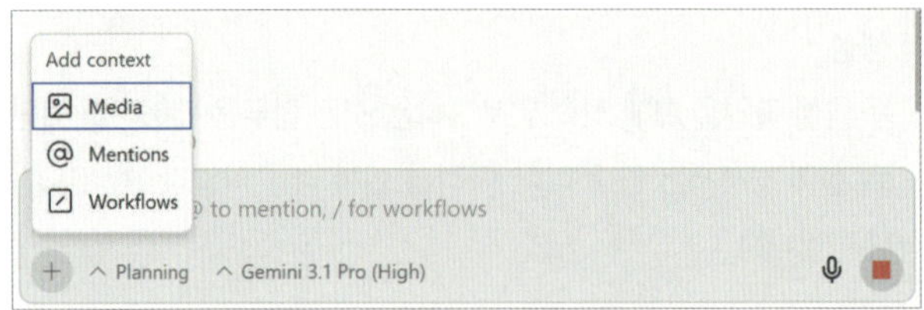

③ 개발 환경 구축

안티그래비티 에이전트가 엑셀 파일의 규격을 확인했고, SW를 제작하기 위한 개발 환경 구축을 진행합니다. 여기서 5분 가량 시간이 소요되었습니다.

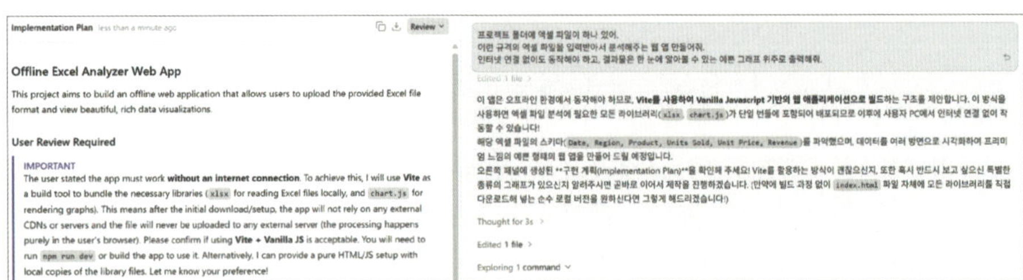

④ 작업 완료

안티그래비티 창을 최소화해 두고 다른 작업을 하고 있으면, "띠링 띠링" 하는 알람음과 함께 작업 종료를 안내해 줍니다. 이후 AI의 안내에 따라 완성된 프로그램을 실행해 확인해 봅니다.

⑤ 디자인 수정

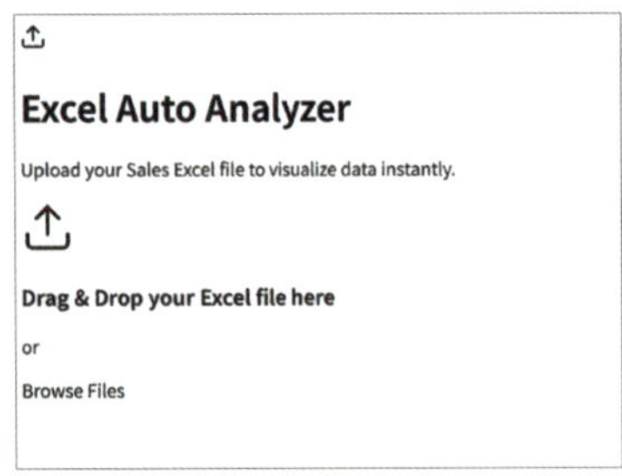

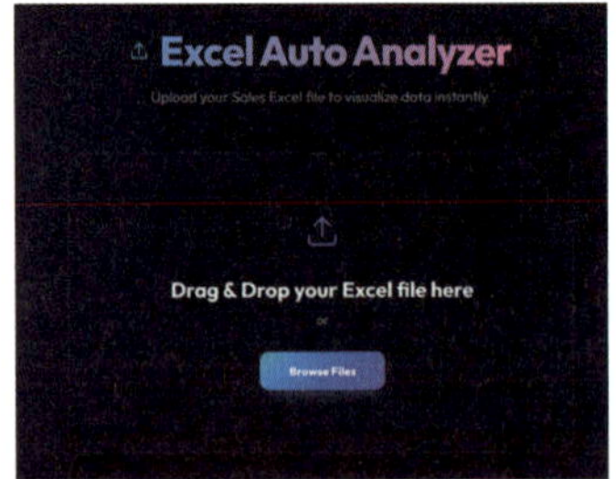

초기 디자인

AI의 초기 디자인이 너무 별로입니다. 매일 사용할 프로그램인데, 디자인이 예뻐야 손이 자주 갈 것 같아 기능을 테스트하기 전, 디자인 수정을 먼저 요청했습니다. Gemini 기반 모델이라 그런가, Gemini가 좋아하는 특유의 디자인 느낌으로 만들어졌네요.

> **프롬프트 레시피**
>
> 디자인 좀 예쁘게 바꿔와

⑥ 결과 확인하기

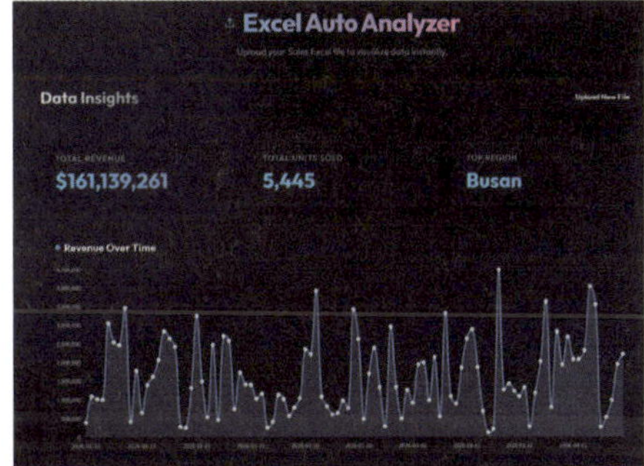

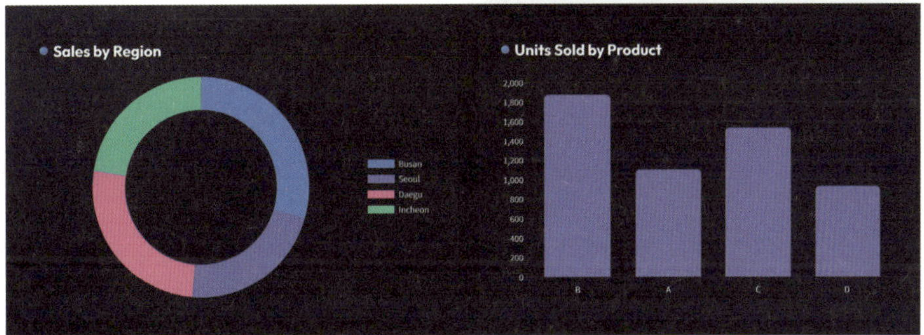

모든 기능이 정상적으로 작동합니다.

⑦ 보안 확인

완성된 프로그램을 인터넷을 끊어버린 상태에서 잘 작동하는지 재확인합니다. 저는 정상적으로 작동하는 것을 확인했습니다.

> **Comment**
>
> 이렇게 만들어진 프로그램은 정보를 외부로 유출시키지 않습니다. 이제 사내 데이터를 집어넣으면서 그래프를 자동으로 제작해 활용하고 있습니다.

문서 키워드 수정 자동화
– 김○○

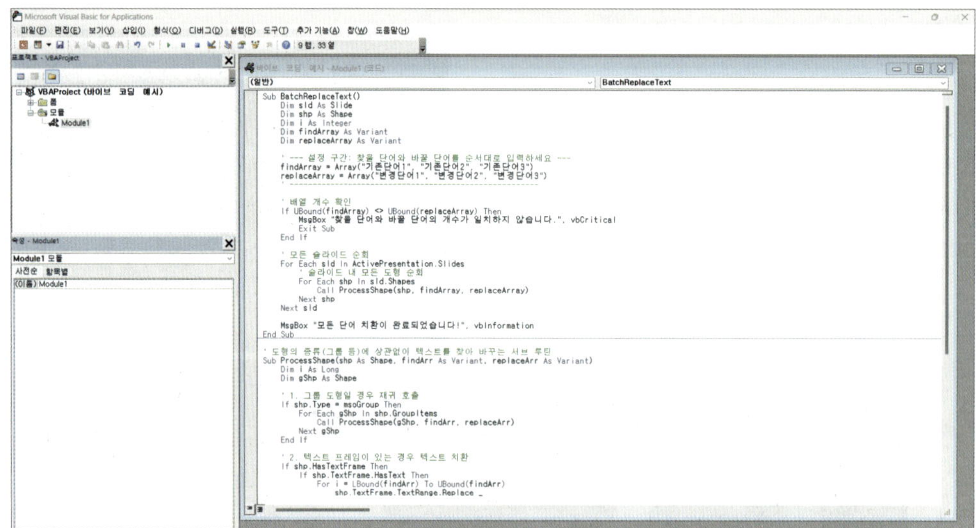

레시피 목표 문서 파일에서 여러 개의 단어를 동시에 대량으로 바꿔주는 소프트웨어를 제작합니다. 30여 개의 문서 파일에서 여러 종류의 단어를 찾아 바꾸는 업무를 수행해야 했는데, 간단하지만 오래 걸리는 작업이었으므로 자동화를 시도했습니다.

 **개발 목표 설정**

이 레시피에서는 웹 페이지를 제작하지 않습니다. MS Office에는 VBA라는 이름의 코드 기반 자동화 기능이 탑재되어 있습니다. Office에서 VBA를 실행하고, 여기에 코드를 입력하면 자동화된 작업이 수행됩니다. 따라서 VBA 코드를 바이브 코딩으로 제작해 오피스 소프트웨어에서 바로 실행해 보겠습니다.

② **프롬프트 입력**

"VBA 고수"라는 역할 부여 프롬프트를 입력하고, 이어서 기능 구현을 요청했습니다.

> 💬✨ **프롬프트 레시피**
>
> 1. 당신은 VBA 고수입니다.
> 2. 아래 조건에 맞게 MS Office 파워포인트에 입력할 VBA 코드를 작성해 주세요.
> - 여러 개의 문서 파일을 실행하고
> - 여러 개의 단어를 찾아 바꾸기 하는 기능

③ **AI가 구현해 준 기능 확인**

AI는 다음 기능들을 구현해 줬습니다.

- 파일 1개를 선택
- 해당 파일과 동일 폴더에 있는 모든 파일을 대상으로 변경 작업 수행
- 엑셀 파일에 미리 키워드를 다수 입력해 주면, 동시에 모두 반영해 문서를 수정

문서 파일 1개를 수정하는 데 들어가는 노력만 투자하면 수십 개의 문서 파일을 한꺼번에 수정할 수 있게 되었습니다.

④ **기능 확인 및 디버깅**

실제로 코드를 실행해 보니 오류가 발생했습니다. 오류 메시지를 복사해 재팅창에 입력하고, 고쳐 딜라고 요구하니 AI가 해결 방법을 만들어왔습니다. 무척이나 수월하게 결과물을 완성할 수 있었습니다.

⑤ **소프트웨어 실행 및 기능 정상 작동 확인**

수정 대상인 단어들의 목록과, 그 단어를 어떤 단어로 치환해야 할지를 정리해서 코드에 입력하고 실행 버튼을 눌렀습니다.

```
' --- 설정 구간: 찾을 단어와 바꿀 단어를 순서대로 입력하세요 ---
findArray = Array("QC", "개발팀", "머신러닝")
replaceArray = Array("품질관리", "개발1팀", "ML")
' ----------------------------------------------------
```

작업 종료 후, 팝업창도 자동으로 떠오르는 것을 확인했습니다.

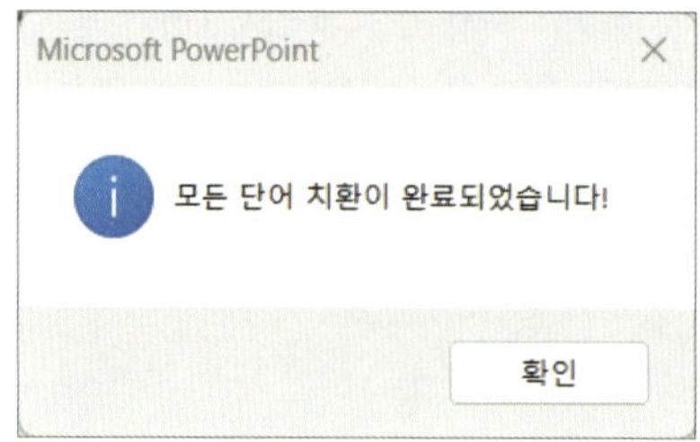

⑤ 완성된 결과물

당사는 스마트폰 양산을 통해 고객 만족도를 높이고 있습니다. 제품의 품질 관리를 위해 QC 프로세스를 강화했습니다.

본 프로젝트는 개발팀 김철수 차장님과 기획팀 이영희 과장님이 담당합니다.

AI 기술을 활용한 자동화 솔루션
- 인공지능 분석 기능
- ML 기반 예측 모델
- 머신러닝 알고리즘 적용

코드 실행 전

당사는 스마트폰 양산을 통해 고객 만족도를 높이고 있습니다. 제품의 품질 관리를 위해 품질관리 프로세스를 강화했습니다.

본 프로젝트는 개발1팀 김철수 차장님과 기획팀 이영희 과장님이 담당합니다.

AI 기술을 활용한 자동화 솔루션
- 인공지능 분석 기능
- ML 기반 예측 모델
- ML 알고리즘 적용

코드 실행 후

처음에는 회사에서 사용하는 용어집을 기반으로 하는 번역 도구를 바이브 코딩으로 제작해 보려 했습니다. 엑셀로 사내에서 사용하는 용어들을 국문-영문으로 짝지은 자료를 만들고, 이 자료를 AI가 참고하며 번역하도록 도와주는 도구를 만들고 싶었습니다. 번역물을 검수하는 데 들어가는 노력을 줄여 보고 싶었습니다. 하지만 아쉽게도 GPU 서버가 아닌 사무용 컴퓨터에서 인공지능을 운용하니 번역 속도가 매우 느렸고, 정확도도 부족해 실패했습니다.

이후 더 간단한 목표를 재정의해 진행한 프로젝트입니다. 코딩 경험이 부족하지만, 오류가 발생했을 때 오류 메시지를 복사해 AI에게 알려주기만 하면 되어 무척이나 편리했습니다. 처음 시도했던 번역 도구보다 문서 수정 SW는 훨씬 수월하게 제작과정이 진행되었고, 실무에 즉각적으로 유용하게 적용이 가능하여 무척이나 만족스러웠습니다.

"코딩"이라는 용어를 보면 개발자들이 이용하는 복잡한 도구로 엄청난 서비스를 만들어야 할 것 같은 느낌이 듭니다. 하지만 조금만 시선을 바꾸어 "내 업무를 조금 더 쉽고 편하도록 도와주는 도구를 만드는 것"이 코딩이라 생각하시면 좋겠습니다.

독자 여러분께서 바이브 코딩을 활용하여 효율적으로 업무를 보실 수 있기를 바라는 마음으로 이 글을 선물합니다.

이 책에 수록된 예제들은 대부분 출간일로부터 1~2년 전에 설계되었습니다. 일반인이 쉽게 따라해볼 만한 좋은 도구가 출시되기만을 기다리다 보니 어느덧 2026년이 되어버렸네요.

그런데 AI가 SW를 설계하는 시대가 되었기 때문일까요?

원고를 마무리한 시점부터 고작 3개월이 지났을 뿐인데, 오픈클로(OpenClaw)와 같은 안티그래비티보다 더욱 강력한 바이브 코딩 도구들도 등장하기 시작했습니다. 물론 대부분이 업계 전문가의 사용을 전제로 출시되고 있어, 일반인이 사용 방법을 익히기에는 쉽지 않다는 문제가 있습니다.

흥미로운 점은 중국에서 이러한 초기 진입장벽을 해소해 주는 서비스들이 속속 출시되고 있다는 사실입니다. 돈을 받고 오픈클로를 세팅해 주는 서비스가 성황중이고, 텐센트에서는 클라우드 개발자들이 길거리에 노트북을 세팅해 두고 시민들을 위해 AI를 무료로 세팅해 주는 캠페인을 열기도 했습니다. 하루 만에 1,000명이 AI 세팅 서비스를 신청했고, 공식적으로 집계된 최연소 신청자는 2세, 최고령 신청자는 60대였다고 합니다.

바이브 코딩에 적극적인 분들과 무관심한 사람들 사이의 격차는 점점 더 벌어지고 있습니다. 대부분의 사람들이 평소와 같은 일상을 위해 노력하는 동안, 누군가는 바이브 코딩을 적극 활용해 부업 삼아 AI로 만든 IT 스타트업을 운영하거나 하루에 한 개씩 앱을 출시하고 있습니다.

격차는 이대로 점점 더 벌어질 것입니다. 필자는 이게 너무나도 두렵습니다.

부디 독자 여러분께서는 바이브 코딩에 대한 관심을 내려놓지 마시고, 꾸준히 소식을 접하시기를 바랍니다. 매일 조금이라도 바이브 코딩으로 무언가를 만들어 보는 습관이 큰 힘이 될 것입니다.